权威·前沿·原创

皮书系列为
"十二五""十三五"国家重点图书出版规划项目

本书获河南省社会科学院哲学社会科学创新工程试点经费资助

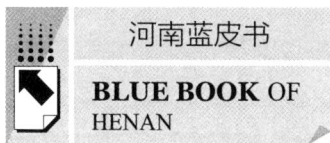

河南蓝皮书

BLUE BOOK OF
HENAN

河南城市发展报告
(2019)

ANNUAL REPORT ON URBAN DEVELOPMENT OF HENAN
(2019)

推动城镇化高质量发展

主 编 / 王承哲　王建国
副主编 / 王新涛　李建华　易雪琴

社会科学文献出版社
SOCIAL SCIENCES ACADEMIC PRESS (CHINA)

图书在版编目（CIP）数据

河南城市发展报告.2019，推动城镇化高质量发展／
王承哲，王建国主编．－－北京：社会科学文献出版社，
2019.4
　（河南蓝皮书）
　ISBN 978－7－5201－4656－2

　Ⅰ.①河…　Ⅱ.①王…②王…　Ⅲ.①城市经济－经
济发展－研究报告－河南－2019　Ⅳ.①F299.276.1

　中国版本图书馆CIP数据核字（2019）第065178号

河南蓝皮书

河南城市发展报告（2019）

——推动城镇化高质量发展

主　　编／王承哲　王建国
副 主 编／王新涛　李建华　易雪琴

出 版 人／谢寿光
责任编辑／丁　凡
文稿编辑／赵智艳

出　　版／社会科学文献出版社·城市和绿色发展分社（010）59367143
　　　　　地址：北京市北三环中路甲29号院华龙大厦　邮编：100029
　　　　　网址：www.ssap.com.cn
发　　行／市场营销中心（010）59367081　59367083
印　　装／天津千鹤文化传播有限公司

规　　格／开　本：787mm×1092mm　1/16
　　　　　印　张：18.25　字　数：273千字
版　　次／2019年4月第1版　2019年4月第1次印刷
书　　号／ISBN 978－7－5201－4656－2
定　　价／98.00元

本书如有印装质量问题，请与读者服务中心（010－59367028）联系

河南蓝皮书编委会

主　任　谷建全

副主任　周　立　王承哲　李同新

委　员　(按姓氏笔画排序)

万银峰　王建国　王承哲　王玲杰　王景全

牛苏林　毛　兵　任晓莉　闫德亮　李太淼

李立新　李同新　谷建全　完世伟　张林海

张富禄　张新斌　陈明星　周　立　郭　艳

曹　明

主编简介

王承哲　河南省社会科学院副院长、党委委员，研究员。河南大学、河南财经政法大学兼职教授，国家社科基金重大项目首席专家，在马克思主义意识形态研究上有突出成绩，著有《意识形态与网络综合治理体系建设》等多部专著。长期在省委工作，主持省委省政府重要政策的制定工作，主持起草了《华夏历史文明传承创新区实施方案》《河南省文化强省规划纲要》等多部重要文件。获得省部级一、二等奖励多项。

王建国　河南省社会科学院城市与环境研究所所长、研究员。河南省优秀专家，全省宣传文化系统"四个一批"人才，河南省学术技术带头人，河南省城乡规划专家委员会委员，河南省青年科技创新杰出奖获得者。主持和参与承担完成各类课题 100 余项，其中主持完成国家社科基金课题 3 项；独立发表论文 120 余篇，主编、合著及参与撰写著作 20 余部；获各类优秀成果奖近 40 项，其中省部级一等奖 7 项；参与《中原城市群发展规划》《中原经济区建设规划纲要》等的研究和起草工作；主持承担完成了 40 多个厅市县"十二五""十三五"规划的编制工作；有多项研究成果得到省委省政府主要领导批示。

摘　要

党的十九大报告指出，我国经济已由高速增长阶段转向高质量发展阶段，实现高质量发展需要方方面面来支撑。城镇化是现代化建设的历史任务，是推动经济发展质量、效率和动力三大变革的重要抓手，实现经济高质量发展也必然需要高质量的城镇化来支撑。

2018年，河南围绕推动城镇化高质量发展，着力实施百城建设提质工程，加快推进农业转移人口市民化，全面提高中原城市群建设水平，不断推动城乡融合发展，持续深化城镇化综合配套改革，促进河南新型城镇化质与量齐头并进。但是与高质量城镇化的发展要求相比，还存在一定差距，迫切需要以中原城市群为主要载体，以郑州国家中心城市建设为引领，持续提高城市承载能力，提高城市人居环境质量，提高居民文明素质，提高农业转移人口市民化水平，稳步推进全省城镇化发展质量提升，实现以城镇化发展高质量促进经济发展高质量的战略目标。

《河南城市发展报告（2019）》围绕"推动城镇化高质量发展"这一主题，在充分认识城镇化高质量发展对经济高质量发展具有重要支撑作用基础上，立足河南发展实际，系统、全面地研究和探讨了以高质量城镇化推动河南经济高质量发展的问题。

《河南城市发展报告（2019）》总报告系统地梳理研究了2018年河南新型城镇化发展状况，对2019年河南城镇化高质量发展面临的环境和未来发展趋势进行了分析和展望，提出了2019年河南推动城镇化高质量发展的重点任务和对策建议。综合研究报告从人口转移、经济发展、生活方式转变、空间优化、城乡统筹和环境宜居六个维度出发，构建了新型城镇化质量评价指标体系，对河南省18个省辖市和10个省直管县（市）新型城镇化质量进行评价与分析；对标找出不同地区新型城镇化进程中存在的短板制约，为河南进一步提升城镇化质量提供参考。百城提质报告、地市发展报告则分别围绕以高质量城镇化推动河南经济高质量发展中的重点与难点问题，分别从理论和实践层面提出推进城镇化高质量发展的思路与对策。

关键词： 河南　城镇化　高质量发展

目 录

Ⅰ 总报告

B.1 以高质量城镇化推动河南经济高质量发展

　　——2018~2019年河南城镇化发展形势分析与展望

　　……………………………… 河南省社会科学院课题组 / 001

B.2 河南城镇化质量评价报告（2018）

　　……………………………… 河南省社会科学院课题组 / 039

Ⅱ 综合研究报告

B.3 河南推进农业转移人口市民化效果评价研究………… 王晓刚 / 067

B.4 河南城市构建高质量发展动力机制研究……………… 王新涛 / 088

B.5 河南城市竞争力提升研究……………………………… 柏程豫 / 098

B.6 河南城市品位提升研究………………………………… 李建华 / 107

B.7 河南城市社会结构优化研究……………… 杨　壮　马洁华 / 116

B.8 河南城市文明素质提升研究…………………………… 田　丹 / 127

B.9 河南城镇化人口优化研究………………… 司静远　崔学华 / 139

B.10 河南城市营商环境优化研究 ………………………… 易雪琴 / 149

Ⅲ 百城提质报告

B.11 河南县级城市产业转型发展研究 …………………… 安晓明 / 163

B.12 河南县级城市基础设施研究 …………………………… 王元亮 / 174

B.13 河南县级城市公共服务质量提升研究 ……………… 郭志远 / 181

B.14 河南县级城市生态文明建设研究 …………………… 韩 鹏 / 191

B.15 县级城市特色塑造研究 ………………………………… 刘昱洋 / 203

Ⅳ 城市发展报告

B.16 郑州提升首位度研究 …………………………………… 左 雯 / 215

B.17 许昌以转促优加快高质量发展 ……………………… 王建国 / 228

B.18 漯河建设豫中南地区性中心城市研究 ……………… 彭俊杰 / 236

B.19 信阳生态城市建设研究 ………………………………… 张绍乐 / 252

Abstract …………………………………………………………… / 262

Contents …………………………………………………………… / 264

皮书数据库阅读**使用指南**

总 报 告

General Reports

B.1

以高质量城镇化推动河南经济高质量发展

——2018～2019年河南城镇化发展形势分析与展望

河南省社会科学院课题组*

摘　要： 高质量城镇化是高质量的经济体系、高质量的基础设施、高质量
的公共服务、高质量的人居环境、高质量的城市管理和高质量的
市民化的有机统一。2018年，河南加快推进百城建设提质工程，
加快推进农业转移人口市民化，全面提高中原城市群建设质量，
不断提高城市发展水平，加快推动城乡融合发展，持续深化城镇
化制度改革，持续推进河南新型城镇化质与量并重发展。尽管如
此，河南城镇化发展水平与高质量城镇化的要求相比，还存在一
定差距，迫切需要从提高中原城市群发展质量、推进郑州国家中

* 课题负责人：王建国。课题组成员：王建国、王新涛、李建华、柏程豫、左雯、郭志远、韩
鹏、吴旭晓、彭俊杰、易雪琴。执笔人：王建国、王新涛、李建华、柏程豫、郭志远、韩鹏。

心城市建设、持续实施百城建设提质工程、改善城乡公共服务供给等方面努力，稳步提升全省城镇化发展水平和质量，实现以城镇化发展高质量促进经济发展高质量的战略目标。

关键词： 高质量 城镇化 经济高质量

我国已进入由高速增长向高质量发展转变的新阶段，实现高质量发展需要方方面面的力量来支撑，高质量城镇化是支撑经济高质量发展的重要方面。河南常住人口城镇化率刚刚超过50%，与全国平均水平还有一定差距，城镇化的高质量发展，对于经济高质量发展的支撑能力更强。

一 城镇化高质量发展支撑经济高质量发展的分析

经济高质量发展有其丰富的内涵，经济高质量发展也对社会经济发展提出了更高的目标和要求。城镇化是经济增长的巨大引擎和扩大内需的最大潜力所在，实现经济高质量发展也必然需要高质量的城镇化来支撑。

（一）经济高质量发展的内涵

1. 我国经济进入高质量发展新阶段

十九大报告指出，我国经济已由高速增长阶段转向高质量发展阶段，推动经济高质量发展是我们国家当前和今后一个时期发展思路、制定经济政策、实施宏观调控的根本要求。我国经历了改革开放40年的高速增长，这在全世界经济发展史上都是难得一见的增长奇迹。但是我国过去的高速增长是建立在要素巨量投入、资源粗放使用的基础之上，为此付出沉重的资源和生态环境代价。当前，经济发展进入新阶段，经济结构出现重大变化，资源要素条件也发生了很大变化，使得中国必须重新审视经济发展的质量、效率和动力问题。推动我国经济由高速度增长转向高质量增长，就是要全面贯彻落实创新、协调、绿色、开放、共享的发展理念，努力提高要素利用的集约化程度，提高科技含量，进而提高全要素生产率，提供满足人民需要的更多高端产品和优质服务，使不同地区、不同领域、不同群体和城乡之间能够更加均衡协调发展，人民群众能够共享改革发展成果，促进全体人民共同富裕和社会公平。我国经济由高速增长阶段转向高质量发展阶段，是我国经济在经历持续三十多年高速增长之后突破结构性矛盾和资源环境要素制约，实现更高质量、更有效率、更加公平、更可持续发展的必然选择，也是遵循经济客观发展规律、适应新常态下我国社会主要矛盾变化和全面建成小康社会、全面建设社会主义现代化国家的必然要求，是我国实现社会主义现代化的必由之路。

2. 经济高质量发展的内涵

经济高质量发展的内涵主要包括四方面：一是提质增效。经济高质量发展最核心的就是质量和效率两方面，党的十九大报告强调："必须坚持质量第一、效益优先，以供给侧结构性改革为主线，推动经济发展质量变革、效率变革、动力变革，提高全要素生产率。"经济高质量发展是一场深刻的质量革命，以提升供给质量为主攻方向，使产品、服务和管理质量能够适应需求变化。提高质量的同时，也要重视效率，不断提高土地、资本、环境等全要素的投入产出效率和微观经营主体的经济效益。二是创新驱动。当前世界各个国家和地区提升综合竞争力越来越倚重创新能力，这种创新能力既包括科技创新能力，也包括理论和制度创新能力，创新能力越强的经济体，发展质量就越高，对经济增长的贡献也就越大。我国由于连续多年的高速增长，目前面临资源要素制约趋紧，传统发展方式难以为继，需要加快实施创新驱动战略，使创新真正成为经济增长的主要引擎。三是绿色低碳。绿色发展既是当今世界发展的趋势，也是我国经济可持续发展的内在要求和人民追求美好生活的需要。目前，我国存在严重环境污染、生态系统退化等问题，同时，绿色低碳技术也在快速发展，有条件也有能力加快污染防治，修复被破坏的生态环境，从而使绿色低碳成为高质量发展的重要标志。四是协调共享。高质量发展必须保持国民经济结构协调、区域发展平衡、空间布局合理，保障经济生产中的生产、消费、流通、分配等环节循环流通顺畅。高质量发展要贯彻共享发展理念，让发展成果惠及全体民众，使其更加公平地分享发展成果，实现共同富裕。

（二）经济高质量发展的目标要求

高质量发展要求改变经济发展方式，从过去主要依靠增加土地、资金等物质资源消耗实现粗放型高速增长，转变为主要依靠技术进步和提高劳动者素质实现高质量发展。高质量发展的目标就是要着重优化经济结构，提高经济发展的全面性和协调性，着重解决经济发展不平衡、不充分的问题，更好地满足人民群众多样化、多层次、多方面的需求。

1. 推动发展方式转变

高质量发展要求发展方式实现根本转变，要从过去的"数量追赶"向"质量追赶"转变，使发展方式从规模速度型转向质量效益型，提高经济发展质量和效益。改革开放40年，主要是填补产品产量、资本存量等"数量缺口"，经过40年的数量追赶，很多领域出现了产能过剩。在高质量发展阶段主要是填补产品质量、生产效率等"质量缺口"，这个阶段的主要任务是增强发展的质量优势，要从"规模扩张"转向"结构升级"，要主动适应需求等变化，推动经济结构由过去的增量扩能为主转向调整存量与做优增量并举，着力形成实体经济、科技创新、现代金融、人力资源协同发展的产业体系。

2. 推动供给质量提升

高质量发展要求提高供给质量，以供给侧结构性改革为主线，把发展经济的着力点放在实体经济上，把提高供给体系质量作为主攻方向，实现由目前低技术含量、低附加值产品为主的产品体系，转向高技术含量、高附加值的产品体系为主。加快建设制造强国，把发展先进制造业和壮大现代服务业并举，培育战略性新兴产业和改造提升传统产业并行，推动互联网、大数据、人工智能和实体经济深度融合发展，促进我国产业向国际价值链的中高端迈进，推动中国制造向中国创造转变、中国速度向中国质量转变、中国产品向中国品牌转变。

3. 推动增长动力转换

高质量发展要求转换增长动力，要将过去增长主要由依靠要素资源和低成本劳动力投入带动转向依靠创新驱动，持续提高全要素生产率。要转向高质量发展，面临的最大"瓶颈"是创新能力和人力资本不足，这就要求加强创新能力建设，以科技创新为核心带动全面创新，健全教育体系培养人才，增加人力资本投资，提高人力资本素质，依靠人才队伍支撑创新。促进经济发展更多依靠创新驱动，就是要最大程度调动企业家、科学家、技术人员等人才的积极性和创造性，推动大众创业、万众创新。

4. 打造环境友好型经济

高质量发展要求绿色可持续发展，就是要在低消耗的基础上实现高产出、低排放。高质量的发展是资源节约、生态友好的发展。过去一段时间，我国更多地依靠资源、资本、劳动力等要素投入，实现了经济的快速增长和规模扩张，这种粗放型经济发展方式，造成了对资源和环境的破坏。在当前我国转入高质量发展阶段的背景下，必须把资源利用和环境代价考虑进去，要求在经济发展过程中加强生态环境保护，立足自身资源禀赋、发展基础，有效利用自然资源，加强生态保护和修复，避免过度开发，切实推进绿色成为高质量发展的主色调。

5. 实现以人民为中心的发展方向

高质量发展要求以人民为中心。发展依靠的是人民，一切发展是为了人民，一切发展的成果要由全体人民共享。一切物质的现代化必须服务于人民，追求生活质量是所有发展方式的最终目标，推动高质量发展最终也是为了人民，只有把人民的需求放在首位、真正以人民为中心的发展才是高质量发展。十九大报告提出，要永远把人民对美好生活的向往作为奋斗目标。高质量发展也必须始终把人民对美好生活的向往作为奋斗的终极目标，在发展过程中不断增强人民群众的获得感、幸福感、安全感。

（三）城镇化高质量发展支撑经济高质量发展

城镇化是保持中国经济增长的巨大引擎和扩大内需的最大潜力所在，实现经济高质量发展也必然需要高质量的城镇化来支撑。高质量的城镇化发展是一种人地和谐、绿色低碳、生态环保、节约创新的质量提升型城镇化，是高质量的经济体系、高质量的基础设施、高质量的公共服务、高质量的人居环境、高质量的城市管理和高质量的市民化的有机统一。

1. 城镇化高质量发展有利于构建现代化的经济体系

构建现代化的经济体系是新常态下实现高质量发展和跨越转型关口的迫切需求。城市经济体系是现代化的经济体系的主要组成部分。2017 年，包括直辖市、计划单列市、省会城市和地级市的中国经济总量前 50 名城市的 GDP，总量合计为 46.3 万亿元，占全国经济总量比重约为 56%，由此可见城市经济对整个经济体系的作用和影响。城镇化高质量发展，有利于构建经济高质量发展的新的增长点。现阶段经济高质量发展需要从传统的增长领域寻找新的增长点，而新增长点不仅在于先进制造业领域，还在于实体经济和互联网、大数据等虚拟经济的深度融合。高质量城镇化能够为经济发展提供更多、质量上乘的产品和服务，能打造更多先进适用、具有高附加值高效益的新技术、新产业、新业态及带动就业的新型劳动密集产业和服务业，能创造出新的生产方式、生活方式、消费方式。

2. 城镇化高质量发展有利于创新资源集聚

创新是推动经济高质量发展的总动力和核心引擎。企业是国家创新的主体，是推动创新创造的生力军，是在微观层面实现经济高质量发展最具能动性的一个环节。城镇化的高质量发展，有利于创新主体培育和创新平台打造，可以使创新的基础更加扎实。城市是企业发展立足的主要载体，城市政府在培育创新主体中起到很重要的引导作用，有利于激发广大企业的创新积极性，通过普惠性的财政科技资金补贴和各种政策，鼓励引导更多的企业投入战略性新兴产业的研发，提升高新技术企业的科技基础与创新能力，从而在根本上摆脱技术受制于人的问题。城市政府在打造创新平台方面也起到很重要的作用，政府能够整合多方资源，推动国家重点实验室、工程技术研究中心等创新平台建设。政府也有能力提供低成本、便利化、全要素、开放式众创空间，吸纳创新型人才集聚。

3. 城镇化高质量发展有利于绿色低碳发展

绿色低碳发展是经济高质量发展的关键环节。绿色低碳发展是要解决人与自然关系的问题，绿色低碳发展是实现人民对美好生活向往的迫切需要，是经济社会健康可持续发展的内在要求，也是经济高质量发展的重要标志。城镇化高质量发展有利于绿色发展理念指导实践。国内很多城市在过去经济高速发展中也承受了环境污染、生态系统退化带来的危害，在今后的发展中，城市政府更加注重解决好人与自然和谐共生问题。在城市社会经济发展中，树立践行绿色低碳发展理念，"绿水青山就是金山银山"已经成为共识，城市经济发展会实施更严格的环保标准，城市政府推出促进绿色低碳发展的战略导向、鼓励政策和地方法规，有利于推动节能环保、清洁能源等绿色产业的快速发展，健全绿色低碳循环发展的经济体系。城市现在普遍重视生态环境建设，正在加强水、气、土壤污染的综合治理，着力解决环境问题。城市的高质量发展使绿色发展成为普遍形态，也有力地推动经济进入高质量的发展轨道。

4. 城镇化高质量发展有利于满足人民对美好生活的向往

实现人民对美好生活的向往是我国经济高质量发展的根本目标。当前我国社会主要矛盾已经发生改变，人民日益增长的美好生活需要和不平衡不充分的发展之间的矛盾成为社会主要矛盾。随着社会主要矛盾发生重大变化，人民群众对美好生活的需要也呈现出多层次、多样化、多方面的特点，美好生活既包括物质和精神生活的丰富，也包括民主法治、公平正义的保障和提升，还包括安全和良好生态环境。城镇化高质量发展是坚持以人民为中心的发展，就是在城市的发展中，立足人民群众的利益，把人民群众对美好生活的需要作为经济发展的着眼点和着力点，解决好人民群众关心的教育、就业、收入、社保、住房、医疗卫生、城市管理、公共安全等问题，切实改善民生，真正提高人民群众的获得感、幸福感和安全感。城镇化以人民为中心的高质量发展目标契合了经济高质量发展的目标，城市让生活更美好，城镇化高质量发展使人民对美好生活的向往成为现实。

二 河南城镇化发展现状分析

2018 年，河南按照打好新型城镇化牌的要求，深入贯彻落实国家发展改革委印发的《关于实施 2018 年推进新型城镇化建设重点任务的通知》的有关要求，围绕加快农业转移人口市民化、提高城市群建设质量、提高城市发展质量、加快推动城乡融合发展和深化城镇化制度改革等二十项重点任务，加快推进百城建设提质工程，加快推进农业转移人口市民化，全面提高中原城市群建设质量，不断提高城市发展水平，加快推动城乡融合发展，持续深化城镇化制度改革，持续推进河南新型城镇化质与量并重发展。

（一）河南推进城镇化的做法与成效

1. 常住人口城镇化率稳步提高

针对河南城乡差距大、发展欠账多、城镇承载力弱等突出问题，2018年，河南坚持以人民为核心推进新型城镇化，以中原城市群一体化为抓手，着力提升郑州国家中心城市功能，支持洛阳建设中原城市群副中心城市，推动郑汴一体化，郑许、郑新、郑焦融合发展，增强重要区域中心城市和主要节点城市辐射带动能力。以百城建设提质工程为抓手，坚持"四个统一"，做好"四篇文章"，努力提升城市品质和承载能力。统筹打好新型城镇化牌和实施乡村振兴战略，开展城乡发展一体化改革试验，出台促进农民进城八项措施，稳步推进城镇基本公共服务常住人口全覆盖，加快农业转移人口市民化。截止到 2018 年底，河南常住人口城镇化率达到 51.71%，比 2017 年提高 1.55 个百分点，仍然保持了较高的推进速度。

表1 2000～2018 年河南常住人口城镇化率变动情况

单位：%

年份	2000	2001	2002	2003	2004	2005	2006	2007	2008	2009
城镇化率	23.20	24.43	25.80	27.20	28.90	30.65	32.50	34.34	36.03	37.70
年份	2010	2011	2012	2013	2014	2015	2016	2017	2018	
城镇化率	38.82	40.57	42.43	43.80	45.20	46.85	48.50	50.16	51.71	

2. 农业转移市民化步伐持续加快

2018 年，河南坚持以人的城镇化为核心，进一步深化户籍制度改革，加快推行居住证制度，扩大基本公共服务覆盖面，市民化机制进一步完善，全年实现农业转移人口在城镇落户 200 万人以上，户籍人口城镇化率达到33％以上。2018 年，全面放宽户籍门槛。大中专院校毕业生、技术工人、职业院校毕业生、农村升学学生、留学归国人员和护理人员等各类技能人才，仅凭毕业证或国家职业资格证书（职称证书）即可申请在城镇落户，真正实现人才落户城镇零门槛；以乡（镇、街道）或者社区、村（居）委会为单位设立社区集体户口，全省基本实现以实际居住为原则的户口登记制度。全面落实居住证制度，加快居住证颁发，2018 年制发居住证 31.5 万张。以居住证为主要载体，加快推动外来人口平等享受城镇基本公共服务，对城镇住房保障对象彻底放开户籍限制，居住证持有人与户籍人口享有同等公租房申请权利。推动基本公共服务向常住人口覆盖。启动实施第三期学前教育行动计划，落实国家"两为主、两纳入"政策，将进城务工农民工随迁子女义务教育纳入公共教育体系并使其享受同等待遇，基本实现进城务工随迁子女入学。持续开展农村劳动力转移就业技能培训，2018 年培训 41.14万人、新增转移就业 48.56 万人。农村居民与城镇居民平等享受城乡居民医疗保险待遇，城乡居民参保率达到 96％以上，基本实现全民医保。

3. 中原城市群平台作用不断增强

全面贯彻落实国务院批复的《中原城市群发展规划》，围绕将中原城市群建设成为全国经济发展新增长极、全国重要先进制造业和现代服务业基地、中西部地区创新创业先行区、内陆地区双向开放新高地和绿色生态发展示范区的发展目标，全面提升中原城市群竞争力、辐射力、影响力。加快推进郑州国家中心城市建设。研究制定了《关于支持郑州建设国家中心城市若干政策措施的意见》，推动郑州制定了《郑州建设国家中心城市行动纲要（2017～2035 年）》，谋划确定了郑州建设国家中心城市总体思路、目标定位、发展路径，确立了"四重点一稳定一保证"工作总格局，确定了"十大主攻方向、九大支撑性工程、六大基础性工作"的战略部署。全面展开郑州大都市区规划建设。编制完成了《郑州大都市区空间规划（2017～2035年）》，着力提升郑州主城区创新经济发展能级，加快航空港国际门户枢纽和国际物流中心建设。深入推进郑汴一体化，打造体现大都市区国际竞争力和影响力的主要承载区，促进郑州与新乡、焦作、许昌融合发展。推动郑焦两市签订了融合发展框架协议和6项专题合作协议，推动成立了郑州大都市区旅游联盟和标准联盟。洛阳按照高质量发展的根本要求，加快推进"9+2"工作布局，努力推动在建设全国性重要交通枢纽上实现突破，在建设国家创新型城市上实现突破，在建设全国重要的先进制造业和现代服务业基地上实现突破，在建设国际文化旅游名城上实现突破，在建设"一带一路"主要节点城市上实现突破，在建设幸福宜居现代化城市上实现突破，加快提升中原城市群副中心城市功能。召开了中原城市群西部城镇协同区联席会议第一次会议，推动西部城镇协同区城市共同签订了合作发展方案。积极推进其他城镇协同区建设。推动商丘、南阳、安阳等研究制定了2018年区域中心城市建设行动方案，以交通枢纽建设、产业转型升级、城市品质提升等为突破口，加快提升区域中心城市辐射带动能力。组织南部、东部城镇协同区签订了合作协议、建立了协调发展机制，分别确定了一批跨区域重大工程项目清单，积极推动城镇协同区一体化发展。深入推进中原城市群重点领域一体化发展。加快推进"米"字形高速铁路网和商合杭高铁建设，编制完成了《中原城市群城际轨道交通网规划修编方案》，与相邻省份联合印发了共同推进省际通道建设行动计划，加快推进荷宝高速长垣段等项目。持续实施太行山绿化、伏牛山生态建设、桐柏—大别山生态建设等工程，加快推进南水北调中线工程高标准防护林、黄河明清故道生态走廊、沿淮生态保育带建设，预计全年完成造林200万亩、森林抚育400万亩。

4. 城镇综合承载能力全面提升

2018年，河南把百城建设提质工程、城市"双修"和文明城市创建结合起来，统筹城镇基础设施和公共服务设施建设，进一步完善城市功能。在开封、周口召开推进会，聚焦老旧小区改造、历史街区保护、城市"四治"等，明确目标任务和工作重点。各个城市围绕着力做好以绿"荫"城、以水"润"

城、以文"化"城、以业"兴"城四篇文章，围绕贯彻落实"高、精、美、特"四个要求，编制完成各类专项规划1200多项，2018年全省实施百城建设提质工程的市县中心城区控规覆盖率达到80%以上。新建改造城市道路1352公里、燃气管网5800公里、热力管网397公里、电力线路3453公里。人居环境不断优化，棚改安置房开工66.33万套、基本建成38.42万套，基本消除城市县城黑臭水体78处，新改建城市公厕3268座，新建游园351处。河南通过实施百城建设提质工程，推进了一大批市政设施、生态建设、污染治理、棚户改造等项目，建设了一批风貌独特的历史文化街区，精心推进包括绿化亮化、立面整治、供暖供气、雨污管网建设、内涝积水点整治、强弱电规范管理、无障碍设施建设等在内的背街小巷和老旧小区治理改造，有效盘活并用好各类停车设施资源，切实解决了一批居民居住条件差、环境脏、出行难、如厕难、停车难、供暖难、排水难等问题，城市综合承载能力持续提升。

表2　2013～2017年河南城市建设进展情况

指标	2013年	2014年	2015年	2016年	2017年
城市个数(个)	38	38	38	38	38
城区面积(平方公里)	4658	4663	4810	4822	5132
建成区面积(平方公里)	2289	2375	2503	2544	2685.29
用水普及率(%)	92.2	93.	93.1	93.4	95.9
公共交通标准运营车辆(标台)	22790	25257	27355	29615	34082
燃气普及率(%)	82.0	83.8	86.0	88.9	94.0
集中供热面积(万平方米)	15151	18993	22375	26506	38898
道路面积(万平方米)	26843	28017	29915	31395	34735
排水管道长度(千米)	18297	19348	20467	21376	23624
建成区绿化覆盖率(%)	37.6	38.3	37.7	39.3	39.4
公园绿地面积(公顷)	22226	23834	25201	25429	30002
人均公园绿地面积(平方米)	9.6	9.9	10.2	10.4	12.0
生活垃圾无害化处理率(%)	90.0	92.8	96.0	98.7	99.7
城市污水处理厂集中处理率(%)	89.3	91.0	93.1	95.3	96.9

5.城乡融合发展迈入新阶段

2018年，河南不断完善城乡融合体制机制，加快构建城乡融合发展格局。以重点功能区开发、跨区域重大基础设施和生态设施建设、提升产业支撑能力为重点，以重大项目建设为抓手，坚持功能升级和新载体建设"双轮驱动"，持续增强城乡一体化示范区人口和产业集聚能力。建立了国家产城融合示范区信息报送制度，推动洛阳、开封、济源国家产城融合示范区健康有序发展。规范推进特色小镇和特色小城镇发展，贯彻落实国家发展改革委等四部门《关于规范推进特色小镇和特色小城镇建设的若干意见》，制定《河南省关于建立特色小镇和特色小城镇高质量发展机制的实施意见》，建立推进特色小镇和特色小城镇高质量发展厅际联席会议制度。筛选报送了国家第一批特色小镇推荐示范项目，总结提炼特色产业发展、产镇人文融合和机制政策创新等典型经验。

6. 关键领域改革积极推进

2018 年，加大改革探索力度，积极创新有利于新型城镇化发展的体制机制。加快新型城镇化综合试点改革探索。以 10 个国家级、20 个省级新型城镇化综合试点为重点，积极探索有利于新型城镇化发展的体制机制。其中，新郑市改善农业转移人口随迁子女教育、禹州市保障农业转移人口住房需求、兰考县拓展农村融资渠道等 3 项试点经验被国家发改委纳入《关于印发第一批国家新型城镇化综合试点经验的通知》（发改办规划〔2018〕496 号）。深化"人地钱"挂钩配套改革。印发《关于抓紧制定出台支持农业转移人口市民化财政政策措施的通知》，按照"人钱挂钩、钱随人走"的原则，对 30 亿元新型城镇化转移支付资金进行了分配。深化"人地挂钩、以人定地"，将城镇新增农业转移人口作为重要因素统筹考虑；制定《土地利用总体规划新增城镇工矿规模指标调剂办法》，城镇建设用地向吸纳农业转移人口多、发展较快的地区倾斜。2018 年 3 月，印发《关于深入推进城市执法体制改革改进城市管理工作的意见》。2018 年 6 月，河南省城市管理和执法监督局正式挂牌成立，将市政公用设施运行管理、市容环境卫生管理、园林绿化管理等方面的全部工作，以及市县政府依法确定的，与城市管理密切相关、需要纳入统一管理的公共空间秩序管理、违法建设治理、环境保护管理、交通管理、应急管理等方面的部分工作纳入城市管理和执法监督局职责范围，从而推动城市执法体制改革进一步深入，为城市高质量运行发展提供保障。

（二）河南城镇化发展存在的问题及成因

党的十九大报告指出，中国特色社会主义进入新时代。河南城镇化的发展，还不能达到中央的要求、不能满足人民的期盼和经济社会发展的需要，离城市高质量发展标准还有较大差距，新型城镇化依然面临着不少困难和问题。

1. 城镇化水平低已成为制约实现现代化的突出短板

虽然近年来河南城镇化增速位居全国前列，但2018年全省常住人口城镇化率仍低于全国平均水平7.87个百分点，全省仍有将近一半的居民生活在农村，严重影响工业化和农业现代化发展，影响了全社会劳动生产率和城乡收入水平的提高。河南城镇化水平低突出表现在两个方面：第一，常住人口城镇化率低于全国平均水平。初步预计，到2018年底，常住人口城镇化率达到51.71%，虽然仍然保持了较高的增速，与全国平均水平不断缩小差距，但是仍然低于全国平均水平7.87个百分点，仍然面临城镇化发展的艰巨任务。和其他省、自治区、直辖市相比，2017年河南常住人口城镇化率仅仅高于贵州、云南、西藏、甘肃、新疆、广西等六个西部省份，低于东部地区、东北地区、中部地区其他省份。

表3 河南常住人口城镇化率与全国的差距

单位：%，百分点

年份	河南常住人口城镇化率	全国常住人口城镇化率	河南常住人口城镇化率与全国平均水平差距
2010	38.82	49.95	11.13
2011	40.57	51.27	10.70
2012	42.43	52.57	10.14
2013	43.80	53.73	9.93
2014	45.20	54.77	9.57
2015	46.85	56.10	9.25
2016	48.50	57.35	8.85
2017	50.16	58.52	8.36
2018	51.71	59.58	7.87

新 疆	49.38
宁 夏	57.98
青 海	53.07
甘 肃	46.39
陕 西	56.79
西 藏	30.89
云 南	46.69
贵 州	46.02
四 川	50.79
重 庆	64.08
海 南	58.04
广 西	49.21
广 东	69.85
湖 南	54.62
湖 北	59.30
河 南	50.16
山 东	60.58
江 西	54.60
福 建	64.80
安 徽	53.49
浙 江	68.00
江 苏	68.76
上 海	87.70
黑龙江	59.40
吉 林	56.65
辽 宁	67.49
山 西	57.34
河 北	58.01
天 津	82.93
北 京	86.50
全 国	58.52

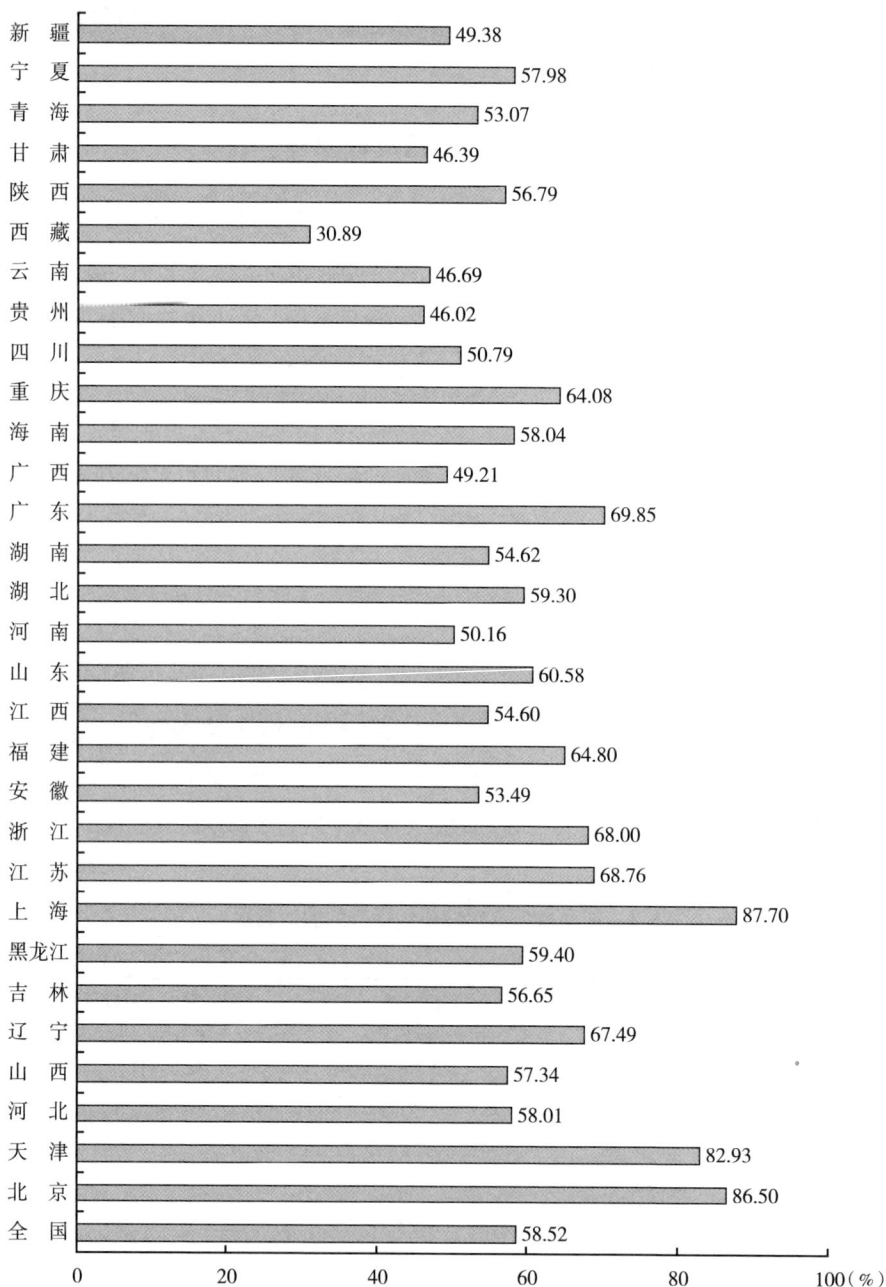

图1 2017年河南常住人口城镇化率与其他省份及全国的比较

第二，城镇化区域发展不平衡，区域发展差异大。从 2017 年底的常住人口城镇化率看，河南城镇化发展不平衡问题持续存在。郑州、洛阳、鹤壁、焦作、济源、新乡、平顶山等城市高于全省平均水平，濮阳、南阳、商丘、周口、驻马店等城市和全省平均水平相差较大。其中，周口常住人口城镇化率最低，低于全省平均水平 9 个百分点，低于全国平均水平 17 个百分点左右，低于郑州 31 个百分点。

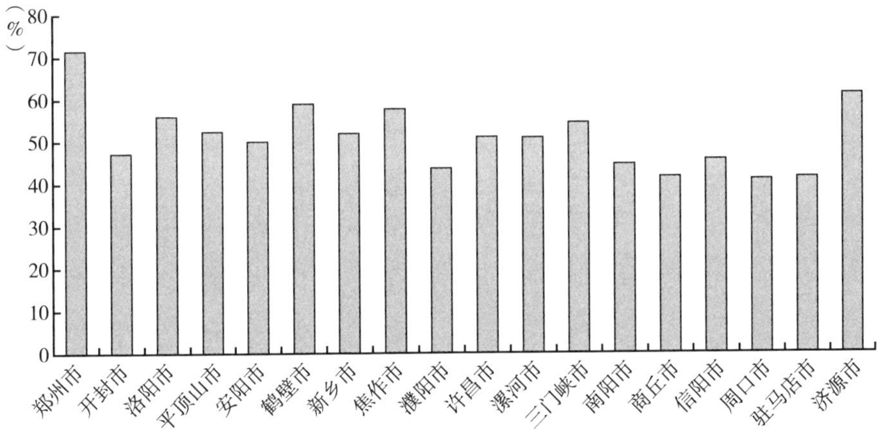

图 2　2017 年河南省省辖市常住人口城镇化率比较

2. 城镇化质量不高

农民权益保障、公共服务、社会保障等配套领域改革不到位，导致农业转移人口落户和城市吸纳落户积极性都不高，2018 年河南户籍人口城镇化率仍然低于常住人口城镇化率近 19 个百分点，全省有近 2000 万城镇常住人口没有真正融入城市，制约了新型城镇化拉动经济增长、社会进步、资源集约节约利用等综合作用的发挥。努力缩小户籍人口城镇化率与常住人口城镇化率的差距，推动城镇化高质量发展，将有利于充分发挥新型城镇化的综合带动作用。首先，户籍城镇人口的增加，将更加有效地带动城市的固定资产投资，直接拉动投资需求。其次，促进农民工市民化，将明显增加城镇劳动力供给，并提高劳动力供给效率，由此延长人口红利期。最后，随着农业转移人口的市民化，尤其是"80后""90后"等新生代农民工受教育程度和技能水平提升，人口红利将转型升级为人力资源红利，由此推动全要素生产率的提高。

3. 中原城市群集合效应仍需放大

与长三角、京津冀、粤港澳大湾区等城市群相比，郑州、洛阳等中心城市增长极作用不突出，郑州大都市区融合发展正处于起步阶段，城市间相互呼应、协同融合不足，重大基础设施、生态环保、市场标准等领域协调对接不够，产业结构趋同、过度竞争现象较为明显。目前，无论是中原城市群五省省级层面、各省主要职能部门之间，还是30个省辖市之间，尚未真正建立起城市群发展的协调机构，造成城市群在跨区域政策协调、重大基础设施建设与布局、生态环境共同治理、发展资源共同分享、产业的跨区域分工等方面都受到很大制约。核心城市竞争力不强。虽然2018年郑州地区生产总值过万亿元，但是郑州的产业带动能力相对较弱，科技创新资源较少，城市首位度低于武汉、成都、西安等城市，无法充分发挥在中原城市群空间范围的辐射带动作用。洛阳作为中原城市群的副中心城市，自身综合经济实力较弱，不仅无法在中原城市群范围内发挥副中心城市作用，而且在中原城市群西北部板块的辐射带动能力也有限，战略支撑作用有待提升。中小城市现代化水平不高，小城镇承载能力弱。中原城市群城市面临的共同问题是高端要素集聚能力弱。创新载体、平台建设滞后，创新型、高层次人才集聚能力不足。国家两院院士"千人计划""万人计划"等高层次人才较少，现代金融、先进科技等高端要素集聚能力弱。

4. 城市建设相对滞后

河南城市特别是中小城市，无论是道路、生态等"硬设施"，还是文化、教育等"软设施"，需要建设和改造的还有很多，城市精细化管理水平普遍不高，城市发展活力不强，城市建设中引进社会资金积极性不高，与社会资本的合作仍待真正"破题"。在硬设施方面，以地级城市和县级城市为例进行比较，2017年，河南、山东、安徽、陕西四个省份的地级以上城市和县级城市总数分别为38个、43个、22个和15个；从人口密度上看，河南38个城市人口密度为4871人/平方公里，山东43个城市、安徽22个城市的人口密度分别为1554人/平方公里、2535人/平方公里，河南分别是山东和安徽的3.13倍和1.92倍；从人均道路面积看，河南38个城市的人均道路面积为13.9平方米，山东、安徽、陕西三个省份分别为25.1平方米、22.2平方米和16.5平方米，河南人均道路面积分别相当于山东、安徽、陕西的55.4%、62.6%和84.2%；从建成区绿化覆盖率看，河南38个城市为39.5%，山东、安徽、陕西分别为42.1%、42.2%和39.9%，分别高于河南2.6个、2.7个和0.4个百分点。在软设施方面，河南教育、卫生和文化三大公共服务设施建设相对滞后，大班额现象较为突出，居民看病难、看病贵现象仍然存在，文化基础设施相对缺乏，难以满足居民的文化需求，城市公共服务供给能力较弱，不能满足城市快速发展对配套公共服务的需求，直接影响人口集聚。

表4　2017年河南与部分相邻省份城市建设基本情况比较

地区	地级城市（个）	县级城市（个）	用水普及率（%）	人均道路面积（平方米）	建成区绿化覆盖率(%)	人口密度（人/平方公里）
河南	18	20	95.9	13.9	39.5	4871
山东	17	26	99.8	25.1	42.1	1554
安徽	16	6	99.43	22.2	42.2	2535
陕西	11	4	97.9	16.5	39.9	—

5. 城市发展的融资模式需要调整

改革开放40年来城镇化高速发展，农村土地参与城市开发具有巨大的升值潜力，因此土地出让金基本上成为城市发展的第二财政。城市在扩张过程中，需要不断加大基础设施和公共服务设施的投入，但是由于财力所限，城市政府不得不依赖房地产的扩展和土地增值收益。特别是在当前的城市发展过程中，基础设施和公共服务设施的投资主体仍然是城市政府，这种状况已经不能适应城市公用事业发展的巨大资金需求了，并且长期来看存在潜在的财政风险以及相伴而生的金融风险。

三 河南城镇化高质量发展面临的环境分析和预测

进入 2019 年，以习近平新时代中国特色社会主义思想为指导，高质量发展成为河南有序推进新型城镇化的核心工作，2019 年是河南省实现城镇化高质量发展、推动经济社会高质量发展的关键之年。在新的一年，河南省推进城镇化高质量发展既面临着我国统筹区域协调推动高质量发展、全省经济社会保持稳定快速发展以及城镇化发展的容量质量双提升等有利因素，也面临着国内外较为严峻的宏观环境，同时还存在诸多制约性短板和因素亟待破解。

（一）我国统筹区域协调推动高质量发展的新机遇、新要求

促进区域协调、推动高质量发展成为 2019 年全国经济社会发展的重大战略部署。2018 年 11 月 18 日，中共中央国务院印发的《关于建立更加有效的区域协调发展新机制的意见》提出，建立更加有效的区域协调发展新机制，全面落实区域协调发展战略各项任务，促进区域协调发展向更高水平和更高质量迈进。2018 年 11 月 19～21 日，中央经济工作会议要求 2019 年经济工作"坚持稳中求进工作总基调，坚持新发展理念，坚持推动高质量发展"，同时提出要统筹推进西部大开发、东北全面振兴、中部地区崛起、东部率先发展，促进区域协调发展。可以说，我国统筹区域协调、推动高质量发展进入新的历史发展时期，这也为河南推进城镇化高质量发展提供了新的历史机遇、提出了新的发展要求。

从历史机遇来看，我国统筹区域协调、推动高质量发展，有利于河南在优化国土空间开发格局中抢抓机遇，深入推进城镇化实现高质量发展。一方面，在持续优化国土空间开发格局中，河南省不仅处于我国有序推进新型城镇化的主战场，而且是国家重点城镇化的重要区域；另一方面，以郑州建设国家中心城市为重点，形成中原地区经济社会高质量发展主要空间载体的中原城市群建设，也成为推动实现中部地区崛起的国家重要战略组成部分。以此为契机，在深入实施"三区一群"为重点的重大国家战略基础上，河南

省建设郑州国家中心城市和推动郑焦新汴许五城深度融合建设组合型大都市区，以及提升洛阳副中心城市和深化中原城市群省际合作等提升区域城镇化发展水平的战略举措，将有望得到国家层面政策更加有力的支持，正在实施的百城建设提质工程和乡村振兴战略也能够得到国家政策更多的倾斜，从而稳步推动全省城镇化向更加开阔、更加广泛领域发展，实现城镇化的高质量发展。

从发展要求来看，我国统筹区域协调推动高质量发展，有利于河南以更高的标准、更有效的举措推进城镇化实现高质量发展。统筹区域协调推进高质量发展，是新时代背景下我国实施的区域战略和科学发展的重要战略，要求用新理念实现新目标完成新使命，对区域发展质量有更高、更加明确的要求。在此情况下，河南省有序推进新型城镇化，必须按照国家城市建设管理的最新要求，借鉴国内外先进城市建设和管理经验，理顺省域城镇化发展的体制机制，以更加严格的建设管理标准和更加有效的发展举措，推动全省城镇进一步推进产业转型升级、补齐基础设施和公共服务短板、改善生态环境质量，从而有力推动河南城镇化实现高质量发展，大幅提升中原城市群实现开放发展、服务区域经济社会发展的综合竞争力和综合承载力。

（二）全省经济社会保持稳定快速发展

2018 年，面对经济下行压力持续加大、多重约束趋紧、转型升级困难增加等复杂形势，河南持续推进"四个着力"、打好"四张牌"，全省生产总值预计突破 4.8 万亿元、城镇化率超过 50%，经济社会保持了稳中有进、快中向好的总体态势。2019 年，以习近平新时代中国特色社会主义思想和习近平总书记视察指导河南时的重要讲话为指导，河南经济社会有望进一步保持稳定快速发展态势，从而推动城镇化高质量发展与经济转型升级有效互动、社会文明进步协同发展、人民对城市美好生活向往的双向牵动。

城镇化高质量发展与经济转型升级实现有效互动。2018 年，河南省经济结构转型、发展方式转变、增长动能转换加速，产业、生态、城市建设协调推进，投资、营商、社会环境同步改善，全省经济发展态势更加强劲、发展基础更加扎实、发展环境更加优化。2019 年河南省将对标高质量发展要求，深化市场化改革，推动有效投资、制造业转型升级、现代服务业体系、开放发展向更高水平迈进。站在新历史起点上，城镇已经成为河南经济社会发展的主要载体，通过建设郑州国家中心城市、洛阳副中心城市和实施百城提质建设工程，河南城镇化高质量发展与经济转型升级有望实现有效互动。

城镇化高质量发展与社会文明进步的协同发展。2018 年，河南实现了城镇化率 50% 的历史性突破，实现了以乡村文明为主的传统文明社会向城市文明为主的现代文明社会的历史性突破。站在新的历史起点上，城镇已经成为承载社会文明进步的主要载体，城镇化高质量发展成为推动全社会文明进步的主要力量。为此，河南省已经做出重要部署，将以人民为中心、以共建为基础、以城市为重点，通过全面建设、全域建设、全民建设，以城市带农村、以机关带基层、以干部带群众，开展思想道德素质、诚信守法和文明风尚三大提升行动，实现城镇化高质量发展与社会文明进步相协同，为决胜全面建成小康社会、让中原更加出彩而凝聚强大正能量。

城镇化高质量发展与人民向往美好生活的双向牵动。习近平总书记指出，人民对美好生活的向往，就是我们的奋斗目标。站在新的历史起点上，河南坚持优化营商环境、提升服务水平，补短板、强基础，着力推进城镇化高质量发展，不断满足人民群众对美好生活的向往，形成了有效的双向牵动，实现城镇化高质量发展与广大人民共享发展的良性循环。一方面，坚持以人民为中心的发展思想，以城镇化高质量发展为广大群众提供优质丰富的公共产品，满足人民向往美好生活、追求美好生活的需要；另一方面，以城镇化高质量发展形成良好的创新创业环境氛围，激励全社会共建美好家园，不断广纳四方才俊和四海客商，持续提升综合竞争力和吸引力。

（三）全省城镇化发展水平明显提升

适应国家发展战略优化、全省经济社会发展水平提升和农业剩余劳动力有序转移的实际需要，河南省全面展开郑州国家中心城市建设，全面推进百市生态空间，优化生产、生活、生态空间布局，着力构建森林、湿地、流域、农田和城市五大生态系统，打造主城区绿色生活圈、城市周边生态隔离圈、外围森林防护圈。推进生态廊道建设，打造彰显城市特色的生态网络，改善城市人居环境。二是狠抓城市环境治理。对大气污染实施综合防治，重点关注可吸入颗粒物和细颗粒物，并推行大气污染治理的多城市联防联控，切实减少空气污染。加大城区河道环境综合整治，清洁城市河流，优先保护城市饮用水水源地水质。加快污水处理厂和垃圾处理场等硬件设施的扩容升级改造。积极推广生物质能、太阳能等清洁能源在城市建设和居民生活中的应用。将战略环评和规划环评工作常态化，以规划环评推动战略环评，从源头上遏制生态环境破坏；加大环境保护的执法力度，充分调动政府、市场和公众等各方力量参与环境保护。三是大力发展绿色交通。坚持以提高能效、降低排放、保护生态为核心，大力发展以"三低三高"（低消耗、低排放、低污染，高效能、高效率、高效益）为特征的绿色交通。改善城市交通结构，从合理分配城市空间资源入手，改变私人小汽车和高架桥领先发展的模式，将城市交通优先安排的层次进行倒置，城市综合交通规划按照步行、自行车、公共运输工具、共乘车、私人轿车的优先顺序进行发展，充分发挥城市规划分配交通资源的作用，构筑节能、方便、高效的绿色交通体系。积极推广绿色交通工具，如双能源汽车、天然气汽车、电动汽车以及无轨电车、有轨电车、轻轨、地铁等。四是提高生态产业发展水平。严格筛选工业项目，大力发展资源节约环境友好型产业，对已有的工业项目要认真抓好环保工作，积极改造升级传统优势产业。提高城市建设的节能环保标准，为节能环保产业发展提供市场空间。全面发展现代服务业，一方面针对商贸流通、住宿餐饮、交通运输等传统服务业，要通过管理模式的创新、科技含量的提高以及发展先进业态等手段，继续扩大规模，着力提升其层次、塑造品牌；另一方面，要积极推动金融、物流、会展、贸易、信息、旅游、文化服务等现代服务业加快发展、做大做强，加速提升城市的功能质量。城市近郊的农业，要走高效生态农业的路子，主要增加对农业投入，引导农民面向城市供应加大蔬菜、水果、花卉等的培育和种植。

城建设提质工程，推动省域中心城市竞相发展，以郑州为中心、郑州大都市区为核心区域的中原城市群形态得到不断优化、城镇化发展短板得到一定程度改善，全省城镇化发展水平明显提升。

国家中心城市建设为河南省城镇化高质量发展提供更高平台。2018年，中共中央、国务院出台了《关于建立更加有效的区域协调发展新机制的意见》，明确提出以郑州为中心，引领中原城市群发展，带动相关板块融合发展。同年，郑州大都市区空间规划出炉，郑州市城市人口、生产总值和人均生产总值分别实现千万级、万亿级和十万级的三大突破。《郑州建设国家中心城市行动纲要（2017—2035）》发布，标志着郑州建设国家中心城市进入全面实施阶段，郑州市建设国家中心城市站上新的历史起点，推进郑州市与周边焦作、新乡、开封和许昌等市深度融合发展，共铸中原城市群高水平发展核心区域。国家中心城市建设及郑州大都市区建设全面推进，提供了更好的核心支撑和平台条件，有力地推动着河南省城镇化在新的历史高位上实现高质量发展。

区域中心城市竞相发展为河南省城镇化高质量发展提供有效支撑。区位交通便利、腹地优势明显，是以省辖城市为主的河南省区域中心发展的有利条件，同时也是河南省以中心城市带动区域城镇化高质量发展的战略支撑。近年来，河南省以增强竞争力、影响力和辐射带动力为重点，以错位发展、特色发展为方向，支持洛阳副中心城市建设、打造带动全省城镇化发展新的增长极，大力推动省际交界城市提升影响力和吸引力，推动其他区域中心城市实现错位发展、特色发展，促进区域中心城市竞相发展，为河南省城镇化高质量发展提供了有效支撑。2019年，河南省将进一步加强综合交通、信息网络、能源支撑和现代水网等基础设施建设，充分发挥省际交界城市对周边要素的吸纳集聚作用和城镇化发展的带动作用，提升其他区域中心城市的特色化发展水平，统筹推进区域中心城市发展，为全省城镇化高质量发展提供有效支撑。

百城提质建设工程为河南省城镇化高质量发展打下坚实基础。百城建设提质工程是河南针对省域县城城镇化建设短板较为突出、管理水平相对低下，难以适应全省城镇化高质量发展要求，提出的一项重大工程。百城建设工程实施以来，逐步改善了全省县城建设面貌，大大补齐了县城发展短板，重建和修复了各地城镇生态环境系统，保护了城市文脉，完善了城镇公共服务体系，提高了县级城市网格化、精细化管理水平，提升了县级城市发展品位和形象，为推进河南城镇化高质量发展打下坚实基础。与此同时，依托当地特色自然资源、文化资源、景观资源、农业资源和创新资源，各地特色小镇建设扎实推进，乡村振兴战略全面启动，为实现城镇化高质量发展提供了更加丰富多样的选择和发展路径。2019 年，河南省百城建设提质工程和乡村振兴战略将进一步全面深化，以县城建设为引领、特色小镇为支撑、乡村全面振兴为基础的县域高质量发展进入新的阶段，推动县域城镇化实现高质量发展。

（四）国内外宏观形势仍相对严峻

在统筹推进河南城镇化高质量发展的过程中，需要对当前国内外宏观形势有全面的把握和清晰的认识，尤其是面对国际宏观环境不确定性的深远影响和我国经济社会转型发展的深刻影响，必须坚持高质量发展的战略定力，充分认识到其中潜藏的危机挑战，科学防范和化解各类风险矛盾。

国际宏观环境不确定性的深远影响。当前，世界正面临百年未有之大变局，危与机同时并存。一方面，世界主要经济体全面复苏后劲仍显不足、新兴经济体发展仍面临一定困境，民粹主义、贸易保护主义在许多国家和区域占据上风，逆全球化潮流在全球范围抬头；特别是特朗普当选美国总统以来，美国与中国、欧洲和其他国家与地区贸易摩擦不断，中美贸易争端处于更加敏感的关键时期。另一方面，全球化仍在世界发展大势中占据主流，并且在新技术、新产业的推动下持续深化；新兴经济体发展虽有所分化和减缓，但总体势头仍较强劲，推动世界政治格局、经济格局走向深化调整的关键时期；中国发出的"一带一路"倡议在世界上得到广泛响应，中国走出去的途径越来越多样化、领域越来越广泛、空间越来越广阔，面临的有利机遇和风险挑战也越来越多样化、复杂化。国际宏观环境的不确定性，将给河南经济社会发展带来一定影响，尤其是使河南的开放发展面临一定困境，并使产业结构调整面临更加复杂的环境，从而给河南城镇化高质量发展带来深远影响。

我国经济社会转型发展的深刻影响。随着我国步入经济发展新常态，经济已由高速增长阶段转向高质量发展阶段，在经济下行压力持续加大、多重约束趋紧、转型升级困难增加等复杂因素影响下，发展不平衡不充分形成的突出问题日益显现，各类社会矛盾和问题交织叠加。一方面，国内产能向外转移趋势日益明显，承接国内外产业转移优化城镇产业结构面临复杂形势，省域金融、创新、开放发展短板明显，能力不足问题凸显，对城镇经济实现结构优化、动能转换、质量提升产生深刻的不利影响。另一方面，随着市场需求的重心由国际转向国内，随着国家对外开放战略的全面深化，河南省有利的区位交通条件、广阔的市场腹地、高速发展的开放经济等优势凸显，但也面临着产业产品结构不优、核心品牌技术不足等供给侧结构性矛盾，从而对河南城镇经济实现高质量发展产生深刻的复杂影响。

（五）多方面制约性因素仍亟待解决

统筹推进河南城镇化高质量发展，还面临着各类突出短板、资源环境和体制机制等制约性因素，亟待解决。尤其是在资金、科研、基础设施、公共服务和开放发展等方面短板突出，土地资源、水资源、生态安全、环境质量等方面资源环境约束明显，投融资、财政税收和行政管理等领域体制机制不完善问题亟待解决。

一是一些突出短板仍然形成明显制约。当前，河南城镇化高质量发展已经形成较为完善的基础设施、公共服务、城乡建设投融资和科教体系，开放发展体系也有了很好的发展。然而，基础设施建设管理和公共服务效能仍然存在明显不足，城镇拥堵、通行成本高效率低问题依然突出，市政设施不完善、接入成本高、绿色化水平较低等问题在大多数城镇仍然突出存在，公共服务体系仍然有待完善，服务意识和能力仍然有待提高，城乡建设还面临较大资金压力；各类教育科研资源不丰富、水平不高的问题依然存在，尤其是城镇学前教育与义务教育资源不足、发展水平不高，难以满足城镇化快速发展和高质量发展要求，高等教育尤其是一流大学和优质高等职业教育资源不丰富、高层次科技研发主体仍然较少，严重制约着城镇化高质量发展。此外，河南开放发展体系仍然不完善，不但外国领事机构缺乏，服务于对外经济文化交流的专门机构和市场主体发展也相对不足，制约城镇经济的外向发展。为此，河南省已经制定多项行动计划，系统推动城镇基础设施建设、公共服务能力提升、科教事业发展和开放发展体系建设，加快补齐城镇化高质量发展短板。

二是资源环境仍然存在明显约束。河南省地处中原，在全国生态安全格局中地位重要，又是全国重要的粮食生产核心区，在保护全国粮食生产安全中也占据重要地位。随着河南省新型城镇化的有序推进，土地、水资源总体紧张、分布不均衡的资源约束日益加剧，农业生产、城镇发展和工业化带来的环境压力也日益增加。一方面，全省土地和水资源总体短缺，人均拥有量低于全国平均水平，且极不均衡地分布在山丘和平原、城镇和乡村、大中小城市和小城镇，城镇发展与农业生产、生态环境保护对土地、水资源形成了明显竞争，生产、生活和生态对土地、水资源需求格局亟待优化。另一方面，在当前农业生产仍相对粗放、经济结构仍待优化、城镇环保基础设施仍需完善的情况下，出于稳定农业产量尤其是粮食产量、稳定经济增长和城镇建设及生产生活占用需要，导致污染物控制面临着多方面压力，环境压力日益增加。为此，河南省努力在城乡土地增减挂钩、人地挂钩、农村土地制度等领域进行试点探索，制定了现代水网建设规划、森林河南生态建设规划和乡村振兴规划等，实施了百城建设提质工程等，试图以改革发展从根本上破除各类资源环境制约，变压力为动力推进河南城镇高质量发展。

三是体制机制仍然有待创新完善。随着河南新型城镇化的有序推进、城市化形态的不断优化，传统地域切割、条块划拨及相对僵硬的体制机制越来越难以适应形势变化，对城镇化高质量发展形成越来越明显的制约，尤其是在投融资、财政税收、行政管理、城市管理等领域。一方面，投资主体不明确乃至错位时有发生，融资难融资贵仍难以缓解，项目审批流程不优、程序不明确、周期过长等问题还不同程度存在，一些关涉城镇化质量提升的重大项目进展缓慢，部分城镇营商环境不优问题突出。另一方面，各地各部门各自为政、财政税收和行政管理等体制机制仍有待完善，事权财权不匹配现象、各类资金项目难以统筹投入、城市执法管理力量分散在许多领域仍然不同程度存在，亟待进一步加强统筹协调和理顺相关体制机制。此外，随着郑州大都市区建设的全面深化、洛阳副中心城市建设的持续推进、各区域中心城市的竞相发展，城镇化发展的区域协调机制也亟待完善，以形成特色化、差异化的区域城镇化发展格局，走出一条具有中原特色的城镇化高质量发展道路。

四 河南城镇化高质量发展的主要任务

城镇化对于经济社会发展具有十分明显的支撑带动作用，但城镇化过程中也存在着各种各样的问题，会反过来制约经济社会健康发展。所以，解决问题，消除负面影响，推进城镇化高质量发展，才能真正支撑经济高质量发展。从河南的现实情况看，推进城镇化高质量发展，需要优化城镇布局与形态，使城镇更有效承载产业和人口集聚，需要着力增加基本公共服务供给以更好地满足人民需求，需要坚决贯彻落实生态文明理念以促进城镇化的可持续发展，需要转变城市工作模式以切实治理城市发展痼疾。按照这一指导思想，河南城镇化高质量发展需要重点完成以下几方面的任务。

（一）提高中原城市群建设质量，为城镇化提供良好的平台载体

城市群是城镇化的一个主要载体，河南必须遵循城镇化发展规律，从国家现代化建设全局的视角来审视自身发展，紧紧抓住中原城市群上升为国家战略这一契机，优化城镇布局，切实提高中原城市群建设质量，从而为河南城镇化高质量发展提供良好的平台载体。一是要构建起大中小城市协调发展的城市网络体系。具体来说一方面要打造好郑州大都市区这一核心枢纽，依托"米"字形的综合交通网络，依托现有的基础条件，充分发挥区域的开发潜力，着力构建郑州大都市区"一核四轴四区"的网络化空间发展格局；

另一方面要关注中原城市群的区域中心城市、重要节点城市、现代中小城市以及特色小城镇，促进其走特色化、精细化、专业化的发展道路，努力在城市、城乡之间形成联动发展的生产力布局，构建城镇发展网络体系。二是要继续推进基础设施的区域一体化发展，包括交通、能源、水资源、信息资源等，着力为中原城市群一体化发展提供硬件支撑，夯实现实基础，帮助实现资源的优化高效配置。三是要持续推动区域联动机制向更多领域覆盖，建立起中原城市群各城市政府共同参与的协调机制，积极推进各城市在规划对接、基础设施建设、生态环境保护等方面的务实合作。

（二）建设郑州国家中心城市，强化城镇化核心城市龙头带动作用

郑州作为河南省会，是全省的政治经济文化交通的中心，也是引领全省城镇化发展的核心。加快建设郑州成为国家中心城市，完善其相对应的功能，才能进一步发挥郑州对河南城镇化发展的龙头带动作用，推进河南城镇化高质量发展。目前，与其他几个中西部地区正在建设的国家中心城市如武汉、成都和西安相比，郑州经济总量和人口容量还相对较小，首位度偏低，这与国家中心城市的要求差距还很大，必须切实改变这一局面。一是要构建强有力的产业支撑体系。以提高制造业创新能力和基础能力为重点，大力发展郑州高端的先进制造业和战略性新兴产业，同时对传统制造业进行改造，推进制造业向集群化、智能化、绿色化、服务化升级，构建竞争优势明显的制造业体系；以现代物流和现代金融引领生产性服务业提速发展，以精细化、品质提升为导向促进生活性服务业优质高效发展；大力发展新一代信息技术，并推动其与经济社会发展深度融合，拓展网络经济发展空间；持续强化产业集聚区、商务中心区、特色商业区、专业园区的载体功能，增强要素集聚和辐射带动能力。二是要构建开放型经济体系。利用郑州航空港经济综合实验区对外开放门户功能，创新开放型经济发展模式，探索内陆开放高地建设的新路径；全面融入和服务国家"一带一路"倡议，建立与亚投行、丝路基金等平台的对接机制，深入推进与沿线国家和地区重要城市政府间的合作；以更加开阔的视野和更加开放的姿态，积极参与全球产业分工格局重

构，着力提高国际分工的地位；完善法治化、国际化、便利化的营商环境，为经济发展注入新动力。三是构建科技创新与大众创业相互融合的创新体系。强化科技创新的引领作用，通过有效的激励机制把大众创业万众创新融入发展各领域各环节，鼓励支持新技术、新产品的开发与应用，促进新业态、新模式的形成与推广，为经济发展打造新引擎；推进人才发展体制改革和政策创新，形成人才制度优势，以引进和集聚更多高端人才；加快郑洛新国家自主创新示范区郑州片区和新乡片区发展，在推进自主创新和高技术产业发展方面先行先试、探索经验，为大都市创新发展做出示范。四是建设郑州大都市区。从现实情况看，郑州现有的市区容量有限，城市空间越来越紧张，向外发展迫在眉睫；同时，围绕郑州这一核心，以高速公路、高速铁路和城际铁路联通的大城市密集区初步形成。根据这一形势，因势利导建设郑州大都市区，拓展郑州的腹地空间，协调城市功能分工，优化中原城市群空间结构，增强郑州集聚、辐射能力，筑牢郑州建设国家中心城市的根基。五是要构建现代化综合立体交通枢纽体系。立足于郑州大都市区的整体空间布局，适应交通运输产业转型升级需要，按照网络化布局、一体化服务、绿色化发展、智能化管理的要求，建设以轨道交通为骨干的多节点、网格状、全覆盖的交通网络，建设航空枢纽、铁路枢纽、公路枢纽，加强各种运输方式衔接，实现大都市区交通一体化发展，全面提升大都市区交通服务能力；推动现代物流设施建设，加快物流园区（货运枢纽）建设，推进传统货运场站的转型升级；全面提升现代化交通综合治理水平。六是要以精细化管理和人性化服务来满足居民对城市生活的多元化需求，着力破解城市发展中的突出矛盾，努力补齐短板，打造宜居城市环境。

（三）推进百城建设提质工程，夯实城镇化发展的基础支撑

在河南城镇化的大格局中，除了省会城市郑州和其他地级城市，还有众多的县级中小城市，全面增强这类城市的综合承载能力，为更多农业人口就地就近转移提供良好的载体，实现河南城镇化的相对均衡发展。同时，这类城市是连接城乡、承上启下的纽带，它们的发展有利于助推乡村振兴战略的

实施。但是，长期以来河南省县级中小城市发展历史欠账较多，城市基础设施建设滞后、公共服务供给不足、产业支撑力较弱、群众文明意识不强、新城区和老城区发展不协调等问题突出，推进百城建设提质工程正是要补齐这些短板，夯实河南城镇化发展的基础支撑。实施百城建设提质工程，必须紧紧围绕城市建设提质增效、提高民生福祉这一核心。一是要补齐城市基础设施短板，重点提高县级中小城市在交通、生态、产业、综合服务方面的承载能力。要按照适度超前的原则，完善城市功能，协调各项配套，保证基础设施的高效性和可靠性，推进生态修复、城市修补，重点实施一批道路交通设施、天然气、城市供热、电力通信、地下综合管廊、城市绿化等工程，着力提高基础设施的系统性、安全性、可靠性和服务保障能力，从而有效改进县级中小城市的生产和居住功能。二是要破解公共服务瓶颈，全面增强城市的公共服务能力，提升城市教育、医疗等基本公共服务供给水平，实施人本管理、法治管理、精细管理和智慧管理，既注重数量，也重视质量，优质公共资源投放应向薄弱区域倾斜，让每一位市民都能均等地享受到优质的公共服务，为城市居民的生产和生活提供有力保障。三是要大力夯实城市产业基础，根据各城市的既有产业基础、现实发展条件以及市场要素的情况，改造提升传统产业，培育新兴产业，以产业集聚区为载体，打造一批特色主导产业和优势产业集群。以县域第一产业为依托，大力推进农产品的精深加工，延长产业链、提高附加值，为农业转移人口提供更多的就业岗位。同时结合城区和产业园区的基础设施与公共服务配套设施建设，有效推动产城融合发展，以产业集聚带动人口集聚。四是要用经营城市的理念来开发和管理具有商业价值的城市资产，以此来发掘资本效益，为城市建设提质提供更广泛、可持续的资金支持，形成自我积累、自我增值、自我投入、自我发展的城市良性发展道路。

（四）改善城乡公共服务供给，破解农业转移人口市民化难题

城镇化质量不高，很重要的一个原因是城乡二元制度分割导致农业转移人口在实现就业非农化的同时无法成为真正意义上的城镇居民。因此这一点

应是城镇化高质量发展必须突破的重点环节——农业转移人口市民化的问题：一方面要清除城乡就业壁垒，对于农业转移人口进入城市非农产业就业，应给予与城镇职工同等的权益；另一方面是实现基本公共服务和社会保障的均等化，这个环节可以分步推进，首先是现有城镇居民和已实现在城市非农产业就业的农业转移人口的均等化，进一步在条件许可的情况下将均等化普及农村居民，从而彻底打破城乡分割的局面，使居民能够根据自身能力和偏好，自由选择其家庭在城市或乡村的生活和就业组合方案，实现人口在城乡之间的自由转移。在这种公民基本权益均等化的基础上，以市场机制（就业机会与生活成本等）引导人口转移的城镇化模式，才能更好地实现经济效率与社会公平的平衡。具体而言，一是完善社会保障与社会救助体系，继续扩大社会保险覆盖面的同时还要提高社会保障统筹层次，最终实现社会保障的全社会一体化、均等化。二是完善公共教育服务体系，继续加大对教育的财政投入力度，保证财政性教育经费的增长幅度明显大于财政经常性收入的增长幅度；把教育的财政投入增量重点用于缩小城乡以及地区之间的公共教育投入差异，加强对贫困县乡的农村幼儿园、中小学义务教育投入，探索更有效率的教育财政经费使用方式，保障农村儿童受教育权；支持依据城镇规划布局调整幼儿园、中小学建设，确保新增居民和进城农民工子女能够方便入托入园以及接受免费九年义务教育。三是完善基本医疗和公共卫生服务体系。按公平性原则强化医疗卫生事业的政府主导和公益性质，财政对医疗卫生的投入应旨在尽快缩小城乡、地区之间的基本医疗和公共卫生服务的差别。

（五）贯彻生态文明理念，实现城市绿色发展

高质量发展要求节能环保，经济增长不以破坏自然生态环境为代价，是一种绿色增长、绿色发展模式。城镇化高质量发展也必然要遵循这一原则，贯彻生态文明理念，在维护好自然生态环境的前提下推进城市建设，实现城市绿色发展。这需要：一是加强城市生态系统建设。合理划定生态保护红线，并制定严格的规范确保守住红线，对生态功能区做好科学规划，扩大城

（六）转变城市工作模式，切实提高城市治理水平

近年来伴随着城镇化的快速推进，各级城市特别是大城市快速扩张，城市飞速发展，但同时也产生了住房、交通、环境等一系列"城市病"，为城镇化健康发展埋下了隐患。因此，必须彻底转变这种重速度、重规模而不重质量的城市发展模式，破解城市发展痼疾，着力推进城市内涵式发展，使城市成为良性发展的健康有机体，如此才能承载城镇化的高质量发展，为河南经济高质量发展提供更广阔的空间。然而，城市是一个开放的、复杂的巨型社会系统，现有的城市工作模式习惯于用单一方式来处理城市中出现的系统性、综合性的问题，涵盖城市工作全部内容的城市规划、建设、管理各环节也相互脱节，如此使得政策出现效应抵消甚至冲突，严重影响了城市工作的科学性，制约了城市健康发展。所以，需要转变城市工作模式，以系统的思维去认知城市问题，从系统的角度去推动城市工作，统筹推进城市规划、建设、管理一体化，如此才能从根本上去解决城市发展中的系统性问题，切实提高城市治理水平，推进城市走上内涵式发展道路。在系统思维下，要做到规划先行，建管结合。规划处于城市工作的先导位置，必须保障其科学性；建设处于城市工作的中枢位置，必须服从规划的规范性；而管理则是城市工作的落脚点，必须确保规划实施的严肃性。一是要提高规划前瞻性的同时加强其制度性，认真评估城市的资源承载能力和环境容纳能力，协调好生态需求与经济需求、产业调整与环境保护的关系问题，强化规划的指导作用；坚决贯彻落实国家、省、市有关城市规划制度，健全城市规划过程程序，确保专家论证的科学性和独立性。二是要有效结合城市的建设与管理来制定规划，鼓励被规划的企事业单位、建设方、管理方和城市居民参与规划编制，充分吸收公众意见；建立起动态反馈机制，搜集整理城市建设和管理环节中出现的问题，及时向规划环节进行反馈，以针对问题形成综合性的解决方案，使城市实施规划、建设、管理从单向的链式模式转变为动态的闭环模式，确保城市问题及时得到修正、规划更加有的放矢，以提高规划的可操作性和实施效果。三是要改进城市管理机制，从管理机制上实现城市各部门工

作的协调，使规划、建设、管理工作在城市空间上实现差异化和精细化的落实，切实提高工作的有效性，以解决城市问题的深层矛盾。

五　以城镇化高质量促进经济发展高质量的对策建议

当前，河南与全国一样经济发展正处在从高速增长向高质量发展转变的关键时期，处在转变发展方式、优化经济结构、转换发展动力的攻坚期，新型城镇化作为高质量发展的主战场，是经济实现高质量发展的重要驱动力。在河南城镇化率跨过50%大关的历史背景下，河南应着重从加快农业转移人口市民化步伐、推进城镇化发展方式转变、统筹新型城镇化和乡村振兴战略、构筑新型产业分工体系、深化城镇化关键制度改革等方面稳步提升全省城镇化发展水平和质量，实现以城镇化高质量促进经济发展高质量的战略目标。

（一）加快农业转移人口市民化步伐

新型城镇化的核心是实现人的城镇化，新型城镇化不是简单的城镇人口增加或者城镇占地面积扩张，而是要实现大量农业人口从乡村到城市就业转变，居住环境、生活方式等方方面面的转变。对河南这样一个传统的农业大省和人口大省来说，虽然全省城镇化率迈过50%大关，但是城镇化的质量却并不高，主要表现在大量的农业转移人口不能在城市扎根落户，所以，为提高城镇化质量，政府应着力于促进大量游走在城市和乡村之间的农业转移人口的市民化。要坚持以人为本、共享发展的理念，以让农业转移人口"进得来、留得住、过得好"为目标，进一步强化农业转移人口流入地政府主体责任，全面深化改革，切实打破制约农业转移人口市民化的制度障碍和藩篱，完善财政政策支持体系，切实保障农业转移人口及其他常住人口享有城镇基本公共服务的权益。

在河南要完成几千万农业转移人口的市民化转变，最关键的是要实现城镇基本公共服务对农业转移人口的全面覆盖，尽快把进城落户的农民工也纳入城镇住房和社会保障体系。加快推进农业转移人口市民化，其核心是要发挥各城市政府主体责任，引导各城市政府将外来农民工的市民化工作也纳入当地经济社会发展规划、城市总体规划和各类基础设施规划，不断增强城市承载能力，提升城市对农业转移人口的吸纳能力。加快推进农业转移人口市民化，最根本的是要坚持"共享"发展理念，完善地方政府在农业转移人口就业培训、住房保障、子女教育、医疗保险等方面的公共服务供给，为农业转移人口提供优质服务。加快推进农业转移人口市民化，解决资金缺口问题最为关键，要建立并完善财政性建设资金对城市基础设施补贴数额与城市吸纳农业转移人口落户数量挂钩机制，引导财政转移支付和建设资金向吸纳农业转移人口较多地区有效转移，增强人口流入较多地区政府的公共服务保障能力。积极落实中央部署，在省级层面设立农业转移人口市民化专项基金，对农业转移人口市民化成果突出的地区进行奖励，并对这些地区与城镇化相关的基础设施建设和基本公共服务供给提供资金支持。

（二）推动城镇化发展方式转变

在过去很长一段时期，河南的城镇化和全国其他多数地区一样，城镇化进程主要是在政府主导下进行的，主要通过各级政府进行大规模的固定资产投资来完成，这种城镇化发展方式对能源资源消耗过度依赖，造成了资源浪费、环境污染等一系列矛盾和问题。习近平总书记提出的五大发展理念，为解决河南城镇化进程中存在的这些突出矛盾和问题提供了正确方向和科学指引。在今后一段时期，河南应当以习近平新时代中国特色社会主义思想为指引，树牢新发展理念，坚持供给侧结构性改革的主线，推动全省城镇化发展方式由过去的数量扩张为主转到数量、质量、效益并重上来，由主要靠要素投入转到依靠制度改革、科技进步和劳动者素质提升上来，由对资源大量消耗转到可持续发展道路上来。

观念上的转变是发展方式转变的前提，首先，应当推动城市政府管理部门率先实现发展观念的转变，要实现政府部门管理理念的转变，必须加快实现对地方政府考核指标的转变，由过去注重考核城镇化的数量指标、速度指标，转变为考核城镇化质量的考核性指标和资源环境约束指标，通过指挥棒转向来实现发展理念的转变，最终实现城镇化发展方式转变。其次，过去粗放的城镇化发展方式越来越难以为继，各城市的建设者和参与者都应当牢固树立集约节约高效的发展理念，充分发挥城市的经济产出功能、生态服务功能、社会服务功能和历史文化承载功能，加快推动城市由外延式扩展发展向内涵式发展转变。再次，城镇化的发展动力必须由目前土地、资本等物质要素的投入为主，转向以制度创新、科技与文化创新等柔性要素的投入为主。应着眼于清除生产要素配置和供给的制度障碍，包括推进户籍制度改革、改进投资效率、提升市场竞争打破垄断等，让那些能够立竿见影带来改革红利的改革率先进行。最后，推动城市管理方式由简单无序向规划、建设、管理系统统筹转变，引导各城市从城市功能定位、地域文化、历史遗存等多方面制定城市发展规划；紧紧围绕管理和服务两大职能，为居民提供更便捷、更舒适、更宜居的生活环境。

（三）统筹推进新型城镇化和乡村振兴战略

实施乡村振兴战略，是党中央在中国特色社会主义进入新时代和实现"两个一百年"奋斗目标的历史进程中，对我国城乡关系的准确研判和重大战略部署。不管是从城镇化发展规律上看，还是从各国城镇化发展实践看，城镇化与乡村发展不仅是互促共进、不可分割的，而且也必然是相互关联、协调同步的，贯穿于经济社会发展的全过程。

实现新型城镇化与乡村振兴战略协同推进的关键在于城乡之间产业的融合发展，这也是实施乡村振兴战略的首要任务。把乡村产业纳入城乡产业融合发展的大格局之中，逐步实现城乡产业的对接连接错位互补发展，从而为乡村振兴提供强有力的支持。当前，城乡要素正在从单向流动转向双向互动，有利于城乡之间各种资源要素按照市场价值规律进行合理配置，为乡村振兴的实施创造更加公平的市场条件和有利的发展环境，进而实现新型城镇化与乡村振兴的良性互动和协调发展。实现城乡要素双向融合互动和优化配置的关键在于促进城市资本、技术、人才下乡。为此，要引导工商企业积极参与乡村振兴，将更多的城市金融资本投入乡村的产业发展、基础设施建设、公共服务供给和生态环境改善之中。

实现新型城镇化与乡村振兴协调发展的重要途径之一是加快推进城乡之间基础设施的互联互通。要实现城乡之间基础设施的互联互通，必须将基础设施资源向乡村地区倾斜，由过去的"城市偏向"转向"乡村侧重"。这些基础设施不仅要包括道路、供水、供气、环保、电网、物流等生产性基础设施，更要包括村内道路建设、自来水供给、污水处理、河道治理、垃圾收集处理、改厕、路灯亮化、公共交通、有线电视等生活性基础设施，力求做到"无缝对接"、互联互通，让城乡居民共同享有经济社会发展的果实。

此外，还应努力实现城乡生态环境共建共治共享。树牢"绿水青山就是金山银山"理念，落实节约优先、保护优先、自然恢复为主的方针，运用现代科技和管理手段，为城乡居民提供更多更好的绿色生态产品和服务，促进生态系统和生产生活系统良性循环，为新型城镇化与乡村振兴协调发展提供强有力的生态保障。

（四）构筑新型产业分工体系

党的十九大报告明确提出，"以城市群为主体构建大中小城市和小城镇协调发展的城镇格局，加快农业转移人口市民化"，这为河南城镇化指明了方向和道路。虽然中原城市群已经成为国家支持建设的第七大城市群，但是与其他成熟的城市群相比差距仍很明显，尤其产业分工体系不合理，城市群内部产业重构甚至冲突现象普遍存在。为提升城市群整体发展质量和区域竞争力，必须有效管控区域产业冲突，其基本思路应当是通过发挥市场机制的基础作用和政府的规划引导作用，在城市群范围内根据各地的产业基础和资源禀赋，构建按照产业链分工的新型产业分工体系，解决各城市在产业发展方面的重复建设和相互冲突，最终凸显城市群整体竞争优势，构建各城市良性互动的产业发展格局。

具体路径，一是要彻底消除地区分割和行政垄断，真正让市场发挥基础性作用，形成一体化的要素市场。二是加快编制中原城市群产业发展规划，根据不同地区的发展条件和功能定位，在产业类型、技术含量、土地利用效率、能源消耗、污染物排放等方面制定差别化的市场准入标准，实行产业导向和空间导向的"双重调控"。三是加强政策引导和协调，打造一体化的投资信息平台，实施产业链招商引资，促进城市群主导优势产业链的培育和发展壮大。四是围绕主导优势产业链的建设，建立一体化的产业协作配套圈，主要包括基础设施配套、生产配套、生活配套和创业创新环境的配套等。

（五）深化城镇化关键制度改革

河南城镇化质量不高的一个重要原因在于相关制度不完善，当前阶段表现为城乡土地制度、投融资机制以及行政管理体制障碍依然突出。在河南这样传统的农业大省和人口大省推进城镇化，必须依靠改革的力量，坚决破除体制机制障碍，只有不断深化土地、投融资、行政管理等各方面体制机制改革，才能有效解决这些障碍，有效提高城镇化质量。

在当前一个阶段，二元化的城乡土地管理制度问题最为突出也最难解决，必须继续深化城乡土地制度改革，加快建立城乡统一的建设用地市场。河南作为产粮大省，肩负着保障国家粮食安全的重任，进行土地制度改革，首先必须守牢耕地红线，完善耕地占补平衡管理办法，建立与高标准农田建设相适应的跨城市建设用地节余指标调剂机制。其次，针对各地存在大量建设用地和工业用地闲置的状况，积极开展闲置土地处置，加快推进城镇低效用地再开发。再次，加快推进并完成土地承包经营权确权登记颁证工作，赋予农民更加充分而有保障的土地承包经营权；稳步推进"房地一体"的农村集体建设用地和宅基地确权登记颁证工作，为进城农民解除后顾之忧。

河南农业人口众多，城镇化任务依然艰巨，城镇化建设资金缺口巨大，必须继续深化城镇化投融资体制机制改革。首先，要强化财政资金和政府投资引导作用，提高城镇化财政资金使用效率。其次，逐步剥离政府融资职能，充分发挥地方融资平台公司的作用，分类稳步推进地方融资平台公司市场化转型，支持转型中的融资平台公司及转型后的公益类国企依法合规承接政府公益类项目。再次，推动地方国企提高收益上缴比例，用于新型城镇化建设，规范开发性、政策性、商业性金融和保险资金投入机制，审慎合规经营，加强风险评估，鼓励金融机构加强与城镇化项目规划和运营机构的合作。最后，中央相关部委多次指出，地方债风险总体可控，但是局部地区存在风险，河南也不例外。各城市在城镇化建设过程中，必须牢固树立风险意识，量力而行，防范化解隐性债务风险。

行政管理体制改革是上层建筑适应经济基础的必然要求，是城镇化高质量发展不可或缺的重要内容。随着河南城镇化向纵深推进，行政管理体制弊端逐渐暴露，继续深化行政管理体制改革势在必行。首先，随着人口的持续大量流动，过去一些乡镇街道名存实亡，而另外一些地方人口大量聚集，要推动省级人民政府加快研究制定新的设镇设街道标准。其次，选取 10 个左右的经济发达镇，试点推进实施精简调整组织架构和扩权强镇工作，并逐渐推广到更多具有发展潜力的镇。再次，推动机构精简和职能相近部门合并，鼓励探索大部门制改革。最后，进一步推进"简政放权"，减少不必要的行政审批事项，尽可能优化行政审批流程，推动行政审批集成化服务和综合行政执法。

参考文献

黄光宇、陈勇：《生态宜居城市理论与规划设计方法》，科学出版社，2002。

王祥荣：《生态建设论——中外城市生态建设比较分析》，东南大学出版社，2004。

韩坚：《全球化背景下新型产业分工与城市经济发展研究——兼论长三角区域城市产业发展》，《城市发展研究》2008 年第 6 期。

赵勇、白永秀：《中国城市群功能分工测度与分析》，《中国工业经济》2012 年第 11 期。

中共中央、国务院：《国家新型城镇化规划（2014~2020 年）》，2014。

河南省人民政府：《河南省新型城镇化规划（2014~2020 年）》，2014。

王建国主编《郑州大都市区建设研究》，经济管理出版社，2017。

杨嘉懿、李家祥：《高质量发展：新时代中国经济发展的根本要求》，《理论与现代化》2018 年第 2 期。

王建国等：《质量并重：放大城镇化的聚合效应》，《河南日报》2018年3月12日。

王建国主编《郑州建设国家中心城市战略研究》，中国经济出版社，2018。

王建国、王新涛、易雪琴、郭志远：《统筹推进新型城镇化与乡村振兴协调发展》，《河南日报》2018年6月30日。

刘志彪：《理解高质量发展：基本特征、支撑要素与当前重点问题》，《学术月刊》2018年第7期。

任保平：《我国高质量发展的目标要求和重点》，《红旗文稿》2018年第24期。

仝志辉、韦潇竹：《通过集体产权制度改革理解乡村治理：文献评述与研究建议》，《四川大学学报》（哲学社会科学版）2019年第1期。

方创琳：《中国新型城镇化高质量发展的规律性与重点方向》，《地理研究》2019年第1期。

B.2
河南城镇化质量评价报告（2018）

河南省社会科学院课题组 *

摘　要：　新型城镇化的高质量推进是河南省经济高质量发展的重要基础。基于新型城镇化的内涵结构，研究报告从人口转移、经济发展、生活方式转变、空间优化、城乡统筹和环境宜居六个维度出发，构建了新型城镇化质量评价指标体系，运用层次分析法和 CRITIC 法相结合的组合评价模型，对 2017 年河南省 18 个省辖市和 10 个省直管县新型城镇化质量进行评价与分析；对标找出不同地区新型城镇化进程中面临的短板制约，为河南省各地区进一步提升城镇化质量提供参考。

关键词：　城镇化质量　六个维度　河南

一　引言

2017 年是河南省城镇化进程中的重要节点，这一年河南省全省的常住人口城镇化率首次突破 50%，达到 50.16%，标志着河南这个传统农业大省跨入历史性变革的新时代，这是在打好"四张牌"要求引领下，河南城镇化发展的阶段性成果。当前，我国经济已进入由高速增长向高质量发展转变的新时代，城镇化作为未来新的经济增长点和推动经济新一轮发展的最大引

---

　* 课题组组长：王建国。课题组成员：王建国、王新涛、柏程豫、李建华、左雯、吴旭晓、韩鹏、郭志远、彭俊杰、易雪琴。执笔人：王建国、吴旭晓、左雯、彭俊杰、易雪琴。

擎，也必须顺应时代发展潮流，实现高质量发展，从而形成经济高质量发展的强大支撑。对于河南来讲，城镇化率刚刚突破50%关口，进入量质并重发展的新阶段，发展潜力巨大。因此，课题组对2017年河南省城镇化发展质量进行系统评估，分析河南推进城镇化发展中的亮点与问题，提出河南提高城镇化质量的对策建议，对于我们深刻认识我国新时代的发展特征，加快实现以人为核心促进城镇化高质量发展，并以城镇化的高质量发展推动整个经济社会的高质量发展，具有重要的现实意义和实践意义。

二 评价指标的选取

从内涵特征上讲，新型城镇化质量评价主要涉及人口转移、经济发展、生活方式转变、空间优化、城乡统筹以及环境宜居等内容。在参考国内外专家学者的研究成果基础上，课题组从以上六个维度来选取具体指标，构建河南省新型城镇化质量综合评价指标体系，测算18个省辖市和10个省直管县的城镇化质量综合指数，根据计算结果，找出自身的不足，为推进河南省城镇化高质量发展提供决策依据。

（一）人口转移

城镇化的核心特征是农村人口向城镇转移、就业部门由原来的农村农业向城镇的第二、第三产业变迁以及外在体现为城镇常住人口的不断增长。因此，在研究中采用常住人口城镇化率（C_1）、城镇常住人口增长率（C_2）、第二、第三产业从业人员占全部从业人员比重（C_3）来反映城镇化进程中的人口转移情况。其中，常住人口城镇化率（%）是城镇常住人口占区域总人口的百分比；城镇常住人口增长率（%）是2017年城镇化常住人口相对于2016年的增长水平。

（二）经济发展

城镇化进程中产生的集聚效应会吸附城市周边的生产要素，促进城镇经济快速发展。城镇化进程中的经济发展主要体现为经济发展水平和非农产业占比的提升、国民收入的质量以及经济发展质量的提升。其中，经济发展水平一般用人均 GDP（C_4，元）来表示；非农产业占比一般用第二、第三产业增加值占 GDP 的比重（C_5，%）来衡量；国民收入的质量用财政收入占GDP 的比重（C_6，%）来描述；经济发展质量的提升主要体现在资源集约和创新驱动上，一般用城市经济密度即建成区单位面积的经济产出（C_7，亿元/平方公里）和万元生产总值能耗（C_8，吨标准煤）来反映土地、能源等资源的集约利用情况；创新驱动用研究与试验发展经费支出占地区生产总值比重来表示（C_9，%）。

（三）生活方式转变

生活方式转变是城镇化的重要特征之一。一般采用城市居民用水普及率（C_{10}，%）、城市居民用气普及率（C_{11}，%）来反映日常生活便利化水平。在城镇生活中，各种缴费均可以通过互联网来实现，信息化的重要性越来越凸显，一般用互联网普及率（C_{12}，国际互联用户数/万人）来描述信息化水平。国内外的研究显示，交通工具的变革，特别是轿车的出现，不仅是区域城镇化的重要动力，更是人民出行便捷化的重要载体，一般用每万人拥有的轿车数量来表示（C_{13}，轿车数）。与农村生活方式的一个重要区别就是城镇居民在生活中更注重精神文化需求的满足，精神文化的消费水平一般用教育及文化娱乐支出占城镇居民消费支出的比重（C_{14}，%）来衡量。

（四）空间优化

空间优化是新型城镇化主要目标之一，地域空间不仅是城镇化的载体，也是城镇人口在地域空间聚集扩展和深耕的重要表现，空间优化是新型城镇化主要目标之一，人口城镇化与空间城镇化协调推进是新型城镇化的应有之义。本文选用城市人口密度（C_{15}，万人/平方公里）、建成区面积占城市总面积比重（C_{16}，%）、市区人均城镇道路面积（C_{17}，平方米）、建成区排水管道密度（C_{18}，千米/平方公里）这4个指标来描述。需要补充说明的是，建成区排水管道密度是排水管道长度（千米）与建成区面积（平方公里）之间的比值，它综合反映了一个城市建成区内排涝能力和污水收集覆盖的程度，是反映城市空间优化的重要指标之一，也是我国海绵城市建设的重要评估指标之一。

（五）城乡统筹

城乡统筹是新型城镇化的基本特征之一，河南省的新型城镇化不能以牺牲农村为代价来谋求城镇的进步与发展。在研究中主要从城乡之间的收入差距、消费、公共服务均等化三个维度考察河南省城镇化进程中的城乡统筹情况。在收入方面，用城镇居民家庭人均可支配收入与农村居民家庭人均可支配收入之间的比值（C_{19}）来表示；在消费方面，用城乡恩格尔系数①之比（C_{20}）来表示；在公共服务均等化维度，基于数据的可获得性和可比性，主要从教育和医疗两个方面考虑，在教育方面，用城乡初中生师比（C_{21}）和城乡小学生师比（C_{22}）来衡量；在医疗方面，用城乡每万人卫生技术人员数（C_{23}）来表示。

（六）环境宜居

环境宜居是建设健康中原和美丽河南的重要要求，也是河南省新型城镇化的核心内容之一。环境宜居主要从建成区绿化覆盖率（C_{24}，%）、人均公共绿地面积（C_{25}，平方米）、生活垃圾无害化处理率（C_{26}，%）、污水处理率（C_{27}，%）、空气环境质量指数（C_{28}）等角度来考量。其中，空气环境质量指数是根据《环境空气质量标准》（GB3095－2012）中细颗粒物（PM2.5）、可吸入颗粒物（PM10）、二氧化硫、二氧化氮、一氧化碳、臭氧等六项因子来综合评价得出，数据来源于2018年公布的《2017年河南省环境状况公报》；按照空气环境质量的等级标准划分，空气质量可以划分为

---

① 恩格尔系数（Engel's Coefficient）是食品支出总额占个人消费支出总额的比重。

优、良、轻度污染、中度污染和重度污染五个等级，参考相关学者的研究成果，在计算过程中，分别赋值为1、0.8、0.6、0.4和0.2。

区域城镇化质量评价指标体系总结见表1。

表1 河南省城镇化质量评价指标体系

目标层	基本维度	具体指标	指标编号
城镇化质量 A	人口转移 B1	常住人口城镇化率	C_1
		城镇常住人口增长率	C_2
		第二、第三产业从业人员占全部从业人员比重	C_3
	经济发展 B2	人均地区生产总值	C_4
		第二、第三产业增加值占地区生产总值比重	C_5
		财政收入占 GDP 比重	C_6
		城市经济密度	C_7
		万元生产总值能耗	C_8
		研究与试验发展经费支出占地区生产总值比重	C_9
	生活方式转变 B3	城市居民用水普及率	C_{10}
		城市居民用气普及率	C_{11}
		互联网普及率	C_{12}
		每万人拥有的轿车数量	C_{13}
		教育及文化娱乐支出占城镇居民消费支出的比重	C_{14}
	空间优化 B4	城市人口密度	C_{15}
		建成区面积占城市总面积的比例	C_{16}
		市区人均城镇道路面积	C_{17}
		建成区排水管道密度	C_{18}
	城乡统筹 B5	城乡居民收入比	C_{19}
		城乡恩格尔系数之比	C_{20}
		城乡初中生师比	C_{21}
		城乡小学生师比	C_{22}
		城乡每万人卫生技术人员数	C_{23}
	环境宜居 B6	建成区绿化覆盖率	C_{24}
		人均公共绿地面积	C_{25}
		生活垃圾无害化处理率	C_{26}
		污水处理率	C_{27}
		空气环境质量指数	C_{28}

三 评价模型的构建

指标权重的合理确定是科学评价的重要基石。目前，常用的确定权重的方法可以划分为主观赋权法、客观赋权法以及组合赋权法3种类型。主观赋权法能够较好地体现评判者对不同属性指标的重视程度，其不足之处是比较依赖于人的主观判断，对研判者素质要求比较高；客观赋权法是样本数据驱动的方法，确保了数据信息的客观性，不足之处是计算方法也比较复杂，有时候确定的权重会与属性实际重要程度出现较大偏差。为了同时兼顾客观信息和决策偏好，在研究中，课题组采用主观赋权法和客观赋权法相结合的组合赋权模型。评价模型的构建过程如下。

（一）指标数据标准化

在进行评价之前，首先需要对原始数据进行标准化处理，才可以进行指标之间的叠加或者合成。对不同类型的指标，标准化处理的方法有所区别。具体分别处理如下。

对于正向指标，标准化值 y_{ij} 为具体指标值 x_{ij} 与参考值 $ck(x_{ij})$ 之间的比值：

$$y_{ij} = \frac{x_{ij}}{ck(x_{ij})}$$

对于逆向指标，标准化值 y_{ij} 为参考值 $ck(x_{ij})$ 与具体指标值 x_{ij} 之间的比值：

$$y_{ij} = \frac{ck(x_{ij})}{x_{ij}}$$

对城乡统筹维度中出现的中间类型指标，分两种类型分别进行处理。当具体指标值大于参考值时，按照逆向指标的方式进行处理；当具体指标值小于参考值时，按照正向指标的方式进行标准化处理。

（二）指标权重的确定

1. 主观权重的确定

主观权重的确定采用层次分析法。具体步骤如下。

第一，构造出一个有层次的结构模型；

第二，根据 1~9 标度法构造两两比较矩阵；

第三，运用方根法进行层次单排序，取得权重值；

第四，计算判断矩阵 A 的最大特征值 max，并进行一致性检验。

当建立的判断矩阵满足一致性要求时，就不需要对判断矩阵进行调整，第三步计算得到的权重就是指标的权重。

2. 客观权重的确定

客观权重的确定采用 CRITIC（CRiteria Importance Through Intercriteria Correlation，CRITIC）法。CRITIC 法由学者 Diakoulaki 提出，其基本原理是利用数据之间的对比强度及相关性来反映指标的权重，计算方法如下：

$$w_j^c = \frac{\sigma_j \sum_{i=1}^{n} (1 - r_{ij})}{\sum_{j=1}^{n} \left[\sigma_j \sum_{i=1}^{n} (1 - r_{ij}) \right]}$$

式中，W_j^c 为评价指标 j 的权重系数。σ_j（$j = 1$，2，…，n）是评价指标 j 的标准差，反映了评价指标值的变异程度。r_{ij} 是评价指标 i 与评价指标 j 之间的相关系数，描述两个指标间的冲突性；如果两个指标具有较强的正相关，表明两个指标之间的冲突性较低；如果两个指标具有较强的负相关，表明两个指标之间的冲突性较高。

3. 组合权重的确定

假设层次分析法计算得到的指标权重为 w_j^A，CRITIC 法计算得到的指标权重为 w_j^C，则指标的综合权重 w_j 根据下式计算得到：

$$w_j = \alpha \times w_j^A + \beta \times w_j^C$$

式中 α 和 β 满足：$\alpha + \beta = 1$；在本研究中取值为 $\alpha = \beta = 0.5$。

（三）评价模型

得到指标层的权重后，按照下式，可以求得子系统的发展水平指数。

$$B_i = \sum_{j=1}^{m} w_j y_{ij}$$

进而求出区域城镇化发展质量综合指数

$$A = \sum_{i=1}^{n} w_i B_i$$

四　评价结果分析

本次城镇化质量评价中各项指标的权重是基于层次分析法和 CRITIC 法确定的综合权重，数据来源于《河南统计年鉴 2018》，部分指标经过计算得到。评价结果根据不同维度发展指数分层次确定，省辖市和省直管县（市）分别测算。具体结果如下。

（一）省辖市城镇化质量评价结果分析

根据河南省新型城镇化质量评价指标体系及前文中设计的指标权重模型，计算出 2017 年 18 个省辖市各子系统发展水平及城镇化质量的评价值。

1. 分层评价指标权重

表 2　省辖市城镇化质量评价指标权重

指标编号	层次分析法（AHP）	CRITIC 法	综合权重
C_1	0.417	0.342	0.379
C_2	0.250	0.417	0.334
C_3	0.333	0.240	0.287
C_4	0.197	0.169	0.183

指标编号	层次分析法（AHP）	CRITIC 法	综合权重
C_5	0.172	0.050	0.111
C_6	0.160	0.122	0.141
C_7	0.147	0.197	0.172
C_8	0.147	0.247	0.197
C_9	0.177	0.214	0.196
C_{10}	0.133	0.087	0.110
C_{11}	0.200	0.081	0.140
C_{12}	0.167	0.218	0.192
C_{13}	0.233	0.336	0.285
C_{14}	0.267	0.278	0.272
C_{15}	0.192	0.275	0.234
C_{16}	0.269	0.262	0.265
C_{17}	0.231	0.268	0.249
C_{18}	0.308	0.195	0.252
C_{19}	0.219	0.180	0.200
C_{20}	0.219	0.154	0.187
C_{21}	0.188	0.256	0.222
C_{22}	0.188	0.296	0.242
C_{23}	0.188	0.113	0.150
C_{24}	0.167	0.138	0.153
C_{25}	0.167	0.412	0.289
C_{26}	0.208	0.024	0.116
C_{27}	0.208	0.089	0.149
C_{28}	0.250	0.336	0.293
B_1	0.175	0.099	0.137
B_2	0.225	0.200	0.212
B_3	0.150	0.195	0.173
B_4	0.100	0.214	0.157
B_5	0.225	0.106	0.165
B_6	0.125	0.186	0.155

2. 省辖市人口转移指数

在综合考虑常住人口城镇化率、城镇常住人口增长率以及非农产业从业人员占比等因素后发现，2017 年全省该指数平均水平为 0.649，各省辖市人口转移指数的差距相比往年有所缩小。其中，有 7 个城市的指数高于全省平均水平，分别是郑州、鹤壁、焦作、洛阳、许昌、新乡、漯河；其他 11 个城市的指数没有达到全省平均水平，但都接近全省平均水平；指数最高的郑州（0.816）是排名第二的鹤壁（0.706）的 1.2 倍，是排名最低的周口（0.571）的 1.4 倍。这说明从人口转移角度而言，全省城镇化质量整体趋好；各省辖市城镇化质量相差总体不明显。郑州城镇化人口转移质量相比其他省辖市高，周口、南阳等城市仍有较大提升空间（见图 1）。

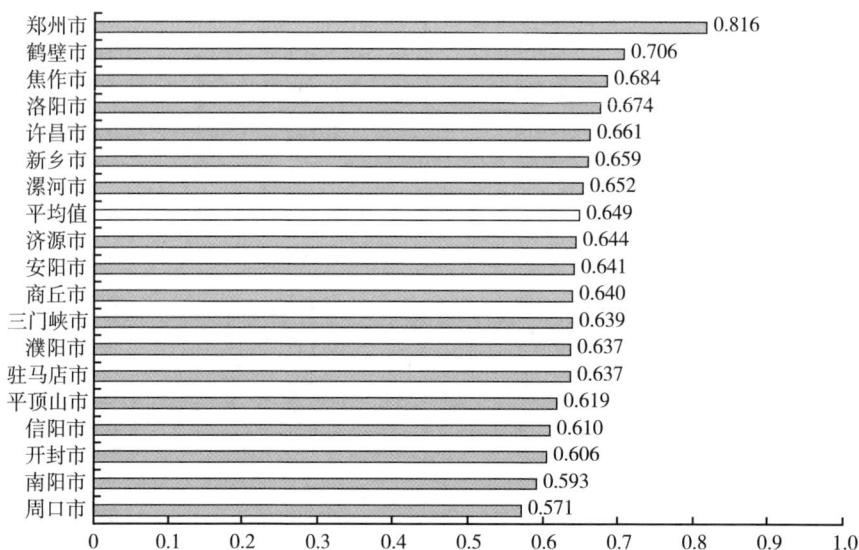

图 1　2017 年河南省省辖市人口转移指数

3. 省辖市经济发展指数

经济发展指标综合权重相比其他指标而言权重最大，在综合考虑人均地区生产总值、非农产业增加值占比、财政收入占 GDP 比重、经济密度、万元 GDP 能耗、研发支出占 GDP 比重等因素后发现，2017 年全省经济发展指数平均水平为 0.528，各省辖市指数出现较明显的差距。其中，有 9 个城市的指数高于全省平均水平，分别是郑州、洛阳、济源、许昌、漯河、新乡、三门峡、平顶山、焦作；其他 9 个城市指数没有达到全省平均水平，各城市存在较大差距；指数最高的郑州（0.814）是排名第二的洛阳（0.648）的 1.3 倍，是排名最低的商丘（0.395）2.1 倍。这说明从经济发展角度而言，全省城镇化质量相对一般，各省辖市城镇化质量差距较大；省会郑州相比其他省辖市领先较多，信阳、驻马店、周口、商丘等传统农业城市城镇化质量有较大提升空间（见图 2）。

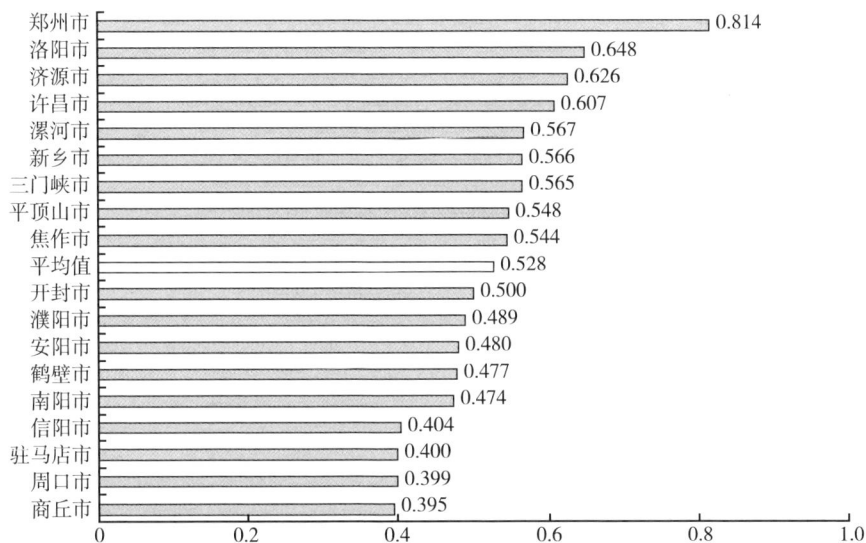

图 2　2017 年河南省省辖市经济发展指数

4. 省辖市生活方式转变指数

在综合考虑用水普及率、用气普及率、互联网普及率、每万人拥有轿车数量、教育及文化娱乐支出占比等因素后发现，2017 年全省出行方式转变指数平均水平为 0.733，各省辖市指数存在一定差距。其中，有 8 个城市的指数高于全省平均水平，分别是济源、郑州、濮阳、新乡、洛阳、焦作、安阳、许昌；其他 10 个城市的指数没有达到全省平均水平且存在一定差距；济源（0.944）超省会郑州排名第一，是排名第二的郑州（0.899）的 1.1 倍，是排名最低的信阳（0.598）的 1.6 倍；这说明从生活方式转变角度而言，全省城镇化质量相对较好，各省辖市城镇化质量存在较明显差别（见图 3）。

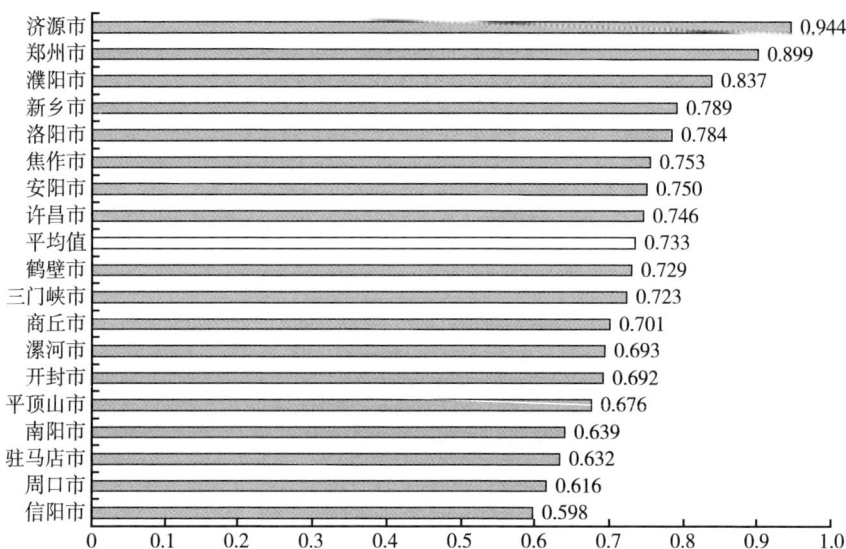

图 3 2017 年河南省省辖市生活方式转变指数

5. 省辖市空间优化指数

在综合考虑人口密度、建成区面积占比、人均城镇道路面积、建成区排水管道密度等因素后发现，2017 年全省空间优化指数平均水平为 0.491，各省辖市指数存在较明显差距。其中，有 10 个城市的指数高于全省平均水平，分别是郑州、济源、安阳、周口、濮阳、洛阳、焦作、漯河、许昌、新乡；其他 8 个城市的指数没有达到全省平均水平，且存在较明显差距；指数最高的郑州（0.749）是排名第二的济源（0.565）的 1.3 倍，是排名最低的信阳（0.264）的 2.8 倍。这说明从空间优化角度而言，全省城镇化质量相对一般，而且尽管过半数省辖市超过全省平均水平，但各城市之间存在显著差距；省会郑州的空间城镇化质量明显高于其他省辖市，而信阳的空间城镇化质量明显低于其他省辖市（见图4）。

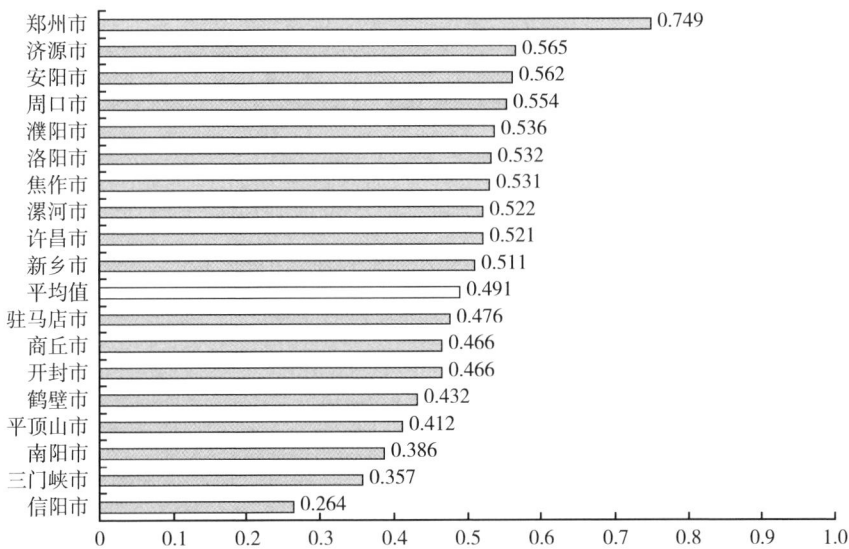

图4　2017年河南省省辖市空间优化情况

6. 省辖市城乡统筹指数

在综合考虑城乡之间的居民收入比、城乡恩格尔系数比、城乡初中生师比、城乡小学生师比、每万人卫生技术人员数等因素后发现，2017年全省城乡统筹指数平均水平为0.652，各省辖市的城乡统筹指数差距不明显。其中，有9个城市的指数高于全省平均水平，分别是平顶山、新乡、郑州、许昌、安阳、洛阳、驻马店、鹤壁、信阳；其他9个城市的指数没有达到全省平均水平但整体差距相对较小；指数最高的平顶山（0.717）是排名第二的新乡（0.693）的1.0倍，是排名最低的济源（0.578）的1.2倍。这说明从城乡统筹角度而言，全省城镇化质量整体趋好，各省辖市的城镇化质量差距不明显；平顶山在推进城乡统筹方面相比其他城市领先，济源在推进城乡统筹方面仍有较大提升空间（见图5）。

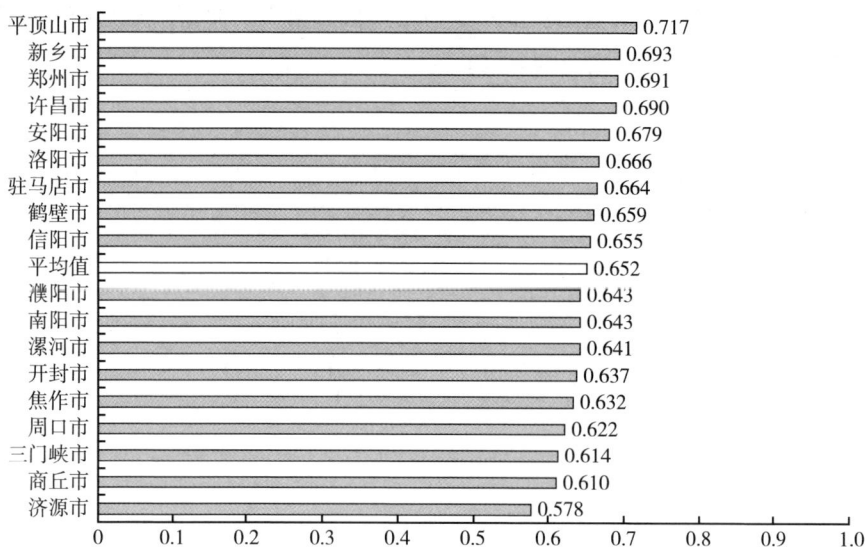

图5 2017年河南省省辖市城乡统筹指数

7. 省辖市环境宜居指数

在综合考虑建成区绿化覆盖率、人均公共绿地面积、生活垃圾无害化处理率、污水处理率、空气环境质量等因素后发现，2017年全省环境宜居指数平均水平为0.791，各省辖市的环境宜居指数整体差距不明显。其中，有8个城市的指数高于全省平均水平，分别是驻马店、濮阳、漯河、信阳、许昌、济源、三门峡、周口；其他10个城市的指数没有达到全省平均水平但差距相对不明显；指数最高的驻马店（0.870）是排名第二的濮阳（0.853）的1.0倍，是排名最低的新乡（0.720）的1.2倍。这说明从环境宜居角度而言，全省城镇化质量相对较好，各省辖市的城镇化质量差距相对较小（见图6）。

8. 省辖市城镇化质量综合指数

在综合考虑人口转移、经济发展、生活方式转变、空间优化、城乡统筹、环境宜居6大因素后发现，2017年全省城镇化质量综合指数平均水平为0.636，各省辖市指数存在一定差距。其中，有8个城市的指数高于全省平均水平，分别是郑州、济源、许昌、洛阳、濮阳、新乡、漯河、焦作；其

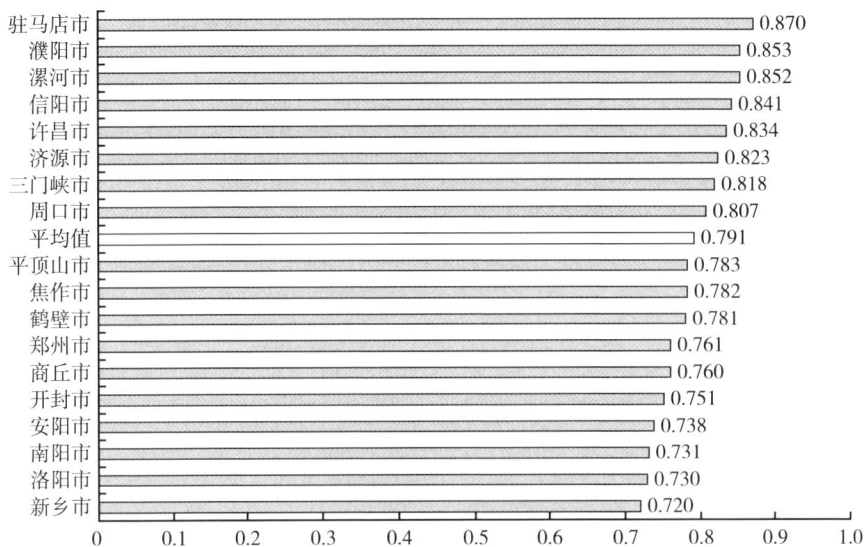

图6　2017年河南省省辖市环境宜居指数

他10个城市的指数没有达到全省平均水平但差距相对不明显；指数最高的郑州（0.790）是排名第二的济源（0.697）的1.1倍，是排名最低的信阳（0.553）的1.4倍。综合六个方面分项指标的情况来看，全省城镇化质量相对较好，各省辖市的城镇化质量存在一定差距；郑州的城镇化质量综合指数领先于其他省辖市，是因为除环境宜居分指标得分较低外，其他各分项指标都处于全省前列；信阳的城镇化质量综合指数排名最低，是因为作为传统农业城市，其在空间优化、生活方式转变、人口转移、经济发展方面的分项指标得分都较低，其中有两项分指标得分排名最后且与其他大多数城市相差较大（见图7）。

（二）省直管县（市）城镇化发展质量评价结果

在对省直管县（市）的评价过程中，课题组根据数据获取的难易程度对指标体系及权重进行了调整，剔除了相关指标并重新计算了综合权重，再以此计算出2017年度10个省直管县（市）各子系统发展水平及城镇化质量的评价值。

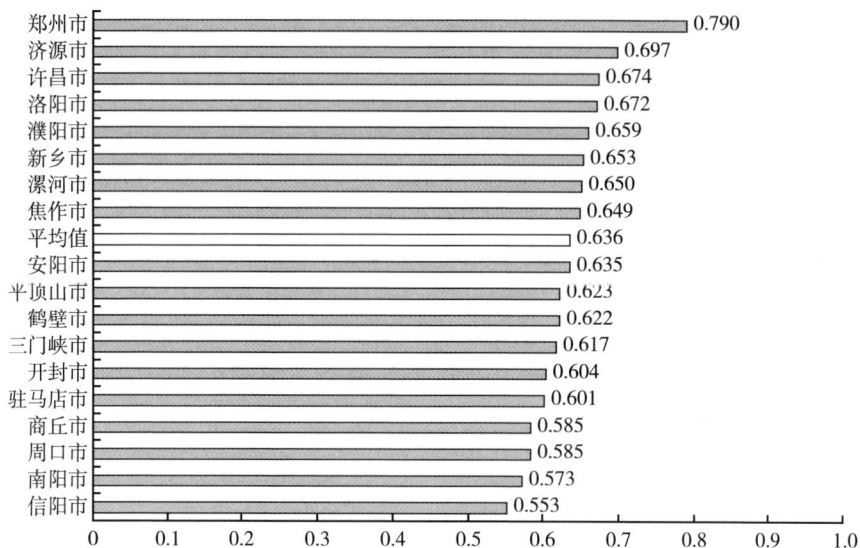

图7　2017年河南省省辖市城镇化质量综合指数

1. 分层评价指标权重

表3　省直管县（市）城镇化质量评价指标权重

指标编号	层次分析法（AHP）	CRITIC 法	综合权重
C_1	0.417	0.342	0.379
C_2	0.250	0.417	0.334
C_3	0.333	0.240	0.287
C_4	0.231	0.181	0.206
C_5	0.202	0.055	0.128
C_6	0.187	0.109	0.148
C_8	0.173	0.459	0.316
C_9	0.207	0.196	0.202
C_{14}	1.000	1.000	1.000
C_{19}	0.219	0.180	0.200
C_{20}	0.219	0.154	0.187
C_{21}	0.188	0.256	0.222
C_{22}	0.188	0.296	0.242
C_{23}	0.188	0.113	0.150

指标编号	层次分析法（AHP）	CRITIC 法	综合权重
C_{28}	1.000	1.000	1.000
B_1	0.205	0.194	0.200
B_2	0.200	0.250	0.225
B_3	0.276	0.167	0.221
B_5	0.104	0.250	0.177
B_6	0.214	0.139	0.176

2. 省直管县（市）人口转移指数

在综合考虑常住人口城镇化率、城镇常住人口增长率、非农产业从业人员占比等因素后发现，2017 年各省直管县（市）人口转移指数平均水平为0.673，各省直管县（市）指数存在较明显差距。其中，有 6 个县（市）的指数高于平均水平，分别是长垣、新蔡、巩义、永城、兰考、汝州；其他 4 个城市的指数没有达到平均水平；指数最高的长垣（0.809）是排名第二的新蔡（0.743）的 1.1 倍，是排名最低的邓州（0.513）的 1.6 倍。这说明从人口转移角度而言，各省直管县（市）的城镇化质量相对较好，过半数城市城镇化质量超过平均水平，但各城市存在较明显差距；长垣的城镇化质量明显高于其他城市，邓州人口转移城镇化质量还有较大提升空间（见图 8）。

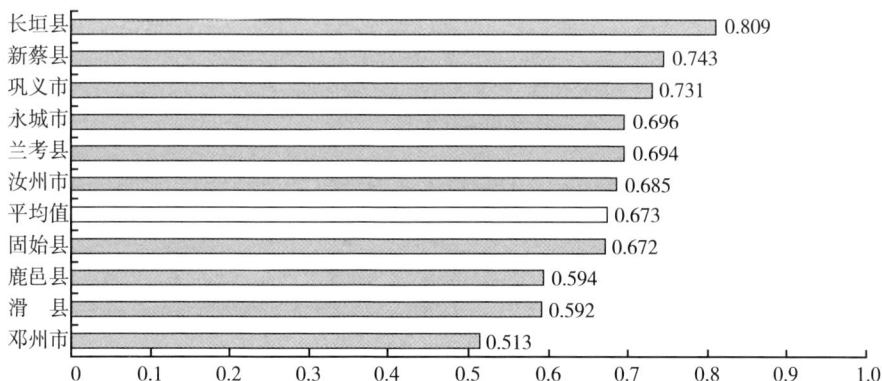

图 8　2017 年河南省直管县（市）人口转移指数

3. 省直管县（市）经济发展指数

在综合考虑人均地区生产总值、非农产业增加值占比、财政收入占 GDP 比重、万元 GDP 能耗、研发支出占 GDP 比重等因素后发现，2017 年各省直管县（市）经济发展指数平均水平为 0.475，各省直管县（市）指数存在显著差距。其中，有 5 个城市的指数高于平均水平，分别是兰考、长垣、巩义、汝州、鹿邑；其他 5 个城市的指数没有达到平均水平且存在较明显差距；指数最高的兰考（0.663）是排名第二的长垣（0.620）的 1.1 倍，是排名最低的新蔡（0.320）的 2.1 倍。这说明从经济发展角度而言，各省直管县（市）的城镇化质量相对一般，各城市的城镇化质量存在显著差距；兰考的城镇化质量处于领先地位，新蔡的城镇化质量还有很大提升空间（见图 9）。

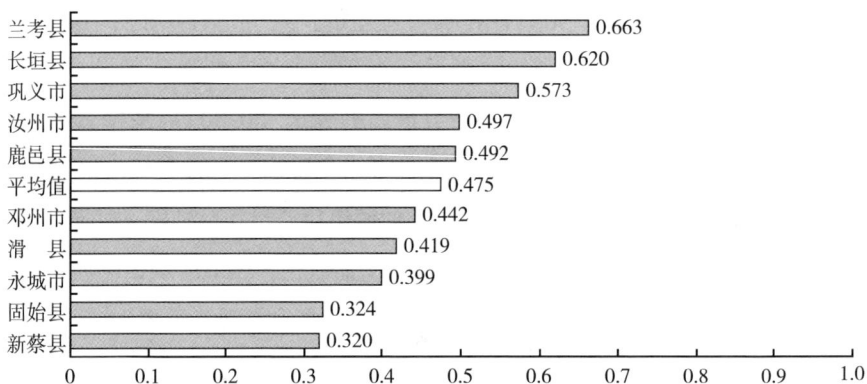

图 9　2017 年河南省直管县（市）经济发展指数

4. 省直管县（市）生活方式转变指数

在仅对教育及文化娱乐支出占比进行比较后发现，2017 年各省直管县（市）生活方式转变指数平均水平为 0.605，各省直管县（市）指数存在较明显差距。其中，有 4 个城市的指数高于平均水平，分别是兰考、巩义、滑县、长垣；其他 6 个城市的指数没有达到平均水平且差距较为明显；指数最高的兰考（0.841）是排名第二的巩义（0.777）的 1.1 倍，是排名最低的新蔡（0.427）的 2.0 倍。这说明从生活方式转变角度而言，各省直管县（市）的城镇化质量尽管整体趋好，但各城市城镇化质量仍存在显著差距；兰考的城镇化质量领先其他城市，而新蔡的城镇化质量有很大提升空间（见图10）。

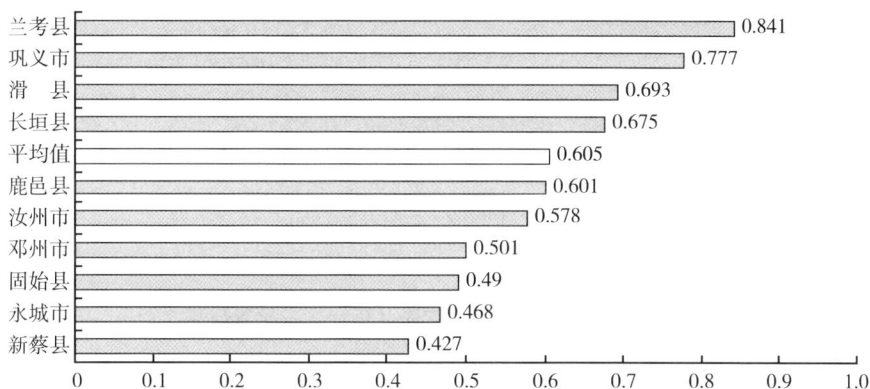

图10　2017 年河南省直管县（市）生活方式转变指数

5. 省直管县（市）城乡统筹指数

在综合考虑城乡之间的居民收入比、城乡恩格尔系数比、城乡初中生师比、城乡小学生师比、每万人卫生技术人员数等因素后发现，2017 年各省直管县（市）城乡统筹指数平均水平为 0.672，各省直管县（市）指数差距较不明显。其中，有 5 个城市的指数高于平均水平，分别是汝州、巩义、长垣、永城、邓州；其他 5 个城市的指数没有达到平均水平但差距不明显；指数最高的汝州（0.749）是排名第二的巩义（0.715）的 1.0 倍，是排名最低的新蔡（0.580）的 1.3 倍。这说明从城乡统筹角度而言，各省直管县（市）的城镇化质量相对较好，差距相对较小（见图11）。

6. 省直管县（市）环境宜居指数

在仅对空气环境质量因素进行比较评价后发现，2017 年各省直管县（市）环境宜居指数平均水平为 0.580。除巩义外，其他各省直管县（市）指数均为 0.60，且均高于平均水平；其他城市（0.60）是巩义（0.40）的 1.5 倍。这说明从环境宜居角度而言，巩义的城镇化质量相比其他城市差距较大，其他各省直管县（市）的城镇化质量相对较好且差别不大（见图12）。

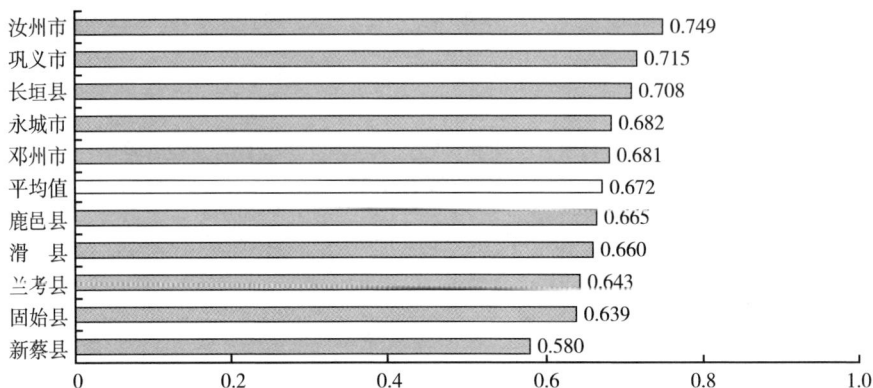

图 11 2017 年河南省直管县（市）城乡统筹指数

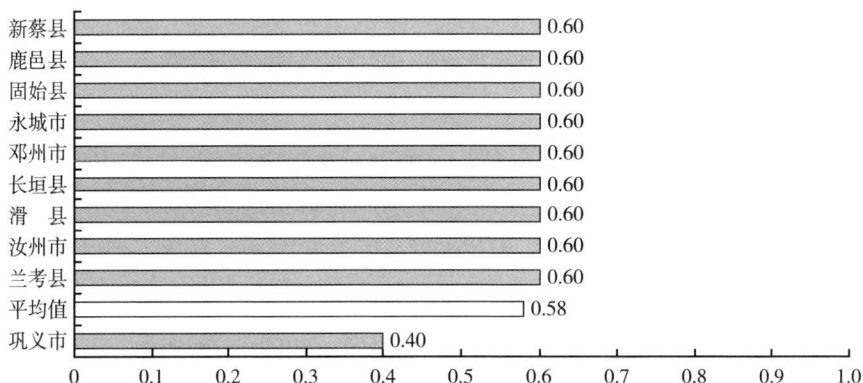

图 12 2017 年河南省直管县（市）环境宜居指数

7. 省直管县（市）城镇化质量综合指数

在综合考虑人口转移、经济发展、生活方式转变、城乡统筹、环境宜居5 大因素后发现，2017 年各省直管县（市）城镇化质量综合指数平均水平为 0.597，各省直管县（市）指数存在一定差距。其中，有 4 个城市的指数高于全省平均水平，分别是长垣、兰考、汝州、巩义；其他 6 个城市的指数没有达到全省平均水平，各城市虽存在一定差距但相对不明显；指数最高的兰考县（0.694）是排名第二的长垣县（0.682）的 1.0 倍，是排名最低的新蔡（0.524）的 1.3 倍。这说明从综合 5 个方面分项指标的情况来看，全省直管县（市）城镇化质量相对较好，但各城市存在一定差距；兰考、长垣、巩义 3 市城镇化质量综合指数位居前三，是因为其各项分指标大多排在前列且高于平均水平；新蔡的城镇化质量综合指数排名最低，是因为其经济发展、生活方式转变和城乡统筹三个分项指标排名均位于最后（见图 13）。

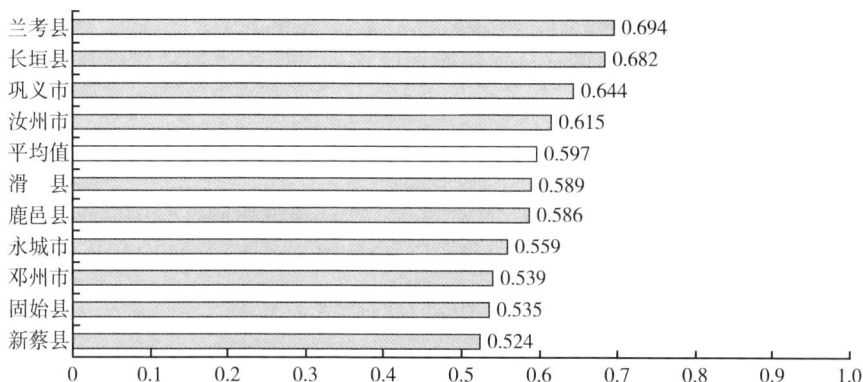

图 13　2017 年河南省直管县（市）城镇化质量综合指数

五　河南推进城镇化发展中的亮点与问题

（一）河南城镇化发展中的亮点

课题组根据新型城镇化质量评价指标体系对河南的 18 个省辖市和 10 个省直管县（市）进行评价，综合分析评价结果，发现河南新型城镇化发展中主要出现四大亮点。

1. 城镇化总体质量不断提升

从城镇化质量综合指数看，河南城镇化总体质量有所提高，18 个省辖市和 10 个省直管县（市）的城镇化质量综合指数分别为 0.636 和 0.597，反映出河南城镇化总体质量不断提升。分析其原因，主要有以下几方面：一是 2017 年河南城镇化率首次突破 50%，达到 50.16%。截止到 2018 年底，河南常住人口城镇化率达到 51.71%，比 2017 年提高 1.55 个百分点。河南城镇化率突破 50%，意味着乡村社会开始加速向城市社会转型，将带动农村社会结构、经济结构及生活方式等发生重大变革，并以此弥补城镇的短板和不足，促进城镇的平衡充分发展，并有效支撑经济的高质量发展。二是河南省委、省政府将百城建设提质工程作为统筹城乡发展、推进新型城镇化的有力抓手，全面做好以水"润"城、以绿"荫"城、以文"化"城、以业"兴"城四篇文章，不断加快在户籍制度改革、全面实施居住证制度、促进城镇基本公共服务常住人口全覆盖、推进农民进城等城乡一体化发展机制方面进行了系列创新，激发了新型城镇化的内在动力。三是县级城市通过扩大招商引资加快经济发展为城镇化提供强大支撑，通过域内外、国内外的互动交流，有效增强县级城市对人流、物流、信息流、资金流的吸引，加快与发达地区、发达国家的接轨，提高城镇化发展质量。

2. 城市高质量发展的聚合效应不断增强

从省辖市经济发展质量来看，18 个省辖市除黄淮四市的信阳、驻马店、周口和商丘外，其余的城市经济发展质量均较高。10 个省直管县（市）中，除新蔡、固始以外，其余的县级市的经济发展质量较高。根据指标设置来看，城镇化进程中的经济发展主要体现为经济发展水平和非农产业增加值占比的提升、国民收入的质量以及经济发展质量的提升，是一个地区高质量发展和生产要素集聚的综合反映。回顾 2017 年，河南省委、省政府通过加快推进农业转移人口市民化进程，不断强化城市发展的产业支撑，推进郑州国家中心城市建设和洛阳副中心城市建设，构建大中小城市和小城镇协调发展的城镇体系，真正实现产业结构、就业方式、人居环境、社会保障等方面内涵式发展。特别是宜居城市建设方面，18 个省辖市的环境宜居水平都得到了很大的提升和改善，环境宜居指数差别不大，这得益于河南省委、省政府在推进新型城镇化进程中，牢固树立尊重自然、绿色发展理念，坚决破除以牺牲生态保增长、牺牲环境换发展的思想误区，以文明城市创建着力打造宜居幸福之家，不断加大对生态建设和环境保护的投入，加快形成了资源节约、环境友好的生态型城镇化发展模式，实实在在让生态文明融入城镇化发展的全过程，真正实现了人与自然关系从索取利用向和谐共生的跨越。

3. 郑州国家中心城市龙头带动作用不断提高

无论是从人口转移情况、经济发展质量、空间优化情况，还是城镇化质量综合指数来看，郑州国家中心城市都是遥遥领先。特别是2018年，郑州实现常住人口突破千万，GDP突破万亿元，人均生产总值突破10万元，郑州成功跻身GDP"万亿俱乐部"行列。和北京、上海等一线城市常住人口减少相比，作为新一线城市，郑州常住人口连年大幅净流入，源源不断为郑州注入新的生机和活力。郑州全面展开大都市区规划建设，编制完成了《郑州大都市区空间规划（2017～2035年）》和郑州建设国家中心城市行动纲要（2017～2035年），着力提升郑州主城区创新经济发展能级，加快航空港国际门户枢纽和国际物流中心建设，城市规模扩张，城市空间不断优化，城市吸引力大为增强。郑州国家中心城市人口集聚和经济高质量发展，有效带动了许昌、焦作、新乡、漯河、洛阳、三门峡等地区的融合发展，同频共振。对于全省来说，随着郑州国家中心城市人口和经济总量的急剧增长，人口、资本、创新等发展要素将不断集聚，从而形成规模效应，提高经济效率，催生与发展更多创新和引领型产业。

4. 县级城市的综合承载能力稳步提升

河南十个省直管县（市）作为首批实施百城建设提质工程试点示范入选名单，在加快补齐基础设施、公共服务设施、生态环境等短板，增加城市公共产品和服务供给，着力提高供给质量和效益，优先解决关系民生的突出问题，满足人民群众对美好生活的愿望和期待等方面的先行先试作用得到了充分发挥。2017年，长垣大力实施支持农业转移人口市民化若干财政政策，通过建立健全财政政策支持体系，强化"一基本两牵动三保障"机制，增加了农业转移人口基本公共服务有效供给，使持有居住证人口逐步享受与当地户籍人口同等的基本公共服务，促进有能力在城镇稳定就业和生活的常住人口有序实现市民化，常住人口城镇化率达到45.86%，长垣成功摘取"全国文明城市"桂冠，被评为全国唯一的县级"城市双修"试点。兰考以习近平总书记县域治理"三个起来"要求为指引，着力推动县域高质量发展，以"四个聚焦"实现强县和富民共进，以"六个破解"实现改革和发展共享，以"四个一体化"实现城镇和乡村共赢，切实推进县域治理理念、治理方式、治理机制等全方位创新，形成县域高质量发展的兰考实践。汝州深入推行政府和社会资本合作的PPP模式，实施了城镇基础设施扩容提升工程，大力推进城市规划建设，路网修补、环境修复、棚户区改造等项目，促使生态水系、城市路网、公园绿地等基础设施和社会事业类项目快速推进，全面提升了城市综合承载能力和公共服务水平，形成了汝州模式。

（二）河南城镇化发展存在的主要问题

城镇化发展质量评价结果显示，河南城镇化综合发展指数、城市生活方式转变和城市环境宜居水平等指数相对较高，但是在城市空间优化、经济发展以及城乡统筹方面仍然存在以下三方面的问题。

1. 城镇化发展水平总体偏低

在18个省辖市中，有10个城市的城镇化质量综合指数低于平均值，有11个城市的人口转移指数低于平均值，有10个城市的生活方式转变指数低于平均值。10个省直管县（市）中有6个县（市）城镇化质量综合指数低于平均值，具体从指标上看，河南以城镇化率、人均地区生产总值、第二第三产业增加值占地区生产总值比重。例如，2017年河南城镇化率首次突破50%，达到50.16%，而全国城镇化率达到58.52%，低于全国平均水平8.36%，而且全国早在2011年就已经突破50%，落后全国6年。在人均地区生产总值上，2017年河南人均生产总值为46674元，全国为59960元，河南仅相当于全国平均水平的77.8%。在第二、第三产业增加值占地区生产总值比重方面，2017年河南为90.7%，全国为95.1%，较全国低4.4个百分点。

2. 区域发展不平衡问题仍然存在

从区域发展情况来看，在人口转移、经济发展、生活方式转变、空间优化、城乡统筹、环境宜居以及城镇化质量综合指数方面，18省辖市和10个省直管县（市）的发展也不一样，不均衡不协调问题仍然存在。省会郑州在吸引人口集聚、提升经济发展总量和质量、推动城市规模扩张等方面具有强"磁场"作用，核心带动效应明显，"一城独大"现象比较突出。郑州周边的洛阳、许昌、新乡、焦作、漯河、长垣、巩义、兰考等市县在各方面指标上都处于领先水平。而黄河以南、淮河流域的周口、驻马店、信阳、商丘四市，作为传统农区，由于综合经济实力较弱、产业结构发展不合理等因素制约，其城镇化质量相对较低，综合指数分别低于全省平均水平 0.051、0.035、0.083、0.051。从全省总体来看，无论是从经济发展、人口转移、产业结构还是从人民生活方式转变上看，以陇海铁路和京广铁路为地域分界线，河南省区域发展呈现出北高南低、西高东低的不均衡发展格局。

3. 城市空间利用和规模结构有待优化

从空间优化情况来看，有 8 个城市该项指数低于平均值。区人口密度（万人/平方公里）、建成区面积占城市面积比重（%）、市区人均道路面积（平方米）、建成区排水管道密度（千米/平方公里）等分指标，集中反映出河南城市在空间资源利用和规模结构优化方面存在几个问题：一是市区人口密度较小，土地城镇化速度快于人口城镇化；二是市区经济密度较小，单位建成区面积创造的生产总值较低，土地集约节约利用程度不高；三是城市空间结构在基础设施建设、资源有效开发和利用、生态环境保护和建设的空间布局等方面有待进一步改善，突出表现在建成区排水管道密度较小，城市建成区内排涝能力和污水收集覆盖的容纳能力较弱。

六 河南提高城镇化质量的对策建议

河南正处于城镇化高速发展的战略机遇期，也是城镇化由高速度向高质量发展的关键转型期。本研究通过对城镇化发展质量的评价，准确把握河南城镇化进程中的短板和不足，助力河南全面提高城镇化质量。

（一）兼顾城镇化发展的数量和质量

河南省作为农业大省、人口大省的特殊省情和城镇化发展进入城市型社会的阶段性特征，要求河南未来的城镇化发展由以量为主向质量并重转变。

一是继续提高城镇化发展速度。发挥城镇化数量对质量提升的推动作用，加快农业人口向城市转移，缩小河南城镇化水平与全国平均水平的差距，以城镇化数量的发展支撑城镇化质量的提升。二是加快农业转移人口市民化。着力解决农业转移人口的落户意愿与落户条件不匹配的问题，即化解"大城市落不下"和"小城镇不愿来"的矛盾，全面放宽城市落户条件，使农业转移人口可以平等地享受城镇居民基本公共服务，努力解决转移农业人口子女入学问题，完善转移农业人口的社会保障，提高其文化水平和文明程度，使其可以更好地融入城市生活。继续深化农村经济体制改革，积极探索农村宅基地和承包地市场化机制，解决转移农业人口的后顾之忧。三是优化产业结构，推进经济高质量发展。高质量的城镇化必须有与之相匹配的产业结构和高质量的经济发展，要提高第二、第三产业比重，为农业转移人口提供充分的就业空间。着力构建特色产业集群，发挥各地区的比较优势，郑州大都市区要积极融入全球价值链的高端环节，从更高层次上介入全球产业分工，发挥辐射带动作用；黄淮四市要积极承接产业转移，寻求与国际国内技术、人才、资金的合作，实现本土产业的转型升级；安阳、平顶山等传统工业城市要用新技术和新营销模式改造提升劳动密集型产业、资源型重化工业等传统产业，用新商业模式改造提升传统服务业，找到新的产业发展路径，为城镇化发展提供产业支撑。

（二）完善提升城市功能

城市发展和功能的发挥将对城镇化的高质量发展起到十分重要的作用。一是科学规划，提高城市空间利用率。发挥规划在城市建设中的引领作用，合理界定城市边界；集约节约利用土地资源，开拓地上和地下空间；按照"微改造"的理念，有序推进城中村和老旧城区改造；提高城市空间承载力和土地经济密度，促进人口城镇化和土地城镇化协调发展。二是完善城市基础设施和服务功能。优先发展城市公共交通，完善健全菜市场、停车场等便民服务设施；积极推行地下综合管廊建设，统筹电力、通信、供热、供气、给排水、通信等地下管网；加强排涝管网等城市防洪设施建设，防治城市内涝，增强人民生活的舒适性和方便性，提高人民群众的幸福感。三是提高城镇居民公共服务水平。合理布局建设学校、医院、体育设施、文化场馆等公共服务设施，探索发展"互联网＋教育""互联网＋医疗""互联网＋社保"等新模式，促进优质资源在省际合理流动。四是培育现代市民。城市要承担现代文明的普惠功能，促进现代文明在居民间传播，在促进农业人口向城市转移的过程中做好宣传教育和管理工作，提高农业转移人口的整体素质，为农业转移人口更好融入城市创造条件。

（三）促进区域协调发展

推动区域协调发展，要针对不同的区域特点制定不同的发展战略，努力培育发展新动能和新增长极，促进全省城镇化质量整体提升。一是针对区域特点加快推进城镇化进程。黄淮四市和南阳地区要着力提高城市人口规模，以人口的增长带动城市规模的扩大和城市功能的提升。以郑州为中心的郑州大都市区和豫北地区、豫西地区要以人为核心，加快推进农业转移人口市民化，实现城镇化质量的提升。二是以城市群为主体形态，优化城镇空间布局，构建大中小城市协调发展的城镇格局。充分发挥郑州国家中心城市和洛阳、南阳、商丘、安阳国家区域中心城市的带动作用，辐射带动周边地区的发展，促使其周边县区在技术、人才、产业等方面发展，并成为城市承接人口和要素的主要地区，促进大中小城市协调发展。三是继续坚持"抓两头"的发展思路，一头抓好郑州中心城市建设，另一头抓好百城建设提质工程。郑州建设国家中心城市，是引领全省新型城镇化建设的重要抓手，要积极壮大先进制造业集群，培育发展新经济，夯实产业基础；增强"一带一路"节点作用，发展口岸经济，构筑内陆开放型经济高地；发挥区位交通优势，打造多式联运国际物流中心；借助郑洛新国家自主创新示范区，推动郑州创新能力建设。积极推进百城提质工程，以县级城市作为就近城镇化的载体，推进农村人口向县级城市转移。

（四）积极推进绿色城镇化建设

顺应新时代社会主要矛盾的变化，将生态文明理念融入新型城镇化建设，着力推进绿色城镇化建设，坚守生态保护红线、环境质量底线、资源利用上限，推进城市可持续发展，提高城镇化质量。一是城镇化布局要充分考虑资源环境承载力。探索以水定城、以地定城的发展思路，科学规划城镇人口规模和用地规模。二是按照绿色发展的理念推进新型城镇化规划和建设。按照生产空间集约高效、生活空间宜居适度、生态空间山清水秀的要求规划好生产空间、生活空间和生态空间，满足人民对新时期城镇化的新要求。三是积极构建绿色产业体系，加快传统产业绿色改造，发展生态农业、生态旅游等绿色产业，提高经济绿色化程度。推进生产方式绿色化，推进产业结构转型升级，实现绿色低碳循环发展。四是引导居民实现生活方式绿色化，坚持从我做起，践行绿色理念，培养勤俭节约、绿色低碳、文明健康的绿色消费模式和生活方式。

参考文献

李政通、姚成胜、邹圆、龚圆：《中国省际新型城镇化发展测度》，《统计与决策》2019年第2期。

张春玲、杜丽娟、马靖森：《县域新型城镇化质量评价研究——以河北省为例》，《河北经贸大学学报》2019年第1期。

王建国：《质量并重：放大城镇化的聚合效应》，《河南日报》2018年3月12日。

王建国：《河南新型城镇化改革与发展研究》，《城市》2015年第9期。

王元亮：《河南城镇化水平的综合测度及空间格局演进》，《开发研究》2017年第3期。

王新涛：《城镇化背景下我国城市管理综合执法体制改革探析——以河南为例》，《党政干部学刊》2017年第2期。

综合研究报告

Comprehensive Research Reports

B.3

河南推进农业转移人口市民化效果评价研究[*]

王晓刚^{**}

摘　要：　本文首先梳理了农业转移人口市民化的内涵，然后运用AHP方法构建了农业转移人口市民化测评指标体系，并对各指标变量进行了权重赋值，科学评估了当前河南省农业转移人口总体市民化程度。研究结果显示，2017年河南省农业转移人口市民化程度为40.11%，总体市民化程度不高。笔者进一步对各指标进行结构化分析，发现物质资本

---

*　本文为2018年河南省哲学社会科学规划项目"农业转移家庭城市融入的成本分担与协同发展研究"（项目编号：2018BSH002）；2019年河南省软科学研究计划项目"城市轨道交通建设PPP投融资模式的应用评价与风险管理研究"（项目编号：194400410019）的阶段性研究成果。

**　王晓刚，经济学博士，河南工业大学管理学院讲师，研究方向为城镇化与农业转移人口市民化。

和人力资本为农业转移人口今后的市民化提供了有力保障，而心理认同和社会资本则是今后农业转移人口顺利实现市民化的主要障碍。基于此，本文提出通过正规教育和技能培训提升农业转移人口的人力资本、消除就业歧视，提高农业转移人口在城市生活的自我认同感等促进农业转移人口市民化的政策建议。

关键词：　农业转移人口　市民化　效果评价　河南

一　引言

农业转移人口是推动河南省经济发展的一股重要力量，为河南的新型城镇化建设和全面提升中原城市群竞争力和影响力做出重要贡献。根据河南省统计局数据，截止到 2017 年底，河南省的农业转移人口数量达到 2939 万人，占全省总人口的 27.08%，占城镇常住人口的 61.29%。新型城镇化发展的关键在于积极推进农村人口向城镇和新型农村社区有序转移，力促农业转移人口有效融入城市社会，稳步推进农业转移人口市民化。实现农业转移人口从农业到非农业的职业转换、从农村到城镇的地域转移以及从农民到市民的身份转换。

二　已有文献述评

已有研究主要围绕农业转移人口市民化的内涵（申兵，2011）、影响因素（黄锟，2014）、成本测算与成本分担（潘家华，2013）、融入路径（王琛，2015）等方面开展了多学科研究，积累了丰富的研究成果。为科学评估当前农业转移人口的市民化效果，王新桂（2008）从居住环境、经济收入、城市适应、政治参与和身份认同 5 个维度进行测评，得出上海的农民工市民化水平已达到 54%。程名望（2017）则从人力资本、经济状况、市民接纳、心理认同四个方面，进一步测算出上海新生代农民工和第一代农民工的市民化程度分别为 52.38% 和 51.40%。周密等（2012）采用需求可识别的 Biprobit 模型和 Oaxaca 分解的方法预测出沈阳、余姚两地区新生代农民工市民化程度分别为 62% 和 81%。辛宝英（2016）测算出 2015 年我国农业转移人口市民化水平仅有 46.98%。

农业转移人口市民化效果测评的相关研究成果虽日益丰厚，但仍有进一步深入研究的空间：一是针对如何测评农业转移人口市民化水平，尚缺乏系统的、更为细化的、可操作性强的统一公认的指标测评体系；二是已有的指标测评体系，多采用的是等值赋权法，且指标较少涉及经济发展水平等一些宏观指标。

基于此，本文先对农业转移人口市民化的内涵进行梳理，进而运用 AHP 方法从物资资本、人力资本、社会资本、城市接纳和心理认同等五个维度综合构建农业转移人口市民化测评指标体系，利用 2017 年河南省农业转移人口市民化的抽样调查数据，科学测算河南省农业转移人口总体市民化程度，从各个结构分析研究农业转移人口市民化的效果，提出促进农业转移人口市民化的政策建议。

三 农业转移人口市民化效果评价指标体系的构建

（一）农业转移人口市民化的内涵

农业转移人口市民化内涵的科学界定，有利于有效构建农业转移人口市民化的效果评价体系。党的十八大用"农业转移人口"替代了"农民工"用语。农业转移人口是指户籍虽在农村，但已转移到城镇持续从事非农就业，依靠工资收入生活，实现了职业转变的农业人口，也包括因城镇建设丧失土地转移到城镇的农业人口，不包括季节性外出打工的兼业农民和转移到城镇就业的农村籍大学生。农业转移人口市民化，户籍制度转换是形，能否共享基本公共服务才是实。

笔者赞同国务院发展研究中心课题组（2014）的概念，认为农业转移人口市民化是农业转移人口自身及其随迁家属与城镇户籍居民均等享受城镇基本公共服务，安居乐业，在精神文化、经济地位、福利保障、心理认同等方面完全融入城镇，最终实现真正的市民化。

（二）指标体系的构建与赋权

农业转移人口市民化效果评价思路，一是可以用农业转移人口在城镇的整体水平与原城镇户籍居民的整体水平，是否基本相同来衡量；二是用农业转移人口与原城镇户籍居民之间整体水平的差异程度来衡量；三是用农业转移人口是否已经成为市民的数值占农业转移人口总体数量的比重（市民化率）来衡量。

农业转移人口市民化效果是多种影响因素共同作用的结果。本文关于农业转移人口市民化效果测评指标的构建原则是指标选取时考虑所选指标的全面性、代表性、可比性及可操作性。采用综合指标体系法，从物质资本、人力资本、社会资本、城市接纳和心理认同五个维度构建农业转移人口市民化测评指标体系。采用层次分析法（AHP），运用 Yaahp. V. 9. 1 软件的群决策专家数据录入软件，获取了 15 位专家的实际判断数据（其中管理学的专家 2 名、经济学的专家 5 名、社会学的专家 3 名，人口学的专家 1 名，政府相关部门人员 4 名），对各指标的重要性水平赋值，并对指标体系中各层次指标的一致性进行检验（分别为 CR1 = 0. 0103、CR2 = 0，检验结果满足一致性检验要求），然后将指标层总体权重汇总，得到各层次指标所占的权重（见表 1）。

1. 物质资本

物质资本是农业转移人口城市经济地位的基础反映，是农业转移人口顺利实现市民化的重要支撑。只有具有一定的物质基础，农业转移人口才有可能接受更高的教育和享受更好的医疗，从而提升其人力资本存量。考虑到指

表 1　农业转移人口市民化程度指标评价体系

一级指标 （权重）	二级指标 1 （权重）	二级指标 2 （权重）	二级指标 3 （权重）	二级指标 4 （权重）	二级指标 5 （权重）
物质资本 （0.2556）	收入水平 5 （0.1278）	消费支出 3 （0.0767）	居住类型 2 （0.0511）	—	
人力资本 （0.2112）	受教育程度 3 （0.0634）	培训经历 2 （0.0422）	外出务工时间 3 （0.0634）	工作类型 2 （0.0422）	—
社会资本 （0.1175）	与本地居民交往情况 3 （0.0353）	紧急求助 3 （0.0353）	求职渠道 2 （0.0235）	社区活动 2 （0.0234）	—
城市接纳 （0.2350）	社会保障 2 （0.0470）	随迁子女入学 4 （0.0940）	政治参与 2 （0.0470）	原市民认可度 2 （0.0470）	
心理认同 （0.1807）	未来定居打算 3 （0.0543）	生活习惯 2 （0.0361）	市民身份认同 2 （0.0361）	城市生活满意度 2 （0.0321）	劳动强度 1 （0.0162）

标选择的可度量性，本研究采用农业转移人口的收入水平、消费支出和居住类型三个二级指标来衡量。

（1）收入水平。农业转移人口的收入水平会直接影响其市民化的能力，是市民化进程的基础力量，本文采用农业转移人口在城市取得的相对工资收入，即月平均收入占河南城镇居民人均可支配收入的比例来衡量。收入因素是决定农业转移人口永久居住在城市的首要因素。如果个体或者家庭在城市的收入不足以支持其在城市的日常开销，那么农业转移人口极有可能返回农村继续从事农业生产。

（2）消费支出。采用农业转移人口当前在城市生活的相对消费支出，即农业转移人口月平均生活消费支出占其所居住的原城镇户籍居民人均消费的百分比来衡量。

（3）居住类型。居住类型主要通过居住环境与居住条件来衡量。按照居住环境，"在生产经营场所或工地临时工棚居住的"为 1 分，"在单位宿舍或与他人合租住房的"为 2 分，"自己独立租房居住的"为 3 分，"在务工地自购住房居住的"为 4 分。

2. 人力资本

农业转移人口的人力资本水平对其进入城镇务工甚至定居的意愿和市民

化能力发挥关键作用。二级指标选用受教育程度、培训经历、外出务工时间和工作类型 4 个指标来进行衡量。

（1）受教育程度。受教育程度占农业转移人口市民化的意愿和能力正相关。受教育程度越高，其市民化的意愿及市民化的能力也就越强，在城镇越容易获得就业机会，文化适应能力、城市融入能力也较强，继而能长期居住或定居在城镇。根据农业转移人口的受教育年限，本文将"小学"设定为 1 分，"初中"为 2 分，"高中或中专"为 3 分，"大专及以上"为 4 分。

（2）培训经历。职业教育比普通教育更能有效提升农业转移人口市民化的水平。职业教育有效提高了农业转移人口的非农就业技能，从而有效提高他们的城镇就业能力，奠定其城市融入的经济基础。本文将"曾接受过职业培训"设定为 1 分，没有接受过职业培训的设定为 0 分。

（3）外出务工时间。外出务工时间的长短能够间接反映出农业转移人口的工作经验、市民化能力和城镇适应性。在城镇就业的时间越长，就越认同和习惯城市生活，越容易融入当地生活。本文以农业转移人口在城市的务工时间来测度，"不足一年的"赋值 1 分，"1～3 年"的赋值 2 分，"4～6年"的赋值 3 分，"7～10 年"的赋值 4 分，"10 年以上"的赋值 5 分。

（4）工作类型。农业转移人口城镇就业岗位主要是房屋建筑业、普通制造业或餐饮服务业等劳动强度大但收入相对较低的低端行业，有些农业转移人口会在城市里自主创业成为个体工商户。有些农业转移人口成为公司的中层管理人员。农业转移人口当前所从事的行业也能够体现其市民化能力。本文将"建筑业制造业的工人"设定为 1 分，"物流运输人员或商业服务业人员"设定为 2 分，"企业中层管理人员、个体工商户或私营企业主"设定为 3 分。

3. 社会资本

社会资本，即社会关系网络，是指农业转移人口进城就业后，其社会交往网络及社会分层发生变化，他们的人际交往及关系网络由输出地的老乡群体扩展到了输入地城镇的本地居民，以及该群体中有的人向中产阶层或更高层次阶层转变之后的社会关系网络的改变。

（1）与本地居民交往情况。农业转移人口城市生活中日常交往的对象会影响其城市生活的融入度。与本地居民的交往越密切、越深入则表明融入程度越高,农业转移人口向市民转化的程度越高。本文将"不来往"的设定为1分,"较少来往"的设定为2分,"交往一般"的设定为3分,"交往密切"的设定为4分,"交往很密切"设定为5分。

(2)紧急求助。当农业转移人口在城市日常生活或工作中自身权益受到侵害时,第一时间向谁求助,体现了农业转移人口在城市社会关系交往对象的分布情况,对城市生活的心理认同度和市民身份的认同度。本文将"向政府部门、工会或法律机构求助"的设定为3分,"向当地朋友求助"的设定为2分,"向老乡、亲戚求助"的设定为1分,"自己解决"的设定为0分。

(3)求职渠道。本文主要通过农业转移人口获得城市就业的渠道来测度,体现为求职方式、工作时间等属性。农业转移人口所拥有的城市社交关系网络的网络密度、网络间距和网络宽度对农业转移人口的城市求职渠道都会有不同程度的影响。将"亲朋好友介绍"设定为3分,"政府或中介组织介绍"设定为1分,"自谋职业"设定为0分。

(4)社区活动。农业转移人口如果能积极参加所居住的城镇社区的日常活动,表明其融入的效果较好,反之,则较差。本文将"经常积极参加社区活动"的设定为3分,"一般参加社区活动"的设定为2分,"偶尔参加社区活动"的设定为1分,"从不参加社区活动"的设定为0分。

4. 城市接纳

城市接纳指农业转移人口进城就业与生活后,被原城镇户籍居民接纳程度,以及输入地政府的基本公共服务、用工企业的各项社会保障和所居住的社区所组织的社区活动对农业转移人口的认同度和接纳度。本文采用是否缴纳社会保障、随迁子女入学、政治参与和原市民认可度4个二级指标来衡量。

(1)社会保障。城乡二元社会保障制度存在的差异是导致农业转移人口较低的参保意愿和参保率的重要制度因素,务工地完善的社会保障制度能有效提升农业转移人口的城市归属感和市民化意愿。社会保障则由是否签订劳动合同、是否缴纳各项社会保险及住房公积金缴纳情况来测评。本文采用农业转移人口参加的险种个数来打分,"未参保"的设定为1分,"参加一项"的设定为 1 分,以此类推,最高分为 4 分。

(2)随迁子女入学。让子女在城市获得良好教育是农业转移人口实现市民化的重要推动力量,也是农业转移人口愿意市民化的重要原因。本文将"随迁子女在务工地城市的公办学校就读"的设定为 3 分,"在务工地城市的民办学校就读"的设定为 2 分,"在务工地城市就读于农民工子弟学校"的设定为 1 分,"在家乡农村就读"的设定为 0 分。

(3)政治参与。农业转移人口为城市的发展做出较大贡献,是城市的建设者,作为务工地政府应该积极听取这一群体代表的意见,让其为城市的建设和发展建言献策,为该群体提供与原市民同等的基本公共服务,从而有效保障农业转移人口的民主权利和提升该群体的城市主人翁意识。本文以该群体在务工城市是否有选举权和被选举权来体现。将"参加过城市各级人大代表选举"的设定为 1 分,"没有参加过城市各级人大代表选举"的设定为 0 分。

(4)原市民认可度。城市原有居民与农业转移人口的和谐共处会有效消除农业转移人口的自卑心理并提升其在城市生活的自我认同度和幸福感。原市民认可度是指原市民是否接纳外来的农业转移人口,对农业转移人口的接纳程度。本文将原市民对农业转移人口进城务工"非常欢迎"的设定为 4分,"比较欢迎"的设定为 3 分,"一般"设定为 2 分,"不太欢迎"设定为 1 分,"不欢迎"的设定为 0 分。

5. 心理认同

心理认同是指农业转移人口进城居住后对于自己的新市民身份是否从心理上认同,在该城市是否有归属感和自豪感。依据 Bogardus(1925)的社会距离量表用原住市民怎么看待农业转移人口和是否愿意与农业转移人口交朋友两个维度来衡量。

(1)未来定居打算。农业转移人口在城市的居住时间越长,对城市生活的适应性和接受度也就越强,相应的其市民化意愿就越强。本文将"拟长期定居在城镇"设定为 3 分,"往返于城乡之间"设定为 2 分,"返回农村老家"设定为 1 分。

（2）生活习惯。农业转移人口进城就业后对城市的工作与生活越适应，其自身的城市市民身份认同度越高。其身份就越接近"城里人"。本文将农业转移人口对城市的工作、生活习惯"完全适应"的设定为 2 分，"基本适应"的设定为 1 分，"不适应"的设定为 0 分。

（3）市民身份认同。对自己新市民身份认可度较高的农业转移人口，其市民化的能力和意愿较强。本文将"认为自己是城里人或新城里人"设定为 2 分，"既是市民又是农民"设定为 1 分，"认为自己依然是外地人，是农民"的设定为 0 分。

（4）城市生活满意度。对城市生活整体的满意度越高，农业转移人口市民化的效果越好。农业转移人口对城市日常生活习惯越适应，对城市认可程度就越高，其身份就越接近"城里人"。本文将认为城市生活"非常满意"的设定为 4 分，"比较满意"的设定为 3 分，"一般"的设定为 2 分，"不太满意"设定为 1 分，"很不满意"设定为 0 分。

（5）劳动强度。加班超负荷劳动是农业转移人口的工作常态。高强度的工作与较差的工作环境，虽然一方面可以增加农业转移人口的经济收入，但另一方面也会导致农业转移人口对其工作乃至所在的务工城市产生厌恶感。本文用农业转移人口每天平均工作小时数除以国家所规定的法定工作时间来衡量。

（三）实证检验

1. 数据来源与样本描述

本文数据来源于河南工业大学管理学院农业转移人口市民化课题调研组（以下简称课题组）2018 年 7～8 月进行的农业转移人口市民化的专项调查。课题组成员主要由管理学院的硕士研究生组成，课题组成员通过问卷调查和实地访谈方式，对河南省的郑州市、驻马店市、商丘市、信阳市、漯河市、三门峡市、安阳市等地的农业转移人口进行抽样调查。调查对象为分布在各个市区的外来农业转移人口，调查对象的年龄区间为 18～60 周岁，非本地城市户籍，转移到当地从事非农工作 6 个月以上的城市务工人员及其随迁家属。所搜集到的调查样本中 18～35 岁的农业转移人口比例超过 45%，本次调查共收回有效调查问卷480份,实地访谈30人。调查问卷由农业转移人口本人填写,调查问卷内容主要涉及农业转移人口的自身素质、经济状况、社会关系网络和心理认同四个方面。调查问卷所涉及的行业包含了酒店餐饮等服务型行业、房屋建筑业、传统制造业和商品批发零售业等典型的农业转移人口聚集行业,也包含了证券、保险等其他行业少数样本,样本具有多样性和均衡性的特征,用其来评价河南省农业转移人口的市民化程度具有一定的代表性。样本数据基本情况详见表2。

表2 调查样本数据基本特征

单位:份,%

基本特征	编码	取值	样本数	比例
性别	0	女	186	38.75
	1	男	294	61.25
年龄	1	18~20岁	47	9.80
	2	21~30岁	149	31.04
	3	31~40岁	155	32.29
	4	41~55岁	87	18.13
	5	56~60岁	42	8.74
行业分布	1	制造业	56	11.67
	2	建筑业	110	22.92
	3	批发和零售业	88	18.33
	4	住宿和餐饮业	96	20.00
	5	家政保安	91	18.96
	6	其他	39	8.12
教育程度	1	小学	91	18.96
	2	初中	160	33.33
	3	高中或中专	167	34.79
	4	大专及以上	62	12.92

2.处理方法

本文以课题组所搜集整理的调查数据为基础支撑,综合采用指标法和层次分析法(AHP),对各指标重要程度进行赋值,实证检验测量指标体系的科学性,全面考察河南省农业转移人口市民化程度。然后对各指标体系中的各层次指标的一致性进行检验（分别为 CR1 = 0.0103、CR2 = 0，检验结果均符合一致性检验的要求），然后将指标层总体权重汇总，得到各层指标权重水平。由于二级指标的赋值来源于调查问卷，量纲不一致，赋值的最大最小值也不一致。因此在处理过程中，课题组进行了标准基准化处理。

市民化程度综合指数计算公式为：

$$P = \sum_{1}^{n} \omega_i x_i \qquad (1)$$

式（1）中 P 表示市民化程度综合指数，x_i 表示指标层每项指标的得分值，ω_i 表示指标层指标权重。准则层各分项市民化程度的计算公式为：

$$P_j = \sum_{j1}^{jk} \omega_{ji} x_{ji} \qquad (2)$$

式中 P_j 表示第 j 分项市民化程度，ω_{ji} 表示第 j 分项第 i 个指标的权重，χ_{ji} 表示第 j 分项第 i 个指标的得分值。

其次，农业转移人口市民化程度的测算，可以采取分位数方法。设定的判断标准如下：农业转移人口市民化程度在30%以下的，界定为低水平的市民化；市民化程度处于30%~50%的，界定为较低水平的市民化；市民化程度处于50%~75%的，界定为较高水平的市民化；市民化程度处于75%以上的农业转移人口，界定为高水平的市民化。

3. 农业转移人口市民化效果的多维度分析

（1）物质资本层面的市民化效果

物质资本是农业转移人口在城市生存的基础性条件，计算结果显示，物质资本角度的市民化程度达到63.72%，为五个维度中市民化程度最高的一个维度。从物质资本的三个二级指标的分值看，收入水平的得分较高，收入的提升为农业转移人口顺利市民化奠定了坚实的物质基础，可以拉升农业转移人口的消费支出。居住类型得分较低，仅为2.51分，表明农业转移人口在城市的居住面积很小且居住条件与环境较差。指标显示，收入水平的市民化程度显著高于其居住条件的市民化水平，这反映出作为农业转移人口迁居城市的重要条件就是居住条件与居住环境的改善，而当前不断高企的城市房价，无疑是农业转移人口顺利市民化的一个重要阻碍。

（2）人力资本层面的市民化效果

人力资本是农业转移人口是否能在城市实现可持续生计的重要支撑，计算结果显示其市民化程度为52.66%，这表明我国全民教育水平在逐步提高，农业转移人口整体的自身素质相比以前有较大提升。从人力资本的4个二级指标的分值看，受教育程度的得分较高（3.56分），反映出我国农村义务教育基本实现全面普及，农业转移人口的人力资本水平在不断提高，这是其顺利融入城市社会的重要条件。培训经历的得分最低（0.30分），反映农业转移人口普遍存在非农就业技能较差，缺乏与城市就业岗位相关的工作技能培训经历，而现用工企业更需要的是技能型、高素质的熟练工人，而参加职业技能培训又耗时耗力费钱，农业转移人口自己去参加技能培训的意愿较低。缺乏熟练技能和工作经验导致他们在工作类型的选择上相对较差。因此，对该群体进行有针对性的技能培训是让其能够长期在城市实现可持续生计的基础保障。工作类型得分（2.15分），反映出农业转移人口城市务工从事的行业主要集中在低端制造业、低端服务业，多数人在非正规部门就业，就业歧视的现象在一定程度上影响了农业转移人口的市民化水平。外出务工时间得分（2.24分），表明大多数的农业转移人口都曾有1~3年的外出务工经历，已有的城市务工经历有利于提高农业转移人口的城市融入水平，有利于农业转移人口市民化的顺利实施。

（3）社会资本层面的市民化效果

社会资本是农业转移人口完全实现市民化，并与原有的城市居民深度融合的重要因素，其市民化程度为29.29%，为五个维度中最低的一个指标。从社会资本的4个二级指标的分值看，紧急求助与社区活动相对较差，这与多数农业转移人口存在"流而不迁"，频繁更换务工城市的短期迁移有关，在同一城市居住时间短，不易与原有市民形成稳固的人际关系网络，也不利于培养农业转移人口的城市归属感和认同感，不利于其在该地实现市民化。与本地居民的交往情况得分2.77分，表明农业转移人口与本地居民的交往活动较少。农业转移人口的求职渠道也主要是通过亲朋好友的介绍获得。

（4）城市接纳层面的市民化效果

城市接纳是农业转移人口能够顺利实现市民化的重要外在因素指标，其市民化程度为58.59%。从城市接纳的4个二级指标的分值看，原市民认可度（2.62分）的得分较高，这表明原住市民也认识到进城务工的农业转移人口对自己日常生活的不可或缺性。农业转移人口已经成为城市发展的建设者和日常城市服务的提供者，如快递员、清洁工等。社会保障得分2.37分，表明农业转移人口的参保比例偏低，原因在于：一是所在的务工城市没有为外来的农业转移人口提供全面的社会保障；二是农业转移人口因未打算长期定居城市，加之城乡之间的"二元社会保障制度"藩篱的存在，导致其参保的积极性不高。"随迁子女入学"指标得分为1.29分，得分较低。如果农业转移人口的随迁子女不能在务工城市获得与原市民子女同质化的教育，或者因在务工城市入学难而不得已成为"留守儿童"，这会大幅降低农业转移人口的市民化意愿和城市归属感，不利于实现市民化的预期目标。

（5）心理认同层面的市民化效果

心理认同是农业转移人口自身是否能够有效认同其新市民身份的重要的心理指标，其市民化程度为45.05%。从心理认同的3个二级指标的分值看，得分高低依次是城市生活满意度、未来定居打算、市民身份认同。从城市生活满意度指标来看，农业转移人口已基本适应城市生活习惯，且城市生活满意度在逐步提升。"未来定居打算"指标得分2.76分，反映农业转移人口的市民化意愿不高，市民化态度不积极并非市民化能力不足导致的，而是对市民身份的认同度较低，对城市生活的未来预期不乐观。同时也不愿放弃农村所拥有的承包地和宅基地。农业转移人口的市民身份认同度得分最低，为1.49分。这更加表明农业转移人口对自己是市民身份的认同度较低，并没有完成从"农民"到"市民"身份角色的转变，心理认知层面的市民化程度比较低。本文的研究结果与中国社会科学院、国务院发展研究中心的调查数据基本一致。该调查数据显示："70后""60后"等不愿意转变为非农户口的达到80%；而"80后"农民工不愿意转变为非农户口的比例达到75%，如果要交回承包地才能转户口，不愿意转变为非农户口的人数则占到90%。84%的农民工希望进城后能保留承包地，67%的农民工希望能保留宅基地。

表3 农业转移人口市民化程度指标评价体系

一级指标(准则层)	二级指标(控制层)	市民化程度测度结果(%)
物质资本(0.2556)	收入水平5(0.1278)	3.76
	消费支出3(0.0767)	2.59
	居住类型2(0.0511)	2.51
	小 计	8.86
人力资本(0.2112)	受教育程度3(0.0634)	3.56
	培训经历2(0.0422)	0.30
	外出务工年限3(0.0634)	2.24
	工作类型2(0.0422)	2.15
	小 计	8.25
社会资本(0.1375)	与本地居民交往情况3(0.0413)	2.77
	紧急求助3(0.0413)	1.45
	求职渠道2(0.0275)	1.70
	社区活动2(0.0274)	1.46
	小 计	7.38
城市接纳(0.2350)	社会保障2(0.0470)	2.37
	子女入学4(0.0940)	1.29
	政治参与2(0.0470)	0.34
	原市民认可度2(0.0470)	2.62
	小 计	6.62
心理认同(0.1607)	未来定居打算3(0.0482)	2.90
	生活习惯1(0.0161)	1.24
	市民身份认同2(0.0321)	0.85
	城市生活满意度3(0.0482)	2.19
	劳动强度1(0.0161)	1.82
	小 计	9.0
合 计		40.11

　　从五个维度的结构性角度分析，物质资本和人力资本这两项指标的得分较高，而心理认同和城市接纳这两项指标得分较低。这样的研究结果表明，

我国农村教育水平也在逐步提高，同时农业转移人口通过进城务工，实现了"干中学"，人力资本的水平较之以往也有较大进步。农业转移人口通过进城务工，通过努力工作和勤俭节约积累了一定程度的物质资本，奠定了其在城市定居的物质资本。物质资本和人力资本层面，基本具备了农业转移人口市民化的条件。但心理认知层面和城市接纳这两项指标得分较低，这是当前农业转移人口能否最终实现市民化的阻碍因素。心理认知和城市接纳层面主要表现为农业转移人口精神层面与各项权利方面的诉求，主观认知因素和制度因素成为农业转移人口市民化率进一步提升的主要瓶颈。

（四）研究结论

本文的研究结果显示，2017 年河南省总体农业转移人口市民化程度为 40.11%（见表 3），表明河南省总体实际的农业转移人口市民化率尚未超过 50%。农业转移人口市民化程度均值为 40.11%，尚未达到城镇常住人口 50.16% 的城镇化率。其中物质资本、人力资本、社会资本、心理认同、城市接纳五个方面的市民化程度分别为 63.72%、52.66%、29.29%、45.05% 和 58.59%（见图 1）。物质资本方面的市民化程度（63.72%）最高。2014 年河南省户籍人口城镇化率为 26.6%，按照每年常住人口城镇化的增长率推算出 2017 年河南省户籍人口城镇化率应为 37.2%，这与本文的研究结果（40.11%）基本吻合。而按照常住人口计算，2017 年河南省城镇化率为 50.16%，两者的差额为 12.96 个百分点。这表明当前河南省的农业转移人口市民化并不彻底，并未完全真正实现市民化。

由图 1 可知，河南省城镇化发展过程中，农业转移人口市民化效果主要具有如下特点：一是从市民化总体效果来看，河南省农业转移人口市民化的水平（40.11%）尚未超过 50%，与完全市民化的预期目标尚有距离。二是农业转移人口市民化滞后于常住人口的城镇化，那些没有城镇户籍但在城镇居住 6 个月以上的农业转移人口虽然被统计在城镇常住人口中，但大部分并没有完全实现市民化。三是不同维度的市民化水平差异较大。以物质资本维度的市民化水平为最高，达到 63.72%；其后依次是城市接纳（58.59%）、

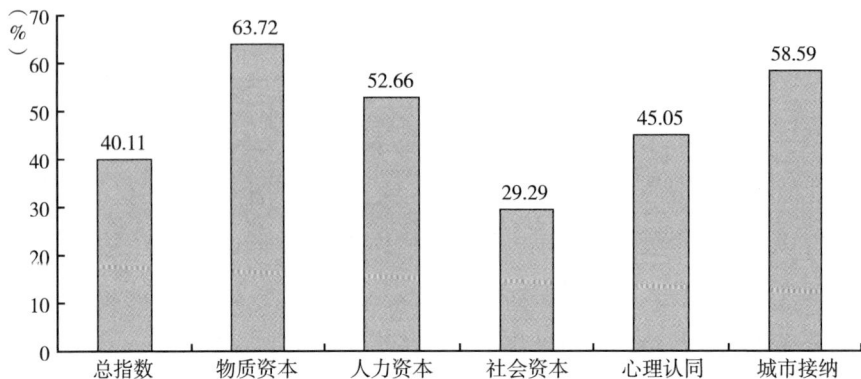

图1 河南农业转移人口市民化程度

人力资本（52.66%）、心理认同（45.05%），社会资本的市民化水平最低，仅为29.29%。这表明农业转移人口市民化的基本经济条件已经具备。物质资本角度的市民化水平已远超农业转移人口市民化的总体水平。社会资本作为反映农业转移人口市民化精神内涵的高层次维度指标得分却最低，这表明从心理认知层面让农业转移人口实现从"农民"到"市民"角色真正的转变将是一个长期的过程。因此，全面推进农业转移人口市民化，首先，全面提升农业转移人口在人力资本、社会资本、物质资本、城市接纳和心理认同

表4 河南省农业转移人口市民化效果评价结果

单位：%，份

类别	评价值	指标权重	市民化程度<40%的人数占比	市民化程度40%~60%人数占比	市民化程度超过60%人数占比	样本数
总体市民化效果	40.11	1	66.98	30.75	2.27	480
物质资本层面	63.72	0.2556	32.64	57.17	10.19	480
人力资本层面	52.66	0.2112	40.45	51.32	8.23	480
社会资本层面	29.29	0.1375	67.90	29.08	3.02	480
城市接纳层面	58.59	0.2350	46.91	34.40	18.69	480
心理认同层面	45.05	0.1607	57.36	33.73	8.91	480

五个维度的市民化水平；其次，社会资本和心理认同维度是今后政府在提升农业转移人口市民化水平方面的重要内容。

从总体市民化程度来看，河南省农业转移人口市民化程度总体为40.11%，从水平分布来看，市民化水平在40%以下的农业转移人口占比66.98%，达到40%～60%市民化程度的占比30.75%，市民化程度达到60%以上的农业转移人口只占2.27%。乡村振兴战略的提出，会吸引一批农业转移人口返乡创业，未来一段时间的农业转移人口市民化率可能会更低。依据河南省的相关数据，2939万农业转移人口并未完全融入城市社会，多数仍无法与原市民同等享受养老、医疗、住房、子女教育等基本公共服务，农业转移人口市民化后财产权益的保护和实现机制尚不完善，户籍并非对于所有进城的农业转移人口有吸引力，他们中的多数只是希望进城务工期间可以享受到城市的基本公共服务，特别是在教育、医疗等方面。

四 深入推进农业转移人口市民化的制度保障与破局路径

目前河南省的农业转移人口市民化正处于一个从低维度的市民化（物质条件和经济条件）向高维度的市民化（城市接纳和心理认同）逐步过渡的过程。农业转移人口市民化已经具备基本的经济条件，但在社会资本和心理认同方面尚处于较低水平。因此，在全面、均衡发展的基础上，要重点在心理认同和城市接纳方面推进农业转移人口市民化。

（一）破局路径

1. 积极探索实现农业转移人口就地就近市民化

实现农业转移人口就地就近市民化，有利于实现农业转移人口市民化与乡村振兴战略的协同发展。一是破除城乡二元结构体制，允许农村集体建设用地入市，支持农民以自营或出租的方式使用自有产业集体建设用地参与城镇建设（潘家华等，2013）。二是积极做好土地征用补偿、拆迁安置住房及被征地农民各项社会保障工作。三是积极鼓励农民工返乡创业，并给予相关的政策支持和金融支持，让其就近就地实现市民化。

2.发挥城市社区作用，提升农业转移人口的城市社会资本和心理认同度

今后政府在推进农业转移人口市民化时，要重点关注农业转移人口的城市社会关系网络和城市适应性等非物质层面。要发挥农业转移人口所居住的城市社区的作用，通过各种各样的社区活动，为农业转移人口和城市原市民的交往积极搭建交流平台。增强农业转移人口与城市原住民之间的彼此接纳和相互认同。帮助农业转移人口构建有效的城市社交网络，从城市文化生活上助推农业转移人口的城市融入。积极向城市原住民宣传引导，让其认识到农业转移人口也是城市美好生活的建设者，理应共享城市的发展成果。

3.完善城市就业与社会保障制度，全面实现基本公共服务的均等化

积极完善城市就业与社会保障的制度。政府通过职业技能培训、多方位提供就业岗位等方式，加大对农业转移人口的就业扶持，让农业转移人口能够"进得来"。逐步实现城乡社会保障制度的一体化并轨，本着"织好网、保基本、兜住底"的原则，解决社会保障的"碎片化"问题，提高农业转移人口医疗、养老等社会保险的参保率，推进与原城镇市民的社会保险整合，提高社保的统筹层次，做好异地衔接，让农业转移人口进城后能够"留得住"。

全面实现基本公共服务的均等化，提升城市的基本公共服务水平，实现农业转移人口与原市民的待遇同等化，特别是在农业转移人口的随迁子女教育方面，用政策吸引力拉升农业转移人口的城市认同度，实现进城的农业转移人口"过得好"。因此河南省要加大对教育和城市基础设施建设的投资力度，努力提升城市的基本公共服务水平。健全农业转移人口信息管理制度。建设和完善以居民身份证号码为唯一标志，以人口基础信息为基准的人口基础信息库，逐步实现跨部门、跨地区信息整合和共享，为农业转移人口服务管理、实现公共服务的均等化和全覆盖提供数据支撑。

4. 构建农业转移人口市民化职业教育体系，提高其自身的人力资本

要提高农业转移人口的市民化率，实现其在城市的可持续生计，提升其人力资本存量是第一要务。随着农村义务教育的全面实施，多数农业转移人口都完成了九年义务教育，但是高中及中专以上学历占比仍较低。要提升进城务工农业转移人口的人力资本存量，构建农业转移人口市民化职业教育体系，对农业转移人口免费进行职业技能培训，调动农业转移人口参加技能培训的积极性。

（二）制度保障

1. 优化产业结构和就业结构

产业为基，就业为本。当前，河南省的城镇化发展处于从追求速度向速度和质量并举转变阶段。在推进农业转移人口市民化的进程中，务必紧抓经济发展这一"助推器"，通过加快承接产业转移的步伐和优化产业结构，实现河南经济稳步发展。同时还要注重经济发展效益水平努力采取相关措施缩小城乡之间的收入差距，降低城市物价水平，增强农业人口转移的动力。

2. 推进财政和投融资体制改革

推进财政和投融资体制改革，为实现基本公共服务建设提供资金保障。一是优化财政支出结构，财政支出重点向民生领域和薄弱环节倾斜。加大对农业转移人口的保障性住房工程、随迁子女义务教育、城市公共交通、就业技能培训、养老医疗卫生等方面的财政投入，增强对城镇基本公共服务的财力保障。二是创新民间资本参与城镇基本服务建设的融资通道与机制。放宽准入，破除民间资本在进入城市公共服务设施建设领域的"弹簧门""玻璃门"现象，切实开通民间资本进入城市公共服务设施投资运营的通道，引导民间资本以更大规模、更快速度进入交通、医疗、教育、文化、金融等诸多领域。三是充分发挥市场在资源配置中的基础性作用，实现公共资源按行政级别配置转向按人口规模配置，促进各级城镇按照自身的功能定位，提升综合承载能力。

3. 鼓励社会资本以 PPP 投融资模式参与城镇基础设施建设

创新民间资本参与城镇基础建设的融资通道与机制。放宽准入，破除民间资本在进入城市公共服务设施建设领域的"弹簧门""玻璃门"现象，切实开通民间资本进入城市公共服务设施投资运营的通道，引导民间资本以更大规模、更快速度进入交通、医疗、教育、文化、金融等诸多领域。

本文所构建的农业转移人口市民化程度测评指标体系及其测评结果与已有的研究结果基本一致，较为客观真实地反映了当前河南省农业转移人口的市民化水平，对于深入有序地推进河南省的农业转移人口市民化具有一定的参考价值。

参考文献

河南省统计局：《2017 年河南省国民经济和社会发展统计公报》，2018 年 2 月。

潘家华、魏后凯：《中国城市发展报告 NO.6——农业转移人口市民化》，社会科学文献出版社，2013。

程名望、乔茜、潘垣：《农民工市民化指标体系及市民化程度测度——以上海市农民工为例》，《农业现代化研究》2017 年第 3 期。

朱冬梅、赵晨：《农业转移人口市民化评价指标体系的实证研究——以四川省为例》，《南京人口管理干部学院学报》2013 年第 5 期。

周密、张广胜、黄利：《新生代农民工市民化程度的测度》，《农业技术经济》2012 年第 1 期。

辛宝英：《农业转移人口市民化程度测评指标体系研究》，《经济社会体制比较》2016 年第 4 期。

谷建全、王建国等：《河南城市发展报告（2015）：以人为本推进新型城镇化》，社会科学文献出版社，2015。

沈映春等：《北京市农民工市民化水平及影响因素分析》，《北京社会科学》2013 年第 9 期。

国务院发展研究中心课题组：《中国新型城镇化道路、模式和政策》，中国发展出版社，2014。

王伶、梅建明：《我国农民工市民化进程测度方法与实证研究——基于 29 个省

（区、市）4275 份调查问卷》，《农村经济》2015 年第 11 期。

程名望、史清华等：《劳动保护、工作福利、社会保障与农民工城镇就业》，《统计研究》2012 年第 10 期。

黄锟：《城乡二元制度对农民工市民化影响的实证分析》，《中国人口·资源与环境》2011 年第 3 期。

李永友、徐楠：《个体特征、制度性因素与失地农民市民化——基于浙江省富阳等地调查数据的实证考察》，《管理世界》2011 年第 1 期。

Bogardus，E. S，1925a "Social Distance and Its Origins"，Journal of Applied Sociology. "Measuring Social Distance"，Journal of Applied Sociology.

Démurger S，Gurgand M，Li S，et al. Migrants as Second-class Works in Urban China？A Decomposition Analysis. Journal of Comparative Economics，2009，37（4）.

王春超、叶琴：《中国农民工多维贫困的演进——基于收入与教育维度的考察》，《经济研究》2014 年第 12 期。

潘垣、程名望：《农民工就业满意度与市民化关系的实证分析》，《经济体制改革》2014 年第 4 期。

王丰：《习近平新时代中国特色社会主义思想的哲学研究》，中共中央党校博士学位论文，2018。

B.4
河南城市构建高质量发展动力机制研究

王新涛*

摘　要：　随着城镇化率超过50%，河南新型城镇化进入质量与规模并重的发展阶段。城市的高质量发展不仅是新型城镇化高质量发展的重要内容，也是新型城镇化和经济高质量发展的重要支撑。河南构建城市高质量发展动力机制，要从市场机制、政府调控、产业发展、生态建设、综合承载能力、农业人口有序转移等方面入手，推动城市的高质量发展。

关键词：　城市　高质量发展　动力机制

习近平总书记在十九大报告中指出，经过长期努力，中国特色社会主义进入了新时代，这是我国发展新的历史方位。在新的历史条件下，我国经济发展的基本特征就是由高速增长阶段转向高质量发展。这是保持经济持续健康发展的必然要求，是适应我国社会主要矛盾变化和全面建设社会主义现代化国家的必然要求。随着工业化、城镇化的加快推进，我国已经进入城市型社会为主体的社会，城市日益成为我国经济、政治、文化、社会等活动的中心，是我国参与国际竞争的平台和对外开放的窗口。城市的高质量发展，将更大地发挥其优化空间布局和集聚生产要素的重要作用，推动经济发展质量变革、效率变革、动力变革，为河南经济社会高质量发展提供重要支撑。

---

* 王新涛，河南省社会科学院城市与环境研究所副研究员。

一　城市高质量发展的基本内涵

城市高质量发展具有综合性、复杂性的特征，包括经济、社会、生态、文化、治理等方方面面。城市高质量发展集中体现了创新、协调、绿色、开放、共享的发展理念，体现以人为本、科学发展、改革创新、依法治市的发展原则，体现城市发展方式不断向集约转型，城市治理体系不断完善，城市治理能力不断提高，城市环境质量、人民生活质量、城市竞争力不断提升，现代化城市建设步伐不断加快的城市发展过程与目标导向。城市的高质量发展，具体体现在城市经济实力不断增强、城市产业结构调整更趋协调、城市居民生活水平不断提高、城市公共服务供给逐步完善、城市环境质量总体趋势向好等方面。

从城市综合经济实力上看，城市高质量发展要能够主动适应把握引领经济发展新常态，积极培育新技术、新产业、新业态、新模式，构建"传统优势产业 + 战略性新兴产业 + 未来产业"有机更新的现代化都市型产业迭代体系，让城市持续成为全国或区域发展的经济业态引领者、高端要素集聚地和生态创新核心区，带动全国加快融入全球产业链、创新链、价值链，形成现代化开放型的经济体系。

从城市基础设施建设上看，城市高质量发展需要高质量的基础设施支撑。城市基础设施的高质量发展，要坚持先规划、后建设原则，切实加强规划的科学性、权威性和严肃性；坚持先地下、后地上原则，优先加强供水、供气、供热、电力、通信、公共交通、物流配送、防灾避险等与民生密切相关的基础设施建设。提高城市管网、排水防涝、消防、交通、污水和垃圾处理等基础设施的建设质量、运营标准和管理水平，消除安全隐患，增强城市防灾减灾能力，保障城市运行安全。

从城市公共服务水平上看，高质量的公共服务供给，既要增强城市公共服务的总量供给，又要优化公共服务的布局，避免优质公共服务资源在局部形成虹吸效应，避免教育、医疗等资源在局部的过度集聚，促进城市教育、医疗、文化等服务的均衡分布，适应人民对优质公共服务的美好向往，不断提高市民对城市的认同感、获得感和幸福感，以均衡发展的公共服务供给实现城市高质量发展。

从城市现代化治理能力上看，城市的高质量发展，要紧紧围绕打造平安和谐包容有序的城市环境这一目标，始终以人民的获得感、幸福感、安全感为出发点与落脚点，大力推进社会治理创新，加快推进治理体系和治理能力现代化，让城市成为宜居宜业宜创新、更安全更美好更可持续的城市。

从城市可持续发展能力上看，城市的高质量发展，要求城市在迈向高质量发展的路上，一定要走可持续发展道路，要在强调经济发展的同时更注重生态环境的改善，大力推动资源利用效率的提高，推进生态环境的建设，特别是要利用生态修复和城市修补等手段，加快构建和谐节约型的城市。

从新型工农城乡关系看，城市的高质量发展，要有利于推进城乡一体化进程，有利于带动新型城镇化和乡村振兴战略的协调推进，有利于加快推动型工业化、信息化、城镇化、农业现代化同步发展，有利于加快形成工农互促、城乡互补、全面融合、共同繁荣的新型工农城乡关系。

二 河南推进城市高质量发展的重大意义

河南是我国人口大省，户籍人口将近一亿；也是我国农业人口大省，还有 4600 万左右居民居住在农村。城市高质量发展，不仅是河南经济高质量发展的重要支撑，也可发挥对高质量城镇化的带动作用，满足人民群众对美好生活向往，构建新型工农城乡关系的客观要求。

（一）城市高质量发展是河南推进新型城镇化的内在需要

初步预计，截止到 2018 年 12 月河南常住人口城镇化率将达到 51.8%，低于全国平均水平将近 9 个百分点；许昌、漯河、信阳、驻马店、周口、平顶山、南阳等豫中南地区七市的常住人口城镇化率仅为 45%，不仅低于全省平均水平 6 个百分点左右，更低于全国平均水平约 14 个百分点。2018 年全年河南实现农业转移人口在城镇落户 200 万人以上，户籍人口城镇化率达到 33% 以上，户籍人口城镇化率与常住人口城镇化率相差将近 19 个百分点。可以说，城镇化发展滞后已经成为河南经济社会发展的最大阻碍。河南城镇化的发展滞后，不仅表现在常住人口城镇化率低，城乡区域发展不平衡，而且表现在不完全城镇化现象突出，农业转移人口市民化进程相对较慢，大量的农村转移人口进入城市，但是无法在城市定居，也无法享受与城市居民同等的公共服务和社会保障。城市作为河南全省经济社会发展的引擎，辐射带动全省发展。城市的高质量发展，将更加有力地带动相关区域的高质量发展，带动区域产业结构升级和创新能力提升，带动公共服务供给总量和水平的提升，带动基础设施的互联互通和共建共享，带动城市地域空间结构的优化，从而带动全省新型城镇化的高质量发展。

（二）城市高质量发展是河南满足人民群众对美好生活向往的根本路径

党的十九大报告指出，中国特色社会主义进入新时代，我国社会主要矛盾已经转化为人民日益增长的美好生活需要和不平衡不充分的发展之间的矛盾。这个重大判断，为新时代谋划发展、推动发展指明了方向。在新型城镇化进程中，广大城乡居民除了物质文化生活之外，在民主、法治、公平、正义、安全、环境、文化、生态等方面都有了新的要求。当前，河南的城市建设历史欠账较多，一方面城市人均道路面积约相当于山东城市平均水平的 2/3；另一方面，城市维护建设资金投入不足，城市基础设施和公共服务设施供给不足。特别是随着经济社会的不断发展和城镇化进程的加速推进，一方面，大量农村人口向城市转移，导致城市供给中基础设施等公共产品供给相对不足，尤其是中小城市基础设施和公共服务供需矛盾愈加突出；另一方面，居民收入水平不断提高，人民群众的需求层次随之提升，并呈现多样化多层次多方面的特点。人民群众的需求，已经不限于物质生活需求，而是希望能够住得舒适、行得便捷、住得生态、玩得快乐，对美好生活的向往更加强烈。推动城市高质量发展，将为人民提供更好的教育、更稳定的工作、更满意的收入、更可靠的社会保障、更高水平的医疗卫生服务、更舒适的居住条件、更优美的环境、更丰富的精神文化生活，从而满足人民群众对美好生活的需要。

（三）城市高质量发展是河南实现经济高质量发展的重要支撑

尽管近年来河南下大力气调整优化产业结构，努力改变传统产业多新兴产业少、低端产业多高端产业少、资源型产业多科技型产业少的状况。但产业产品多处在产业链前端和价值链低端的基本格局没有根本性改变，尤其是传统产业中产品质量和附加值低，第三产业中生产性服务业发展滞后，向中高端攀升任重道远，实现高质量发展的任务较为艰巨。推动城市的高质量发展，意味着城市对农业转移人口的吸纳和承载能力的增强，意味着将带来大规模的投资和消费，将为经济社会发展释放更大的潜能。据测算，一个农村人口成为城市居民，每年会增加1万元消费需求。同时，城市的高质量发展不是简单的城镇人口比例增加和城市面积扩张，而是一个让广大农民平等参与现代化、共同分享现代化成果的进程，更重要的是实现产业结构、就业方式、人居环境、社会保障等由"乡"到"城"的重要转变。

（四）城市高质量发展是河南推进城乡融合发展的客观要求

农业农村农民问题是关系国计民生的根本性问题，没有农业农村的现代化，就没有国家的现代化。党的十九大以来，国家开始实施乡村振兴战略，加大对农村的扶持力度，实施工业反哺农业、城市反哺农村，以工促农、以城带乡的政策，力求逐步缩小城乡发展差距。但是，从政策的出发点和立足点上看，以工促农、以城带乡的城乡关系框架的重点是仍然是城市。我国经济发展到现阶段，一方面需要有效缩小常住人口城镇化率与户籍人口城镇化率的差距，全面提高城镇化发展质量；另一方面，需要彻底改变城乡之间发展不均衡、不协调的状况，全面提高农业生产率，提高农民收入水平，改善农村发展面貌，就要顺应城乡关系的演变，确立城市与乡村并存共荣共生、城乡融合发展的指导思想。在城乡融合发展过程中，持续发挥城市对于农村的带动作用至关重要。城市的高质量发展，将增强对农村的带动能力，推动农村剩余劳动力加快向城镇转移，提高农村人均公共资源拥有量，进而推动农业生产效率的提高，实现城乡基础设施、公共服务、社会保障、生产效率的一体化。

三 河南推进城市高质量发展的动力机制

所谓动力机制，是指事物在各方面条件存在的情况下，通过激发某一因素达到协调各个部分发挥作用的具体运行方式。构建河南推进城市高质量发展的动力机制，要发挥市场机制的导向作用，政府宏观政策的调控作用，产业高质量发展的驱动作用，农业转移人口有序市民化机制的促进作用，城市基础设施和公共服务供给的支撑作用，生态环境建设的保障作用，从而推动河南城市的高质量发展。

（一）发挥市场机制的导向作用和政府宏观政策的调控作用

在社会主义市场经济体制中，市场通过价格、竞争、供求等机制，发挥对社会资源进行配置的决定性作用，减少政府对资源的直接配置和对微观经济活动的直接干预，让市场在能够发挥作用的领域充分发挥作用，推动资源配置效益最大化和效率最优化、提升经济运行质量。推动河南城市高质量发展，就要全面推进体制机制创新，提高资源配置效率效能，推动创新要素自由流动和聚集，使创新成为高质量发展的强大动能。要全面优化营商环境，注重企业经营环境建设，下大气力帮助企业降低物流、用电、用工等成本；注重人力资源环境建设，下大气力制定人才引进、使用和住留等政策，切实让人才引得来、留得住、用得上；注重金融生态环境建设，下大气力做好金融机构引进、金融产品开发，解决河南城市发展中至关重要的金融资源匮乏问题；注重提高城市治理能力和水平，以共建共享作为落脚点，鼓励市民通过各种方式参与城市建设和管理，真正凝聚城市管理共识，实现城市共治共管、共建共享；重点加强城市市政管理、环境管理、交通管理和城市规划实施管理等，让城市的每一个环节、每一个细节，都筑牢安全运行的防线；充分发挥现代信息技术的优势，加快形成与经济社会发展相匹配的城市管理能力，提高民生服务领域的智能化水平，增强城市发展环境的吸引力和竞争力。

（二）发挥城市产业高质量发展的驱动作用

当前，区域之间的竞争越来越表现为区域核心城市之间的综合实力竞争。河南作为新兴工业大省，要实现产业的高质量发展，必须坚持调整存量、做优增量并举，一手抓传统优势产业改造提升，一手抓新兴产业培育壮大。持续推进供给侧结构性改革，支持装备制造、食品制造、新型材料制造、电子制造和汽车制造等优势主导产业优化升级，加快发展现代物流、现代金融、信息服务、文化旅游、健康养老等现代服务业，大力发展高效种养业，瞄准国际标准提高产业发展水平。在此过程中，要发挥城市产业高质量发展对于全省产业转型升级的引领和示范作用，就要科学界定城市在区域发展中所扮演的角色，明确功能定位。要创新城市在全球产业链中的位置，加快布局高端产业，确定产业发展具体环节，同时从微观层面确定如何精准招商、如何精准引进企业。要更加注重引导资金向城市的"产业中心、人居中心"发展，注重项目的选择，引导附加值高的产业进入中心城区。

（三）发挥农业转移人口市民化机制的促进作用

由于农民权益保障、公共服务、社会保障等配套领域改革不到位，农业转移人口落户和城市吸纳落户积极性都不高。2018年河南户籍人口城镇化率仅为31.3%，低于常住人口城镇化率近19个百分点，全省有近2000万城镇常住人口没有真正融入城市。推进城市的高质量发展，要立足于解决半市民化、不完全市民化问题。统筹推进户籍制度和新型城镇化配套制度改革。参照国务院关于推进新型城镇化工作部际联席会议制度的有关要求，建立完善城镇化领导小组统筹协调机制，统筹推进户籍制度改革、基本公共服务均等化和配套制度改革。深入推动"人钱""人地"挂钩，根据市县人口集聚情况，科学分配新型城镇化转移支付资金和城镇建设用地指标，激励地方政府推动更多非户籍人口到城市落户。推进农业转移人口享有城镇基本公共服务。完善与城镇吸纳人口相匹配的教育、医疗、养老等资源供给，推动城镇基本公共服务全覆盖。采取多种方式改善农民工居住条件，把进城落户农民完全纳入城镇住房保障体系。继续实施学前教育三年行动计划和扩充城镇义务教育资源五年计划，推动全省义务教育学校达到"20条底线"要求，保障随迁子女平等享有受教育权利。加强农民工职业技能培训，提高就业创业能力和职业素质。扩大参保缴费覆盖面，适时适当降低社会保险费率。加强进城农民原有权益保障，维护进城落户农民土地承包权、宅基地使用权、集体收益分配权。加快农村资产资源的资本化、流动化，探索符合农村产权流转交易实际需要的多种市场形式。

（四）发挥城市基础设施和公共服务供给的支撑作用

河南多数城市特别是县级城市无论是道路、生态等"硬设施"还是文化、教育等"软设施"，需要建设和改造的短板还有很多，城市精细化管理水平普遍不高，城市发展活力不强，城市建设中引进社会资金积极性不高，与社会资本的合作仍待真正"破题"。统筹推进百城建设提质工程和文明城市创建，加快城市高质量发展，着力提升城市功能品质、环境品质、文化品质和服务品质。坚持规划引领，以全面改善提升老城区人居环境质量为核心，以百城建设提质工程为抓手，加快编制完成城市生态修复专项规划、老城区改造提升规划和老城区城市设计。加大城市基础设施补短板力度，聚焦城市轨道交通、城市综合管廊、海绵城市建设，城市黑臭水体整治、城市生活垃圾焚烧发电、城市污水处理、棚户区改造等重点补短板领域，加快推进污水垃圾处理、供水节水、热力燃气、地下管廊等基础设施建设。加快垃圾处理设施建设，进一步完善城乡垃圾收运系统。加强老城区背街小巷和老旧小区联动整治，大力推进环境净化、绿化亮化、立面整治、供暖供气、雨污管网及强弱电规范管理。根据城市常住人口增长趋势和空间分布，统筹布局建设学校、医疗卫生机构、文化设施、体育场所等公共服务设施，逐步提高城镇居民基本公共服务水平，在学有所教、劳有所得、病有所医、老有所养、住有所居上持续取得新进展。积极探索"资源资产化、资产资本化、资本债券化、债券市场化"等运作模式，盘活城市资产，探索市场主导的城市建设投资模式。

（五）发挥城市生态环境建设的保障作用

生态建设和环境保护是打造宜居城市、推动城市高质量发展的重要保障。大力发展生态经济、弘扬生态文化、健全生态制度，加快构建城市新的生态体系。科学制定城市土地利用发展战略，从生态角度分析研究城市各区块的最佳利用功能，疏解老城区的人流物流，改善老城区人居环境，合理开发新城区的土地资源，合理分配布置工业用地、居住用地、农业用地和其他用地，优化生态、生活、生产空间布局。加强从源头控制，建立能源消耗低、环境污染少的现代化都市型产业体系，减少产业发展排放，提高清洁能源利用水平，强化扬尘污染防治。改善城市能源结构，发展清洁能源和再生能源。加快实施绿地工程，构建城市外围绿化屏障，大幅度增加城市绿量。建设良性的城市水循环，完善上、下水系统。在全社会牢固树立生态文明观念，努力以最小的资源环境代价谋求经济社会最大限度的发展。从源头处理，对经济结构进行调整。

参考文献

《中国行政管理》编辑部：《坚定不移走好高质量发展之路》，《中国行政管理》2018 年第 1 期。

迟福林：《以高质量发展为核心目标建设现代化经济体系》，《行政管理改革》2017 年第 12 期。

任保平、文丰安：《新时代中国高质量发展的判断标准、决定因素与实现途径》，

《改革》2018 年第 4 期。

 杨增凡：《推动城镇化高质量发展的策略研究》，《中州学刊》2018 年第 8 期。

 黄南：《探索城市高质量发展新路径》，《群众》2018 年第 7 期。

 李国平、宋昌耀：《雄安新区高质量发展的战略选择》，《改革》2018 年第 4 期。

 蓝枫：《坚持高质量发展　推进城镇化进程》，《城乡建设》2018 年第 6 期。

B.5
河南城市竞争力提升研究

柏程豫*

摘　要：　城市竞争力以城市经济功能为核心，同时还涉及社会、文化、环境等多方面的内容。河南城市竞争力在经济发展中表现尚可，但可持续竞争力和宜居竞争力处于弱势，从长远来看可持续发展能力不足，其中生态环境的问题尤为突出。提升河南城市竞争力，需要建设服务型政府，切实改善营商环境；加强科技创新，培育产业发展核心竞争力；着力扩大开放，拓展经济发展空间；强化资源节约与环境保护，建设绿色生态宜居城市；坚持以人为本，优化城市规划建设管理；以中原城市群为依托，推进大中小城市网络化建设。

关键词：　城市竞争力　河南

在经济全球化和区域经济一体化持续推进的大背景下，国家或地区之间的竞争愈演愈烈，而城市作为国家或地区发展的主要载体，作为政治、经济和文化中心，在整个区域经济社会发展体系中一直都发挥着核心作用，其竞争力的强弱很大程度上决定了国家或地区的现有发展水平以及未来发展潜力。因此，河南城市竞争力的提升是事关河南发展的重大现实问题，需要各方的高度重视。

---

* 柏程豫，河南省社会科学院城市与环境研究所副研究员。

一 关于城市竞争力的理论思考

城市竞争力是一个比较综合的概念，目前学者们对城市竞争力的认识主要基于以下四个角度：视角一，认为城市竞争力在于城市对资源要素和市场的控制能力，即相比其他城市，一个城市在国内外市场上所具有的创造财富以及推动地区、国家创造更多社会财富的能力（郝寿义、倪鹏飞，1998）。视角二，认为城市竞争力是在经济社会结构、制度政策、文化、价值观多个因素综合作用下的产物，是一个城市在其从属的大区域中为其自身获得持续发展而进行资源优化配置的能力（宁越敏、唐礼智，2001），这种认识强调了城市与区域之间的相互联系。视角三，认为城市竞争力是一个城市通过生产商品、提供服务来满足区域、国家或者国际市场的需要从而创造财富的能力，以及由此提高居民收入、改善居民生活质量、促进社会可持续发展的能力（于涛方，2001），这一提法强调城市的对外服务功能。并且，他认为城市之间的竞争不遵循"零和博弈规则"，城市竞争力并不局限于城市的"竞争资本"，而是"竞争资本"和"竞争过程"的统一，因此城市之间的相互协调非常重要。视角四，认为城市综合竞争力的本质特征应该是其集聚与扩散功能，而城市的集聚与扩散能力则主要取决于城市综合服务功能的强弱（周振华，2001），这一提法强调城市通过其集聚和扩散功能推进以城市为中心的区域经济的整体实力提升。

综合这几方面的认识，城市竞争力的基本内涵可以归纳为：城市系统所表现出的对内稳定和可持续发展能力、对外辐射和吸引能力；是城市充分利用其比较优势，通过创造良好的内外部环境而形成的对各要素优化整合，并最终表现为相较于其他竞争者更强劲、更为持续的发展能力和提高其居民生活福利水平的能力。它以城市经济功能的强弱为核心，同时还涉及社会、文化、环境等多方面的内容。因此，城市竞争力会受到多种因素的影响，包括城市拥有的所有资源、要素、环境和条件等，这些因素可以分为城市内部影响因素和城市外部影响因素两大类。

内部影响因素主要包括：一是市场开放程度与城市创新环境，开放程度越高则生产要素越能自由流动从而得到更为优化的配置和全面整合，进一步为创新提供条件。二是企业的竞争力，企业是城市经济的基石，企业竞争力强则城市经济发展基础坚实。三是城市的产业竞争力，即城市所拥有的产业面对市场需求变化时的适应能力，城市产业竞争力强则城市经济可持续稳定发展。四是城市治理的效率，城市是一个复杂的运行系统，一个城市相较其他城市治理效率高则该城市的运行就更有序高效，经济社会发展就会更快，其中政府机构的工作效率是这一因素的关键。五是城市人力资本与居民的人文素质，这主要体现为城市吸纳人才的多少以及城市居民的总体素质与受教育程度。

外部影响因素主要包括：一是城市的区位条件，包括自然区位（城市所处地理位置及拥有的自然资源和自然环境）、行政区位和经济区位。二是中央政府制定的城市发展政策，这不但直接影响城市经济的运行，还会对各种资源进入或流出城市产生影响。三是城市所处的网络体系，即一定地域范围内以中心城市为核心、由一组不同规模而相互关联的城市组成的空间体系，相较于传统的中心型等级城市体系，网络型城市体系是区域空间结构演进的高级阶段，网络内城市之间联系紧密、互补合作并形成合力，有助于单个城市竞争力的提升。

二 河南城市竞争力的总体概况

中国社会科学院城市竞争力课题组每年发布中国城市竞争力报告，该报告通过构建城市综合经济竞争力指数、宜居竞争力指数和可持续竞争力指数，对中国近300个城市的综合经济竞争力、宜居竞争力和可持续竞争力进行了研究，通过这一报告可以对河南城市竞争力的总体概况有一个较为准确把握。

经济方面，河南作为中部地区经济总量最大的省份，近年来综合经济竞争力一直在稳步提升，2016年度在全国所有省区市中排第14名，在中部地区仅落后于湖北（排第 13 名），处于中部地区的第一梯队。具体从城市来看，郑州是河南经济发展的领头羊，综合经济竞争力排在第 18 位，在中部地区也仅落后于武汉（排第 10 名），根据 2017 年度的《中国城市竞争力报告 No. 16》，郑州还入选 40 年来经济发展最成功的 40 个城市，郑州与武汉共同成为中部地区最重要的中心城市；而省内其他城市在经济发展方面的表现也相对较好，17 个地级城市中，有 15 个城市的综合经济竞争力都处于前 150 位，处于全国的中上游的水平，且各城市之间差距相对较小，说明河南省内各城市之间经济实力比较均衡。

宜居方面，河南整体的宜居环境在全国处于下游水平，是最差的省份之一。其中除郑州排在第 53 名之外，其余城市整体表现为中间或靠后水平。从宜居竞争力的分项指标（包括优质的教育环境、健康的医疗环境、安全的社会环境、绿色的生态环境、舒适的居住环境、便捷的基础设施和活跃的经济环境）来看，河南城市在社会环境和居住环境方面尚具备一定的优势，制约河南城市宜居竞争力提升的关键要素是生态环境和经济环境，特别是生态环境，河南 17 个地市在绿色的生态环境方面呈现出显著的弱势，全部排在 200 位以后。城市的经济发展和宜居环境呈现出强烈的反差，这反映出河南城市经济发展并没有带来城市环境的改善，是一种高速度而低质量的发展。

可持续发展方面，近年来河南的可持续竞争力指数排名虽然相对之前有所提升，但从总体排名来看仍然比较靠后，在全国省区市中排名同样处于下游水平，且省内各地市之间可持续竞争力的差距也比较小。其中生态环境竞争力和全域城市竞争力是河南城市可持续竞争力提升的短板。从可持续竞争力的各分项指标（包括知识城市竞争力、和谐城市竞争力、生态城市竞争力、文化城市竞争力、全域城市竞争力和信息城市竞争力）来看，导致河南可持续竞争力低下的主要是生态城市竞争力和全域城市竞争力。这两个分项中，河南没有一个城市进入全国前 50 名，且大部分城市处于中间或靠后水平。生态城市竞争力显示的依然是河南城市在生态方面的短板，全域城市竞争力偏弱则体现了河南城乡发展不均衡，差距较大。

总的来看，河南城市竞争力在经济发展中表现尚可，在全国处于中上水平，但可持续竞争力则处于全国的中下水平，而宜居竞争力更是处于全国差的水平，说明从长远来看河南城市的可持续发展能力不足。其中，生态环境的问题尤为突出，特别是空气质量处于全国较后水平，严重影响了城市的宜居环境，而宜居竞争力方面的弱势更会降低河南城市对人才和资金等要素资源的吸引力，进一步制约河南城市未来的发展。

三 河南城市竞争力提升的思路及对策

与我国南方地区相比，河南城市的生态环境先天条件确实不够优越，再加上长期以来河南的经济发展方式较为粗放，高污染高耗能高排放的产业占比较大，对生态环境的破坏较为严重。提升河南城市竞争力，生态环境的短板必须补齐，但这不是对生态环境的简单修补就可以解决的问题，而是要在资源环境紧约束的条件下，彻底转变以牺牲生态环境为代价的经济社会发展模式，只有将新的发展模式真正建立起来，河南的城市竞争力才会在根本上得以提高。当然，同时还需要在其他方面增强河南城市对要素资源的吸引力，以弥补生态环境的先天不足。具体而言，需要从以下几方面着手推进。

建设服务型政府，切实改善营商环境。长期以来，河南以传统产业为主，支柱产业多处于产业链前端和价值链的低端，自主创新能力较弱，产业附加值偏低、延伸度不够、关联度不高，结构性矛盾突出，产业结构调整和转型升级的任务艰巨而迫切，但是现有的支撑条件还不完善，资金、技术、人才等高端要素积累比较薄弱，同时周边省份竞相发展、相互赶超的竞争格局趋于强化，对产业、企业、资金、资源、人才等的争夺日趋激烈。这就需要河南在"练好内功"上下功夫，加快建立服务型政府，转变政府职能，提高行政管理效率，尊重经济发展规律，发挥市场调节的功能，减少政府对微观经济活动的直接干预，并为微观经济活动提供有效服务。进一步规范收费，制定更加清晰简便可操作的减免税实施办法，为创新创业减轻负担。制定实施各行业准入负面清单，最大限度地减少事前准入限制，以确保各类主体能够依法平等进入。对中小微企业在招工、用工等环节进行一定的补贴，比如在缴纳员工保险和公积金等福利方面给予适当的优惠政策。由此，为企业发展创造良好的生态环境，激发经济增长的内生动力，促进产业规模化和多样化发展。

加强科技创新，培育产业发展核心竞争力。科学技术是第一生产力，实现产业转型升级，要培育出城市产业发展的核心竞争力，离不开科技创新的强力支撑。要加快构建创新体系，着眼于科技研发能力、成果转化能力以及创新运用能力的提升，着力吸引人才集聚于此。培育壮大包括企业、高校和科研院所等在内的各创新主体，着眼于产业转型升级的核心关键技术和共性技术研发，推动产学研用紧密结合，力争实现更多的"河南创造"。充分发挥高等院校培养创新型人才的主力军作用，加快建设创新平台如企业研发中心、重点实验室等等，开放共享创新资源。营造鼓励创新的社会环境，完善支持创新的政策体系，尤其是要高度重视加强知识产权保护，从而促进全社会的创新能量充分释放。

着力扩大开放，拓展经济发展空间。开放具有带动全局的重要战略作用，不仅能引进各类资源如资金、技术、管理和人才等，而且能够开阔视野，促进全社会观念的更新，从而助推结构调整，推进改革创新，拓展经济发展空间。因此，河南需以国家"一带一路"倡议为契机，更加积极主动地扩大对外开放。要更加注重招商引资的质量，承接更大规模、更高层次的产业转移，积极深化与实力雄厚大企业的战略合作，努力吸引国内外大型企业在河南城市建立区域总部、研发中心、营销中心和生产基地等。加大城乡建设、社会事业等领域的对外开放力度，为域内外企业提供更广阔的市场空间。完善对外开放平台，重点建设承接产业转移示范区、郑州航空港经济综合实验区及其配套功能区，打造畅通便利的内陆无水港。切实提高服务水平，培育对外开放的环境优势。

强化资源节约与环境保护，建设绿色生态宜居城市。河南生态环境条件先天较弱，必须降低资源消耗、减少环境污染，走绿色低碳发展道路，坚持资源节约和环境保护这一基本准则，遵循经济社会发展的生态机理，在特定区域内，考虑经济、社会、环境和资源的承载能力，耦合优化产业系统、社会系统和自然系统。转变发展理念，坚持按照主体功能定位发展，充分考虑工业化与城镇化的资源环境成本，因地制宜地划分和形成功能定位明确的主体功能区，实施分类管理与发展政策。综合运用行政、法律、经济、技术等手段，加强对重点高能耗高排放企业的管理，完善产业投资项目节能环保水平的评估体系，促使企业绿色发展。加大清洁、节能生产技术的推广力度，推动企业节能降耗，降低单位工业产值的能耗和环境成本；加快发展生态工业园和绿色产业园，发展循环经济，提升资源综合利用水平。以生态文明理念和原则指导城市发展全过程，根据本地资源环境调整城市规模、优化城市形态和功能，加强城市生态建设和环境整治，推行绿色规划、设计与施工标准；坚持以提高能效、降低排放、保护生态为核心，大力发展以"三低三高"（低消耗、低排放、低污染、高效能、高效率、高效益）为特征的绿色交通；扩大城市生态空间，打造彰显城市特色的生态网络，改善城市人居环境。

坚持以人为本，优化城市规划建设管理。城市竞争力最根本的是对人的吸引力。河南城市建设，不能盲目追求速度，更应该着眼于城市发展的内涵，即确保城市居民能够享受优质的基础设施和公共服务，共享城市发展成果。确保城市规划建设科学，空间布局和功能融合安排合理，充分认识城市的资源承载能力和环境容纳能力，将生态、人文的理念纳入城市发展规划，把生态建设、生态恢复、生态平衡作为强制性内容，进一步做好城市规划"加减法"。尤其是要克服目前粗放式城市建设用地开发方式，集约节约利用有限而珍贵的土地资源，在规划中牢固树立生态文明的发展理念，并将其贯彻到城市规划建设的各环节和全过程。着力提高基础设施与公共服务供给质量，按照市政基础设施建设适度超前的原则，加大水、电、气、路网等基础设施建设力度；强化教育、医疗卫生、文化、体育等公共服务设施建设；重点解决垃圾、污水治理等城市要素的短板问题，提高城市基础支撑能力和载体承载能力。构建体系化的公共服务网络，推动公共服务均等化；租售并举，加大公共租赁房供给力度，全面提高城市住房保障能力；将防灾意识贯彻到城市全部建设与管理当中，加强软硬件设施建设。实施开放包容的城市治理，积极引入市民参与，注重人文关怀，城市精细化服务、人性化管理，以提高政府部门的服务意识和行政效率为重点，加强行政管理机制创新，为企业和居民提供良好的政府服务，保障人人都有公平的发展机会。践行社会主义核心价值观，将其融入城市管理，制定人性化的城市管理规范，严格实施，确保城市运行的良好秩序。从教育、文化等多方面着手，努力提高城市居民的素养，提升城市居民的文化层次，形成崇尚人文精神的共同价值观，培育城市独特的文化传承，提炼城市精神。

以中原城市群为依托，推进大中小城市网络化建设。网络型城市体系内各城市之间联系紧密、互补合作并形成合力，有助于单个城市竞争力的提升。因此，应依托中原城市群着力构建河南大中小城市协调发展的城市网络体系。建设郑州国家中心城市，以郑州大都市区建设筑牢国家中心城市的根基；推进其他省辖市之间错位发展，通过进一步完善城市功能，增强其辐射带动所在地区发展的基本能力和作为城市群节点城市的支撑能力；对处于公路、铁路线所形成的综合运输通道内的，发展潜力较大、基础条件较好的县城与中心镇，要重点支持，使其成为人口和产业小范围集聚的平台，形成城镇产业发展轴带；继续推进基础设施一体化发展，持续推动区域联动机制全领域覆盖，促进城市群系统内外各类资源要素形成良性互动。由此，推动河南大中小城市和小城镇在经济社会运行上的全方位协作，促进资源共享，最终形成郑州（国家区域性中心城市）、其他省辖市（地区性中心城市）、县城（以及县级市）、中心镇相互促进、互为依托、有机共生的新型城镇体系，实现人口与产业的有序集中与分散。

参考文献

景治中、周加来：《城市竞争力影响因素分析》，《现代商贸工业》2008 年第 1 期。

王立平：《关于打造合肥市核心竞争力的思考》，《华东经济管理》2004 年第 5 期。

中国社会科学院城市竞争力课题组：《中国城市竞争力报告 No.15》，中国社会科学出版社，2017。

中国社会科学院城市竞争力课题组：《中国城市竞争力报告 No.16》，中国社会科学出版社，2018。

王建国主编《郑州建设国家中心城市战略研究》，中国经济出版社，2018。

王建国主编《郑州大都市区建设研究》，经济管理出版社，2017。

土建国等：《质量并重：放大城镇化的聚合效应》，《河南日报》2018 年 3 月 12 日。

B.6
河南城市品位提升研究

李建华*

摘　要： 城市品位是城市的外在表象和内在精神价值观念的总和，是城市发展水平的重要标志。城市品位是城市的名片，也是城市的品牌，在新型城镇化建设进程中，提升城市品位是城市高质量发展的需要，也是满足人民对美好生活向往的需要。为此，我们的城市建设应立足自身特色，从城市设计、城市文化、城市空间风貌、城市环境、市民文明素质等方面来塑造城市整体形象，提升城市品位。

关键词： 河南　城市品位　城市形象

改革开放以来，河南城市建设经历了一个迅猛发展阶段，城镇化取得了巨大成就，积累了丰富经验，但同时也留下了许多深刻教训。一些地方城市规划随意变更，城市大拆大建，自然资源、历史文化遗产被破坏和淹没，城市趋向千城一面，缺乏个性和地方特色，这些问题引起了社会各界广泛关注。当前，随着经济社会的发展和新型城镇化发展战略的实施，人们对城市建设的认识不断深化，对城市发展的要求也更高。人民群众希望自己生活的城市环境更美，城市品位更高。因而，在大力发展经济的同时，提升河南城市品位是人民群众的期望，也是城市赢得新竞争先机与优势的必然选择。

---

* 李建华，河南省社会科学院城市与环境研究所助理研究员。

一 城市品位的内涵及提升的必要性

（一）城市品位的概念

"品位"这一词语根据有关工具书上的解释是指某种物品的质量和档次。所谓"城市品位"，是指一个城市的经济文化、地理环境、历史传统以及市民的文明程度、思维方式、行为习惯和共同社会心理的总和，是人们综合多种要素对城市做出的总体评价。城市品位实质上是一个美学概念，是城市带给人们的主观印象和感受。城市品位通过建筑风貌、历史文化、生态环境、城市标志、市民素质等城市个性特征来体现。它代表着城市的价值和地位，直接关系城市的未来发展。对一个城市品位做出客观评价，实际上就是人们基于这个城市的外貌景观、硬件设施、文化内涵在印象和感受上做出的一种综合判断。随着经济社会的发展，人们审美的标准提高了，对城市品位的要求也会越来越高。实践也证明，有品位的城市才能聚集高端要素，缺乏品位的城市难以吸引人才和资本。

（二）城市品位提升的必要性

1. 城市品位提升是城镇化高质量发展的内在要求

党的十九大报告提出，我国经济已由高速增长阶段转向高质量发展阶段。城镇化是经济增长的巨大引擎和扩大内需的最大潜力所在，实现经济高质量发展也必然需要高质量的城镇化来支撑。高质量的城镇化发展是一种人地和谐、绿色低碳、生态环保、节约创新的质量提升型城镇化，过去那种主要依靠增加物质要素资源消耗实现的粗放型城镇化发展模式难以为继，必须走绿色低碳、集约高效、人文和谐的高质量发展之路。高质量的城镇化对城市的经济体系、基础设施、人居环境、城市管理以及市民素质等都提出了更高的要求，这些都是评价一个城市品位的重要因素。提升城市品位，正是体现了城市高质量发展的内在要求,这既是顺应城市演变发展规律,也是推进城市高质量发展的需要。

2. 城市品位提升是满足人民对美好生活向往的需要

习近平总书记提出:"人民对美好生活的向往,就是我们的奋斗目标。"目前,我国社会主要矛盾已经转化为人民日益增长的美好生活需要和不平衡不充分的发展之间的矛盾。随着社会主要矛盾发生重大变化,人民群众对美好生活的需要呈现出多层次、多样化、多方面的特点,既包括对丰富的物质产品的需要,也包括对精神文化生活和良好城市生态环境的需要。尤其是现在网络信息发达,出行交通便捷,市民通过境内外观光旅游、网络、电视、新闻媒体宣传报道等途径了解其他城市的机会越来越多,观察全球城市的眼界越来越开阔,对城市的审美标准也不断提高。广大市民变得更关注自己生活的城市,他们会用审视的眼光拿省内外或者沿海发达地区,甚至国外一些城市和自己生活的城市比较,人民群众都希望自己居住的城市文化设施更完善、城市色彩更漂亮、城市环境更优美、城市品位更高。因此,城市在完善基本功能后,应重视城市品位提升工作,满足人民群众日益增长的对美的需求。

3. 城市品位提升是增强城市竞争力和影响力的需要

当今世界经济结构的调整以及经济全球化和信息技术革命改变了经济运行的空间秩序,区域或国家之间的竞争日益演变为城市与城市之间的竞争。城市竞争最关键的是资金、人才等要素资源。一些城市在招商引资和人才引进方面面临的瓶颈很大程度上就是城市没有个性特色,缺乏城市品位,城市美誉度不高。一个有品位的城市,能够吸引各类高端技术人才集聚,能够吸引企业投资,带动城市往更高层次发展。比如伦敦、巴黎、纽约、东京这些全球公认的世界知名城市都有其独特的个性特质和魅力,其综合国际竞争力和影响力也位居世界前列。因此,在城市建设中,不仅要解决好人们衣食住行基本需求,还要努力丰富城市内涵,形成与众不同的独特风格和城市个性,这样的城市才会受欢迎。

二 河南在提升城市发展品位方面的
做法与存在的问题

（一）河南在提升城市发展品位方面的做法

近年来，河南围绕"打好新型城镇化"这张牌，坚持走绿色、人文、集约、高效的新型城镇化道路，实施百城建设提质工程，努力提升城市规划建设管理水平，城镇化发展成效显著。在此过程中，河南也探索了一些提升城市品位的好的做法，主要体现在以下三方面。

1. 重视城市文化建设

河南省各市地政府日益重视文化基础设施建设和公共文化服务，以图书馆、文化馆、体育馆、影剧院等为主要载体的公益性文化设施得以建设和完善，一些城市的文物古迹得以保护、修复和利用，群众性的文化活动得以蓬勃发展。比如许昌市以创建国家公共文化服务体系示范区为契机，大力加强文化基础设施建设，打造城市书香气质。2017 年以来，许昌市共建成 12 个智慧阅读空间，内置图书、报纸、杂志等文献资料，配有阅览桌椅、无线 WiFi 等设备，24 小时免费向公众开放。由智慧空间构成的中心城区 15 分钟电子图书阅读圈极大地丰富了市民的精神生活，从而提升了整个城市的文化内涵。兰考县作为河南省公共文化服务体系示范区创建单位，开展了一系列形式多样、内容丰富的文化活动，其中，"文化礼堂幸福兰考"精品文化项目已经成为知名的文化服务品牌。该项目自运行以来，共举办文艺演出活动450 余场次，直接受益群众 20 多万人次。商丘市加强文物资源保护，出台首部地方性法规《商丘古城保护条例》，保障城内文物修复工作有序推进，完成 5 项国家级文物保护单位和省级文物保护单位的修缮，明清归德府城墙东墙南段和南墙东段也得到修复，商丘古城风貌得到保护和传承。

2. 重视城市功能与人居环境

针对制约城市发展的短板和弱项，一些城市致力于加快完善城市各项功能设施,在建设新城区的同时,改造老城区,提升城市整体风貌。以洛阳市孟津县为例,该县按照"老城大变样,新区聚人气"的发展思路,加大道路、公园绿地、垃圾集中处理、湿地、水厂等四十多个在建、续建项目的建设力度,项目建成后,整个县城变化显著。在城市风貌方面,该县的桂花大道按照"城市双修"理念,统一完成了坡屋顶改造和沿街立面提升工作;在道路畅通方面,该县在县城繁华路段利用机关单位空地改造了 1167 个停车位,取消了主干路沿线车位,还路于民;在环境建设方面,该县鼓励所有县直单位拆掉围墙,通过拆墙透绿,打造小游园景观。城市通过城市功能完善和生态环境建设,不仅增加了市民工作生活的便利度,也切实推动了城市功能、品质与城市形象提升。

3. 注重城市景观营造

利用当地的自然环境和地域条件营造城市景观,成为城市建设的亮点。一些城市借助城市河流水系以及历史文化遗迹等资源,打造新的城市景观。比如许昌市利用市区内的灞陵河、清潩河、饮马河等主要河道,实施中心城区河湖水系连通工程,同时进行鹿鸣湖、芙蓉湖等园林景观建设,形成了以82 公里环城河道、5 个城市湖泊、4 片滨水林海为主体的新的水系格局,市民休闲也有了更多的公园游园可供选择,晚上还可以乘坐水上公交,欣赏许昌市的古城夜色美景。许昌市还依托三国文化历史资源,打造一条集居住、商业、文化、旅游于一体的魏都风情区。宜阳县对城区内洛河进行治理,围绕洛河,宜阳县充分利用过境水资源,实施以"洛河为轴、5 渠为辅,10 条水街、8 个人工湖"的"1518"水生态工程,因势利导构建"洛河东西贯穿、湖渠南北对流"的环城循环水系,实现河、渠、洛河支流、人工湖相连,打造 80 平方公里全景水生态。同时在邻近洛河的 17.5 公里处建设洛宜快速通道,道路绿化后形成了"红黄绿三色搭配,一年四季不落叶,四季景色各不同"的美丽风景,成为宜阳的又一张惊艳新名片。

(二)河南在城市品位提升方面存在的问题

虽然各地在城市建设中探索了一些提升城市品位好的做法和经验,但从整体上来看，还有很多城市缺乏城市品位，其城市品位不高主要表现在：一是城市建设缺乏地方特色。城市建设过多地强调现代性，而对文化品位和地方特色考虑不多，"特色危机"成为城市建设中突出的共性问题。特别是城市在连锁商业模式开发影响下，同一商业、服务、地产品牌出现在多个城市中，成为城市的标志性商业街区和商业文化，城市可识别性淡化。二是城市文脉受到破坏。城市快速发展使大规模的"旧城改造""危旧房改造"普遍推开，有些地方忽视了对历史文化资源的保护，导致一些历史城镇、历史街区和历史建筑遭到破坏，悠久的城市文脉被人为割裂。三是城市整体风貌缺乏设计。目前，城市管理部门对城市空间风貌管控系统还不完善，城市建筑的密度、高度、色彩、灯光缺乏整体设计，城市各类广告牌泛滥，一些都市村庄改造后的建筑过高过密，阻隔了城市的视线通廊，还有的城区主干道的路口四周都建起了高楼，也挡住了交通视线，造成城市通透感较差。

三 河南城市品位提升的对策建议

（一）明确城市形象定位

清晰的城市形象定位能够为城市规划、空间布局、建筑设计和景观建设等提供明确的方向，是提升城市建设品位必不可少的首要环节。综观国内外一些著名城市，它们在城市发展到一定阶段都明确提出了城市的形象定位，如杭州市提出打造"东方休闲之都、生活品质之城"，三亚市定位为"东方夏威夷"，纽约定位国际金融中心、世界时尚之都，明确的城市定位有效地彰显城市的功能、品位和发展方向，容易给人们留下深刻印象。河南城市品位提升就要在城市建设中高度重视城市形象定位，每个城市都要根据自己的地理地貌、自然和历史文化资源特色，找准城市形象定位，围绕城市形象定位进行城市文化、标志性建筑、商业街区建设，加大城市形象宣传力度，打造河南城市独具地域特色的城市形象和城市品牌。

（二）塑造城市特色风貌

城市风貌是城市品位最直观的表现。提升城市品位就要加强城市设计，整合城市的建筑、雕塑、自然山体以及街道、广场、绿地、水域等空间要素，建设高品质的城市空间风貌。在城市公共开放空间设计上，要加强城市天际线控制，这是城市设计的一个重点。对于城市内新建单体建筑以及建筑群，在设计时要控制高度和体量，避免在城市局部环境中显得突兀失调，影响和破坏城市整体风貌。在城市重点地段需要规划设计高层建筑群时，要注意城市空间序列，尽量营造出建筑轮廓高低起伏、疏密相间的景观效果。在历史街区及古建筑修复和保护中，要注意其附近新建筑的风格和色彩整体上要与之协调。城市的色彩也需要精心设计，河南宜根据北方城市四季特点和城市总体规划，进行整体色彩设计，制定城市色谱。此外，还要设计城市灯光夜景，以此来表现一个城市或地区的夜间形象。

（三）丰富城市文化内涵

城市的品位在于特色，特色的基础在于文化，城市品位提升就要着力丰富城市文化内涵，塑造城市文化名片。河南历史悠久，文化底蕴深厚，是文化资源大省，城市内根亲文化、古寺古建文化、园林建筑文化等历史文化遗存较多，应在注重原生态保护的基础上，集中力量系统实施历史文化资源开发，着力做好挖掘整理和品牌打造，将城市里珍贵的历史遗存用起来、串起来，织补城市历史，整理文化碎片，逐步展现城市文脉。除了开发利用历史文化，还要积极建设现代城市文化。提升图书馆、展览馆、电影院等文化场馆建设水平，提供高质量的文化供给，优化文化消费环境，从而满足城市居民高品质的文化需求。积极传播现代优秀文化，弘扬社会新风尚，传递社会正能量，通过营造城市文化氛围，提升文化生活水准，使城市更具有文化内涵。

（四）提高城市生态宜居性

城市生态环境和城市功能直接关系市民的生活质量，是体现一个城市形

113

象和城市品位的重要方面。城市品位提升就要践行绿色发展理念，推进生态修复和生态治理，优化城市生态环境，完善城市功能，提高城市的生态宜居性。实施蓝天工程，打赢大气污染防治攻坚战，增加空气质量优良天数。构建城市绿色循环的生态环境体系，搞好城市内河道环境整治长效管理工作，彻底改变城市内河流水渠脏、乱、差现象，消除城区黑臭水体，确保河道水清岸绿。加大城市绿化力度，用海绵城市建设理念改造提升城市绿地公园，增加城市公园绿地面积。实施城市细部美化工程，改善交通出行条件，科学规划停车位，规范道路停车，改善城市道路步行、骑行环境，提升人行道、盲道、牙石铺设标准，增设林荫道座椅，在红绿灯路口增设遮阳雨棚。改造老旧小区，完善老旧小区的停车、照明、健身等基础设施，提高居民生活便利度。

（五）提升市民文明素质修养

市民是城市的主体，市民素质在一定程度上决定着城市品位。对每一座城市来说，市民的素质对城市发展潜力、发展前景有着积极的推动作用，提高市民素质对提升城市品位具有十分关键的作用。城市品位提升就要加强舆论引导和宣传教育，强化文明意识，促进市民文明素质的自我教育和自我提升。首先要强化市民的公德意识，倡导市民遵守市民公约，对于车窗抛物、随地吐痰、乱扔杂物、公共场所吸烟、公共场所制造噪声、损坏公共设施、占用和堵塞消防通道、不遵守交通规则等不文明现象要加大惩戒力度，保障城市公共场所文明有序。其次要引导市民积极参与城市治理和社区自治。大力培育义工、志愿者、义务监督员等社会组织和社会力量，充分发挥其参与城市治理的积极性和创造性，促进社会形成"共建、共治、共管、共享"的格局。

参考文献

袁新国、陆东晓：《论快速城市化背景下城市品位塑造方式——从市民眼中的宁波说起》，《建筑与文化》2011 年第 4 期。

　　谢禄生：《城市品位的内涵及塑造》，《河北城市研究》2011 年第 8 期。

　　王红艳：《治理之道：提升城市建设的文化品位》，《人民日报》2016 年 5 月 3 日。

　　卢新华、梁嘉欣：《提升城市品位的思考——以河南省焦作市为例》，《河南牧业经济学院学报》2017 年第 2 期。

　　范丽娟、邢军：《以文化提升安徽城市品位》，《中国城市报》2018 年 8 月 13 日。

B.7
河南城市社会结构优化研究

摘 要：进入21世纪，河南城市经济快速发展，完成了"三二一"的
产业结构调整，城市社会结构随之迅速转型。传统社会结构
不断解体，与城市经济发展相适应的新型社会结构不断形成。
新型社会结构中出现新的社会阶层，如新媒体行业、自由职
业者等，他们在职业状况、经济收入、生活状况、消费特征
等方面表现出全新的形态。社会阶层的这些全新形态及他们
之间的差异，不仅是城市经济快速发展的结果，也体现了社
会结构的整体和谐度。只有和谐的社会结构才能适应并推动
经济快速发展，因此应该对河南城市社会结构进行优化研究，
实现社会结构与经济运行的协调发展。

关键词：河南 城市社会结构 社会结构优化

一 河南城市社会结构发展的现状

（一）河南城市社会结构变迁催生"体制外"社会群体

随着改革开放，所有制结构的变化、产业结构的不断调整和升级、分配方式的变化和多样化以及市场经济的发展等，河南省城镇就业部门从1978年仅存国有经济和集体经济单位，到1998年开始出现了私营经济和个体经济，

---

* 杨壮，郑州轻工业学院硕士研究生；马洁华，郑州轻工业学院讲师。

再到如今出现的有限责任公司等，各种经济体并存呈现百花齐放的态势。到2016年，河南省城镇国有经济就业人数仅占河南省城镇就业总人数的20%，远低于改革开放初期的82%和1998年时期的60%。如图1所示，如今，越来越多的"体制外"新社会群体涌现，他们大多是根据市场或者个人意愿来选择就业，尤其这部分群体中的自由职业人员，其就业的途径和形式更加灵活自由，多采用"自雇"的形式。这部分新社会群体大多受过良好的教育，具有较高的收入水平，容易产生较高层次的社会需求，对于社会政治参与也有更多的期待。对于职业的选择和变迁也更加的灵活，具有更强的职业流动性。

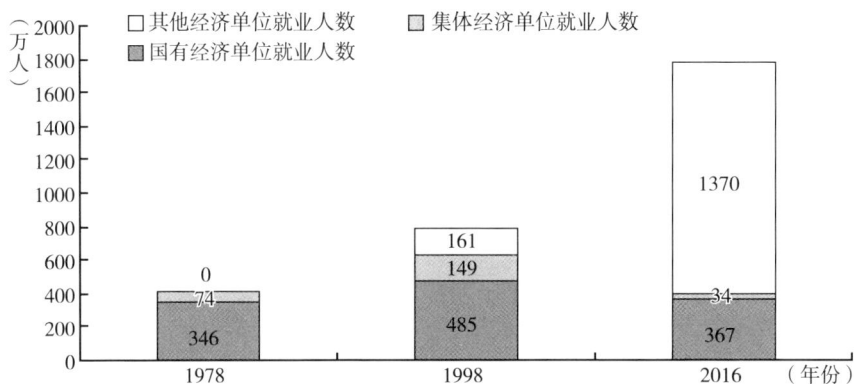

图1　河南城镇就业人数统计

资料来源：《河南统计年鉴2017》。

（二）河南城市社会结构变迁形成新的社会阶层

河南省城市经济不断发展，传统的社会阶层分化重组并推动新的社会阶层产生。首先，农民阶层市民化。土地改革的实施使得农民阶层发生了很大的变化。尤其是2000年以后，随着农村经济结构的分化和生产技术的发展，一部分农民整合个人资源走上了自主创业的道路，一部分的农民进入城市打工，成为进城务工人员，其中的一部分在城市立足逐渐转变为城市居民。2017年河南省农民工数量高达2939万人，位居全国第一，而新增城镇人口仅有230多万，表明更多的一部分则成为漂泊在城市里的农民工，从事高劳动强度的简单工作。

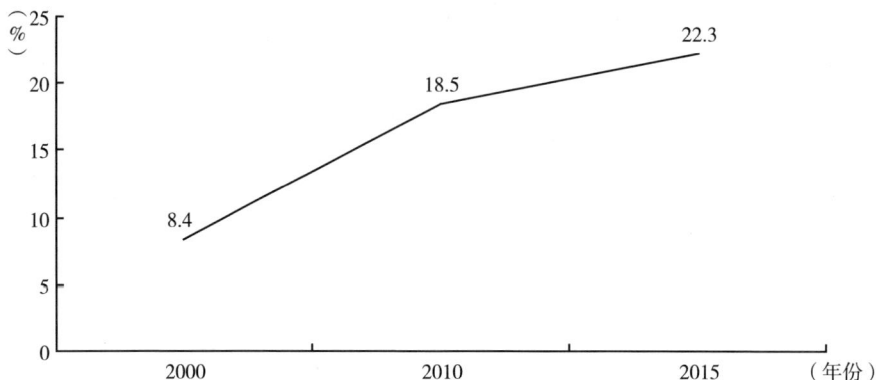

图2　河南外出务工人口占户籍人数比例曲线示意

资料来源：河南统计局网站。

其次，改革开放以后，河南省的产业结构和所有制都发生了变化，国有企业和集体企业的工人大量下岗，他们中的很大一部分向私营企业、合资企业转移。新时代的工人阶层与过去相比已经产生了深刻的变化。工人的文化程度有了显著的提高，技术水平不断提升。随着工业化、职业化的进一步提升，行业更替的速度逐渐加快。工人不再长期从事着某一个岗位工作或者某一行业不变，工人的流动性也越来越强。多数工人会根据个人或家庭需要不断做出变化，选择不同工厂甚至跳转行业，以促进自己发展。近年来河南省第二产业获得了重大的发展，如图3所示，在"十二五"时期，河南省城市产业结构中，第二产业从业人员增加人数最多，对劳动力的吸引程度最强。

最后，河南省还出现了新的社会阶层，例如受聘于民营或外资企业的科学研究技术人员，社会组织人员，自由职业者，新媒体服务业人员等新兴阶层。如图4所示，近年来，随着城镇化的进一步发展，新阶层人口数量稳步增加，其社会影响力不断扩大。这部分新兴阶层一般要求自获性成就，更加依赖于教育和训练，他们的职业报酬往往和其个人职业声望和受教育程度联系密切。他们对于自己职业的选择会基于更多个人因素的考虑，因此职业流动性较强。这种"体制外"的新社会群体规模越来越大，在社会上的影响力越来越强，这些新阶层使河南省中间阶层日益庞大。社会的中间阶层，有

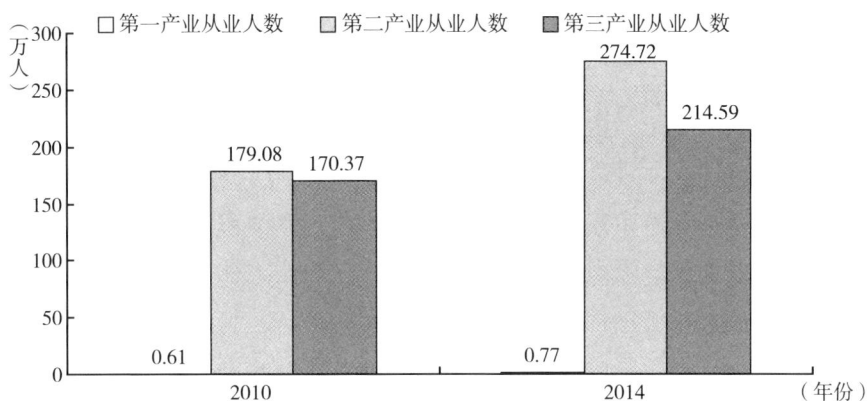

图3 "十二五"期间河南城市三次产业从业人数统计

资料来源：河南统计局网站。

助于缩小社会贫富差距，缓解社会矛盾，是社会稳定力量。然而，他们激进的社会态度也有可能导致社会不稳定，需要一定的政策加以引导，使他们在社会治理和发展中发挥重要的作用。新阶层的出现表明了河南经济发展进入新阶段，形成了新模式和新变化。

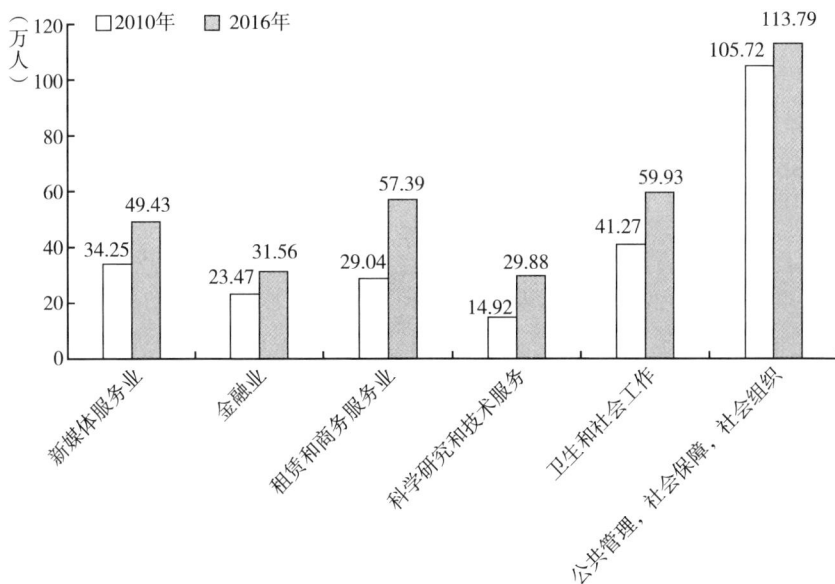

图4 主要新兴阶层人数统计

资料来源：《河南统计年鉴2017》《河南统计年鉴2011》。

（三）河南城市社会结构变迁导致社会流动频繁

改革开放之后，河南省开始实行重大的制度改革。经济体制改革逐步向政治和社会体制延伸，实现了从计划经济体制向市场经济体制的转变。改革推动了河南省城市化的快速发展和产业及职业结构的优化升级，出现了大量的就业岗位，吸引了大量的社会人才，加速了社会流动。伴随河南省经济的发展、经济结构的变化、开放程度的提高，制约个人从事某种职业和进入某种社会阶层的因素逐渐减弱。越来越多的人可以根据个人情况自由选择职业，这为个人流动提供了更好的机会。如今，河南省已初步形成一个现代的社会流动机制及模式。个人能力和选择逐渐主导了社会流动的过程，社会流动率和社会活力明显提升与增强。许多人在不同行业、不同地域、不同单位之间流动。身份、职业变化比较频繁，社会流动变得更加频繁。

二 河南城市社会结构发展的问题

（一）城市社会阶层收入差距不断拉大

当前河南省正处于各种社会矛盾频发的时期，阶层分化严重、贫富差距较大。以河南统计年鉴数据为基础，2006～2016年河南省各阶层城镇居民收入均有较大提升，但收入差距在逐步增大。按收入等级划分，2016年，高收入群体的人均可支配收入达到54460元，而居民低收入户人均可支配收入仅有12312元。两者相差42148元，甚至在2013年曾高达46982元，而这一差值在2010年仅有31512元，收入差距明显增大（见表1）。且部分高收入群体存在隐瞒部分不合理或不合法收入以及相关体制内的额外福利等情况。所以真实收入差距只会比数据所表现的更大。河南省社会阶层收入呈现金字塔形，各行业顶层精英群体掌握了社会上80%的财富。并且各精英群体对于社会政策的制定影响较大，相互之间的联系密切，呈现出强强联合的迹象，使弱势群体更加难以获得充足的社会资源，这一状况呈现出越来越严峻的趋势。

表 1　河南城镇居民人均可支配收入统计

单位：元

年份	人均可支配收入	低收入户人均收入	高收入户人均收入	高收入户与低收入户人均收入差值
2006	9810	3767	24049	20282
2007	11477	4253	26475	22222
2008	13231	4643	32004	27361
2009	14372	4904	34491	29587
2010	15930	5491	37003	31512
2011	18195	7021	45940	38919
2012	20443	8142	49735	41693
2013	22398	8430	55412	46982
2014	23672	13437	58966	45529
2015	25576	11270	51648	40378
2016	27233	12312	54460	42148

资料来源：《河南统计年鉴》（2007～2017 年）。

（二）城市社会中间阶层结构不够稳固

关于中间阶层，即中产阶级。2012 年出版的《国际城市发展报告（2012）》指出，中等收入阶层是收入较高，工作、事业相对稳定，且有较强的消费能力的阶层。对于河南省中产阶级的收入区间的测算，本文以近10 年河南统计年鉴数据为基础，主要采用学界常用的从中值的角度来分析得出中等收入区间，并通过计算中等收入区间的上下限百分比获得所占比重（见表2）。随着城市化的发展，河南省中间阶层的上下限区间不断扩大，中间阶层的范围也不断扩大。但可以看出，河南省中产阶级的比重在近10 年里忽高忽低，几年内变化甚至超过 10 个百分点。这说明河南省中间阶层受当年经济发展影响较大，极其不稳定。从 2015 年开始，中间阶层的最低收入区间已经低于当年平均可支配收入，他们与普通雇用劳动者的收入差距在明显缩小，这与中间阶层的社会期待不符。这更进一步说明了河南省中间阶层结构不稳固。

表2　河南城镇中间阶层人均收入范围及所占比例

单位：元，%

年份	平均可支配收入	中间阶层收入范围	所占比例
2006	9810	10528 ~ 17288	32.83
2007	11477	12060 ~ 18668	29.76
2008	13231	13793 ~ 22884	31.52
2009	14372	14766 ~ 24629	32.16
2010	15930	15995 ~ 26499	33.73
2011	18195	19994 ~ 32967	26.68
2012	20443	22006 ~ 35871	28.62
2013	22398	24091 ~ 39751	27.26
2014	23672	24819 ~ 47584	41.40
2015	25576	21365 ~ 41554	42.44
2016	27233	22849 ~ 43923	41.65

资料来源：《河南统计年鉴》（2007 ~ 2017 年）。

（三）城市社会弱势群体规模不断扩大

河南省作为中国中部地区传统农业大省，其第一产业占比较高，农村人口仍占河南人口的多数。虽然经过改革开放几十年的发展，但由于地理位置和历史原因，河南城镇化发展水平偏低。随着城市经济的进一步发展，更多的农民走出农村，进城务工。到2015年，全省超过20%的户籍人口成为外出人口，其中外出地在省内的占46.3%，在省内流动的人口中则以在本县（市、区）为主，约占外出人口的60%，河南省各城市均存在大量的农业转移人口，这也是河南省农村富余劳动力转移就业的主要方式。其中相当一部分群体并未取得城市户口，未在城市真正立足，只是寄居在城市里从事简单劳动或从事个体经济，这些进城务工群体多数就业不稳定，流动性高，以非正规就业为主且很多与用人单位不签劳动合同，仅是口头协议。他们的合法权益仍不断受到侵害，例如就业歧视、就业合同不平等或者合同陷阱、被拖欠工资、劳动报酬偏低、劳动保护条件差等。根据河南省信阳市新生代农民工的调查报告，有54.4%的农民工没有与单位签订劳动合同；相关防护措施较为完善的工作岗位仅占53%；出现劳资纠纷时，通过"法律"和"政府"来解决的仅占45%。进城务工人员有近半数是举家迁徙一起在城市里租房生活，由于缺少相应的户籍，进城务工人员及其子女在就医、上学、社保等方面处于弱势，虽然河南省户籍管理体制改革放开了大部分地区的落户限制，河南新型城镇化规划也明确提出要有序推进农业转移人口市民化，但相应的配套措施还有待进一步落实和完善，且农民工市民化因成本、制度、能力、文化、社会排斥、城市承载力限制等六大障碍而进展缓慢。

三　优化河南城市社会结构的建议

（一）不断优化并调整产业结构，创造更多社会就业机会

"十二五"以来，河南省产业结构进一步调整和升级，现阶段三次产业结构已经转化为"三二一"模式，但从业人员结构变化仍落后于产业结构的调整。截止到2014年，河南省城市三次产业就业人员较2010年人数虽有不同程度增加，但从比重上看，第二产业人员比重上升，第三产业人员比重下降，与河南省城市现阶段的产业结构不相匹配。需要进一步优化并调整产业结构，使人才结构与之相适应。当前河南省产业结构形式一方面说明第二产业对劳动力的吸引程度较高；另一方面也说明河南省第三产业具有很大的发展潜力，需要根据各市资源情况，因地制宜地发展第三产业，创造更多就业机会，增强其吸纳劳动力的能力。

（二）实施并落实人才引进政策，扩充专业技术人员阶层

河南省作为人口流动大省，20世纪90年代以后，全省外出人口持续增加，流动人口规模不断扩大。近年来，随着河南省经济社会的高速发展和新

型城镇化建设的加速推进，流出省外人口增速明显放缓，省内流动人口不断增加，流动更加频繁，流动人口总量基本保持稳定。根据人口普查和2015年人口抽样调查数据推算，虽然从2000年到2014年河南全省外出人口占总人口比例逐年上升，且在省外的比例较高。但从2014年开始，外出到省外务工人口比重首次出现下降，且在2015年再次降低。这一趋势也说明了外出人口总量虽然增加但增速降低。这与近年来河南省尤其是郑州市吸引人才的政策密不可分。2017年，郑州市史无前例地放开落户，扩大落户范围，使所谓的"郑漂族"留在郑州更加容易。另外，重奖顶尖人才，对两院院士等顶尖人才和国家"千人计划""万人计划"等国家级领军人才以及世界或全国技能大赛获奖选手给予奖金和奖励性住房等政策。同时郑州市也出台了普惠性人才政策，对于新引进落户的高校博士研究生、硕士研究生、本科毕业生和技工院校预备技师（技师）三年内发放生活补贴，以及相应的首次购房补贴。现实情况却是，虽然郑州市放开了落户政策，但真正前来办理落户数量有限。因此，河南要真正实施并落实人才引进政策，相应的补贴进一步真正覆盖，更好地扩充专业技术人员队伍。另外，河南省除省会郑州市外，还有17个主要省辖市（含济源市）。从经济总量来看，处在第2位的洛阳市仅占郑州市的35%，而排名处在末位的三门峡市还不到郑州市的5%；从城市总人口来看，2014年郑州市区人口约为其余16个城市市区人口之和的1/3。河南省除郑州市外其余城市凝聚力和辐射力非常有限，均存在不同程度的人才流失。需要出台相应政策，对这些城市进行相关政策的支持和扶持，营造城市群效应，充分发挥除郑州市外其余城市的辐射作用。各地政府也应该制定吸引人才的相应策略，增强对人才的吸引力，从而紧密联系全省的政治、经济、文化。

（三）引领社会保障制度与时俱进，改善城市弱势群体境遇

随着改革开放以来户籍制度的改革和河南城镇化的飞速发展，越来越多的农民走出农村，进城务工。河南省各城市均存在着大量的农业转移人口，预计这种规模会越来越大。由于户籍制度、农民工个人能力不高、资源不

足，他们及其子女在住房、就医、教育等方面无法享受与城市居民相同的福利待遇。政府需从新型城镇化发展的核心目标出发，从转移人口最急迫的需求出发。首先要建立包括就业信息在内，兼顾培训的社会化就业服务体系。其次要逐步完善统一、开放、有序的劳动力市场和监管体系，有效保护这部分群体的基本权益。最后，需要进一步完善与进城务工人员有关的相应政策，包括衣食住行各个方面，破解各种障碍，加快推进农民工市民化进程，改善城市弱势群体状况，提高城镇化发展质量。

参考文献

河南统计局、国家统计局河南调查总队：《河南统计年鉴（2017）》，中国统计出版社，2018。

河南统计局、国家统计局河南调查总队：《河南统计年鉴（2016）》，中国统计出版社，2017。

河南省统计局：《"十二五"时期河南城市发展报告》，http：//www. ha. stats. gov. cn/sitesources/hntj/page＿ pc/tjfw/tjfx/qsfx/ztfx/article4265499d501b451d90b01fcec7ac87c6. html，2018 年 11 月 27 日。

河南省统计局：《"十二五"时期河南人口发展报告》，http：//www. ha. stats. gov. cn/sitesources/hntj/page＿ pc/tjfw/tjfx/qsfx/ztfx/article34d3ed67e0e04e99ae1d973c5e4a6cdd. html，2018 年 11 月 27 日。

张海东、杜平：《从新社会阶层的崛起看社会治理创新》，《中央社会主义学院学报》2018 年第 2 期。

郑秀芹、毛维国：《论中国社会阶层结构的变迁与阶层分析方法的价值》，《北京印刷学院学报》2018 年第 4 期。

郉正、蔡禾、洪大用、雷洪、李培林、李强、王思斌、张文宏、周晓虹：《"转型与发展：中国社会建设四十年"笔谈》，《社会》2018 年第 6 期。

娄永红：《扩大昆明市中等收入阶层的必要性和对策研究》，云南大学硕士学位论文，2015。

周永烽、朱宏洲、于会卿：《亦工亦农成过往　平等就业待实现——来自河南省信阳市新生代农民工的调查报告》，《中国人力资源社会保障》2013 年第 2 期。

王沛栋：《河南构建多元社会治理结构的思路探析》，《中共郑州市委党校学报》2013 年第 2 期。

屠启宇、苏宁、张剑涛：《国际城市发展报告》，《上海城市规划》2012 年第 3 期。

尹丽：《青岛社会变迁与社会流动研究》，中国海洋大学硕士学位论文，2010。

胡联合、胡鞍钢：《中产阶层："稳定器"还是相反或其他——西方关于中产阶层社会政治功能的研究综述及其启示》，《政治学研究》2008 年第 2 期。

徐建华、陈承明、安翔：《对中等收入的界定研究》，《上海统计》2003 年第 8 期。

秋石：《如何认识中国社会阶层结构的变化》，《求是》2002 年第 14 期。

白杨：《社会分层理论与中国城市的类中间阶层》，《东方论坛》2002 年第 3 期。

B.8
河南城市文明素质提升研究

田　丹*

摘　要： 城市文明素质是城市精神的根基，市民文明素质是影响城市文明的核心因素，因此市民素质的提升是涵养城市精神、增强城市区位竞争力的关键。随着河南省委、省政府在全省范围内推进百城建设提质工程，各主要地市市民精神文明状态、城市市容市貌及服务水平有了显著改善。但是从全省范围来看，仍存在一些影响河南省城市文明素质提升的制约因素，主要体现为市民公共文明意识不强、城市管理水平有待提升、区域发展不平衡等方面。为此，河南省在开展百城建设提质工程的同时，要以大力弘扬优秀传统文化推进市民素质提升、更新管理观念加强城市精细化管理、加大投入促进全省创建工作均衡发展为重点，全力推动全省城市文明素质进一步提升。

关键词： 城市文明建设　市民文明素质　百城建设提质工程

伴随着新型城市化战略的深入实施，城市已经成为大多数人生活、工作的地方。河南省近年来大力推动"百城建设提质工程"，旨在增强城市综合承载能力、建设宜居宜业现代城市，在此背景下对城市文明的内涵、河南省城市文明特点、城市文明素质提升面临的问题、提升城市文明素质的路径展开理论和实证研究，具有十分重要的现实意义。

---

* 田丹，河南省社会科学院文学研究所研究实习员。

一 城市文明的内涵

汉语中的"文明"一词,最早见于《易经》,《易传·乾·文言》记载"见龙在田,天下文明"。隋唐时期的经学家孔颖达在注疏《尚书》时,将"文明"解释为"经天纬地曰文,照临四方曰明"。有学者考证①,英语中"civilization"则是起源于拉丁文中的"civilidas",后者有国家的意思。从中西方对"文明"最初语义的界定来看,"文明"至少应该包括两个层面的含义,"人的文明"以及"社会的文明"。此外,城市是现代人口主要集聚地,人们在此工作、生活、繁衍生息,因此从城市功能考虑,"物的文明"也是城市文明内涵非常重要的构成部分。

(一)"人的文明":市民文明素质

城市文明水平直接体现在生活于城市中的市民身上,市民的素质往往是城市文明水平的重要评判标准。市民文化素质是凝聚城市精神的基础,市民道德素质是城市文明的核心。换言之,城市文明不仅仅是物质层面的文明,更是精神层面的文明。一座城市健康有序的发展,需要良好的生态环境、人文环境、社会环境,但无论是哪一种环境的营造与维护都与市民素质息息相关,对市民素质的研究是认识与评价城市文明素质的基础。

现代市民素质一般包含身体素质、思想素质、文化素质、法治意识和道德修养五大方面的内容,基本上涵盖个人从生理到心理、从行为到内心多个层面的考量。身体素质代表市民身体健康情况,思想素质反映市民人生价值观念,文化素质则是市民知识水平的表征,法治意识体现了市民对国家法律制度的理解和遵从度,道德修养则展现了市民对善恶、是非的判断。市民素质的养成非一朝一夕之功,而是在市民长期的学习与生活的实

---

① 赵立彬:《"文化"的"译"与"释":思想史背景下的概念引进和学科建构》,《史学月刊》2012年第6期,第73~79页。

践中逐渐累积起来的，并且与城市医疗、教育等行业的发展一脉相连。市民素质与城市文明是相辅相成的，尤其是现代市民素质更加强调"文明"的本质，即市民群体在公共领域所展示的公共文明素养，公共文明素养代表城市市民共同的价值观、道德观。随着城市社会公共生活重要性日益凸显，市民在公共空间的行为表现越来越引起社会的广泛关注，可以说由公共文明素养所折射出的现代市民素质已经成为一个国家软实力竞争的重要力量。

（二）"社会的文明"：制度文明

社会文明与物质文明、政治文明、精神文明、生态文明一道被认为是国家"五个文明"建设的重要内容，其代表着一个国家社会领域的进步程度和现代化建设的积极成果。社会文明主要包括社会主体文明、社会关系文明、社会观念文明、社会行为文明和社会制度文明五个方面的内容，其中社会主体文明、社会关系文明、社会观念文明、社会行为文明更倾向于个人层面，社会制度文明则指向集体层面，从这个角度来讲社会制度文明更能代表作为组织而存在的社会文明内涵。

社会制度文明体现了人类政治领域的进步，并对城市建设、管理及发展起到保障和协调的作用。社会制度文明主要涉及社会体制、社会政策、社会法律三个主要方面，这就意味着社会制度文明具有原则性、权威性和奖惩性的特点。原则性对社会管理、公共服务等形成社会导向，权威性保障社会秩序整体稳定，奖惩性对个人与社会利益进行协调。制度的存在对政府、个人、社会组织的职能及行为加以约束和协调，从而使社会形成有序的集体规范。正是因为制度文明的存在，物质生产才能向高效率、高质量的方向发展，精神文化建设才能迈向大繁荣、大发展阶段。此外，制度文明保障了城市建设的科学性、城市管理的系统性。城市建设是一项庞大的系统工程，各个子系统之间必须有机配合方能实现城市功能的日臻完善。现代城市建设离不开城市规划，制度文明将城市规划上升到更具权威性的地位，使城市规划真正成为城市建设、管理、发展的依据。

（三）"物的文明"：环境文明

"人的文明""社会的文明"是城市文明的内核，"物质文明"则是社会进步、城市发展的表征。通过对"物的文明"的观察判断，我们能够勾勒出城市文明的发展层次。据记载中国在夏朝大禹时期始有"城"的发明，城市是人类文明发展到一定阶段的产物，城市的出现意味着中华民族开始走向成熟和文明，因此"城市"本身就是文明的象征。城市环境是城市文明的具象化，其主要由自然环境和人工环境两方面组成。城市环境是城市文明最直观的视觉识别系统，同时也是提升城市品位的突破点。

城市的自然环境主要指未经人类改造的生态构成，例如大气环境、水源条件、土地状况等，这是城市形成的前提条件。早期人们选择气候适宜、地形平坦、水源充沛的地方发展农牧业，随着农业生产资料的累积人口逐渐增多，为了抵御野兽的入侵，人们在定居地四周扎起篱笆，于是古老的村落开始形成。村落与村落之间因为争夺猎物、土地经常发生大规模争斗，出于预防偷袭的考虑，人们在篱笆的基础上筑起城墙，城市的雏形由此诞生。进入现代社会以后，尤其是经历过工业化时代的大污染，居住于城市的人们更加看重对自然环境的保护，人们开始自觉地约束工业污染行为，对自然环境的生态保护是城市文明建设的主题。城市人工环境主要指人类在城市空间里出于提高生活质量、满足文化需要等目的而开展的公共活动，例如城市绿化、公共场馆建设等。实际上，城市人工环境是人类智慧、创造力的集中展现，人们在有限的物理空间内利用各种公共设施布局来扩大城市结构，从而适应愈加复杂的社会发展形势。

二 河南省城市文明素质提升主要做法

近年来，河南省委、省政府认真贯彻落实习近平总书记关于城市文明建设的重要讲话精神，部署实施了一系列推动城市文明素质提升的重大项目，成效明显。截止到2018年底，河南省共有11个市县被评为全国文明城市，文明城市数量在全国省份排名第四。自 2016 年百城建设提质工程实施以来，各地市在"以绿荫城、以水润城、以文化城、以业兴城"理念的指引下，探索出高效、生态、融合的新型城市创建方法，城市居民幸福感显著提升。结合城市文明的内涵与河南省城市文明发展现状，本文从推进精神文明创建、发挥城市规划引领作用、实施百城建设提质工程三个方面分析河南省城市文明素质提升的主要做法。

（一）大力推进精神文明创建工作

思想道德建设方面，党的十八大以来，河南省持续深化社会主义核心价值观建设，深入实施思想道德建设工程，全省文明城市创建格局基本成型。在弘扬社会主义核心价值观的进程中，河南省尤为注重发挥榜样先锋模范作用，以先进模范、先进群体精神助推中原人文精神发扬光大。河南省共有全国道德模范 18 名，"感动中国"年度人物 14 人及 1 个群体，为充分发挥这些先进典型的标杆作用，河南省积极开展道德模范、身边好人"三巡六进"活动，以巡展、巡讲、巡演，进机关、进社区、进家庭、进学校、进企业、进农村的方式在全省范围营造学典型、当模范的浓厚氛围。在先进典型的带动下，截至 2018 年 6 月，全省共建成学雷锋"文明使者"志愿服务站 7137 个，注册志愿者 1100 万余人，志愿服务组织 4.7 万余个。河南好人连续登上"中国好人榜"，仅 2018 年共有 109 名河南人荣登"中国好人榜"。郑州市老年雷锋团、邓州市编外雷锋团等河南志愿服务品牌和层出不穷的"河南好人"是河南省大力推进精神文明建设的成果。

科学文化建设方面，河南省不断整合公共文化资源，持续完善公共文化服务载体，建成省、市、区、街、社区五级公共文化服务设施网络。国家级、省级公共文化服务示范区、示范项目稳步创建，文化惠民活动渐成品牌，"互联网 + 公共文化服务"在全省范围展开。截至目前，河南省共有国家级公共文化服务示范区 4 个、示范项目 8 个，省级公共文化服务示范区、示范项目分别为 24 个，基本上实现了公共文化服务的标准化、均等化要求。经过探索实践焦作市"百姓文化超市"、平顶山市"文化客厅"、鹤壁市

"淇水亲子故事乐园"、南阳市"文化茶馆"、许昌市"智慧阅读空间"等已经成为全国知名的文化惠民品牌。文化基础设施是城市居民参与文化活动的重要载体,郑州市进一步加快中央文化区（CCD）"四个中心"项目建设,包括体育馆、博物馆、大剧院、科技馆等16个项目,力求使之成为中部地区文化新地标。

（二）积极发挥城市规划引领作用

城市规划在城市建设中扮演着十分重要的角色,对塑造城市特色形象、找准城市定位有着重要影响。在以往的城市建设实践中,城市文化、城市规划的引领性并未得到充分重视,仿照甚至是照搬与自身历史文化不相符的建筑和产业,这种做法造成千城一面的后果。为了避免这种现象再次发生,河南省各主要城市在推进城市文明建设中,有意识地将城市主题文化引入城市规划,以统率城市规划中空间布局、景观设计以及产业选择,从而使城市规划的科学性、指引性得到最大程度的发挥。

城市建设,规划先行。各地市在城市建设中着重把好城市规划的方向关、编制关、质量关和实施关。《郑州市城市总体规划（2010~2020年)》（2017年修订）将历史文化名城保护作为城区规划的一项重要内容,结合郑州市悠久的古都文化划定商都历史文化区,同时依托荥阳大运河、德化步行街、二砂工业厂区划定古荥大运河文化区、百年德化历史文化区、二砂文化创意产业园区。四大片区建设是郑州市建设国家中心城市的形象窗口,为建设好这一系列工程市政府坚持规划先行,充分地将郑州古都文化、红色文化、工业文化等融入城市空间布局产业选择中,多次召开规划编制评审会以推动四大文化片区的规划建设。许昌禹州市坚持把夏禹文化与城市规划相结合,在《历史文化名城保护规划》的框架内,科学编制老城街区改造提升规划,挖掘老城建筑元素和文化符号,重塑历史街区接续城市文脉。《商丘市城乡总体规划（2015~2035年)》（2018年审议）解决了以前规划中与人口规模、空间布局、凸显特色不相适应的问题,确定了商丘市建立开放枢纽、推进城乡统筹、促进城市提质、彰显文化特色四大发展战略。《焦作市城市总体规划（2011～2020年）》（2017年获批）将焦作市定位于中原城市群的区域性中心城市，提出控制焦作市城市发展规模，着力将焦作市建设成资源节约型、环境友好型城市，同时做好城市整体设计保护已有山水格局，突出中原城市特色。河南省各地市根据自身历史文化资源现状，通过城市规划的方式对城市未来的发展进行精准定位，以科学的、全方位的城市规划引领城市建设，使各城市之间协调发展、差异化竞争，有力地推动了河南省城市文明整体提升。

（三）全力实施百城建设提质工程

2016年底，河南省委、省政府为更好地践行新发展理念，结合全省发展实际，启动百城建设提质工程。截至2018年9月，全省新建、改造热力管网289.42公里，新增供热面积达2839万平方米；新建、改造城乡公厕及旅游公厕10426座；实施百城提质的79个市县完成基础设施类项目投资1250.9亿元，排查黑臭水体59处，其中有36处基本完成整治。百城建设提质工程以生态环境治"污"、交通秩序治"堵"、市容卫生治"脏"、公共服务治"差"为发力点，切实改变城市市容市貌、提升城市服务质量。

立足惠民生，提升城市服务水平。旧城区卫生环境差、交通拥堵、城市绿化面积少等问题一直是困扰现代城市建设、管理的难题，同时也是百城建设提质工程要解决的重点。各地市结合自身发展实际，以百城建设提质工程为契机，立足解决困扰市民的现实生活中的实际问题，从而提升城市整体服务水平。新郑市在老城区疏解腾退15个企事业单位，空余出150亩土地用于老城区街景整治，老城区市民居住环境大幅改善。周口市西华县针对群众普遍反映强烈的"如厕难"问题，对现有公厕采取亮化、除臭的升级改造措施，同时在城区新建多座公厕和移动公厕；截至目前，周口市共新建100个公厕、40个绿地游园并开放使用，切实为市民出行提供便利。通过普惠民生的实际整治行动，城市的承载能力、公共服务能力明显增强。

着力补短板，提升城市颜值。百城建设提质工程提出做好"以绿荫城、以水润城、以文化城、以业兴城"四篇文章，实施百城建设提质工程的市县根据要求查摆自身不足,有针对性地开展专项行动,使城市市容市貌焕然一新。位于中原腹地的许昌一直以来饱尝"缺水之痛",南水北调中线工程通水后,许昌市每年从中分得约2.26亿立方米的水,满足市民用水需求之余,许昌市利用城中水和北汝河水充当生态水源,畅通护城河、打造5个城市湖泊、建成4片沿河林带,贯通全城的城区生态水系为城市"颜值"提升增色不少。与缺水的许昌形成对比的是,依港口而兴的周口重点在"以绿荫城"上下功夫——秉持"绿水青山就是金山银山"的发展理念,组织实施森林城市、森林通道、森林社区、森林田园、森林乡村"五大森林工程",城市绿化覆盖率达41.21%,人均公园绿地面积为12.62平方米,基本实现市民出行300米即见森林的绿色目标。

三 河南省城市文明素质提升存在的问题

各地市经过不懈努力,全省百城建设提质工程和文明城市创建工作取得了有目共睹的成效,全省人民获得感和幸福感显著提升。但是客观地讲,城市文明素质提升是一项比较复杂的工程,涉及市民、城市管理部门、政府等多个主体,在实际实施过程中难免产生各种各样的问题。对河南省城市文明素质提升过程中存在的问题进行分析,有助于在后期工作中避免同样的问题再次发生,从而推动城市文明素质提升工作开展进程。

(一)市民文明自觉意识尚未达成共识

百城建设提质工程对河南省城市文明素质提升是一次加速度式的推进,各地市投入大量的人力、物力和财力,通过狠抓"四治",城市交通秩序、生态环境、市容卫生、公共服务有了显著改善。与外在环境改善形成鲜明对比的是,市民公共文明的意识还比较淡薄,全省范围内一些不文明现象仍比较常见,比如随地吐痰、闯红灯、非机动车乱穿马路、共享单车随意停放、机动车侵占盲道等,濮阳市、洛阳市曾就闯红灯、机动车不礼让行人、流动商贩占道经营等不文明现象公开在媒体发布督查通报。虽然在一些发展程度高的城市或是城市新城区上述不文明现象出现的次数要少一些，但是就全省城市文明素质提升而言，这仍是一个需要解决的共性问题。这表明公共文明意识尚未成为全体市民的自觉意识，在部分监督、监管不到位的地方，市民的不文明行为时有发生，这对城市文明素质提升、树立城市形象是非常不利的。

（二）城市管理水平仍有上升空间

城市管理的目的是为城市居民创造良好的生活环境和发展环境，虽然整体来看河南省城市管理水平呈现出不断提升的趋势，但是具体到地市，城市管理的精细化水平仍有待提升。正如本文中所提到的一系列市民不文明行为皆是日常生活中的细节问题，城市管理也面临着同样的困境。以省会城市郑州市为例，其城市常住人口即将突破 1000 万，发展仍处于一个较快速的阶段，必定会吸引大量人口在此集聚或滞留。这些人口的城市认同感如何提升？如何调动他们的积极性使之参与到城市文明创建中？除此之外，小广告、公厕卫生、农贸市场环境等等，这些问题倘若得不到解决，仍将是提升城市环境的一大障碍。随着城市发展越来越步入现代化，影响城市观感的因素也越来越具象化，这就给城市管理提出了新的挑战。城市管理必须朝向精细化方向发展，在政府管理不到位的地方依靠群众力量进行监管，才能形成长效的管理机制，从而使城市文明创建工作在实施中落到细处。

（三）文明创建工作区域发展不平衡

虽然从整体来看全省城市文明水平有了大幅度提升，共有 11 个城市被评为全国文明城市，22 个城市被提名为全国文明城市，263 个单位被评为全国文明单位，这是对全省城市文明创建工作最大的肯定。同时必须正视的是，文明创建工作区域发展不平衡是河南省城市文明素质提升的又一突出问题。河南省各地市之间经济发展不平衡，历史文化资源分布不均，导致城市文明创建工作水平也出现较大差异。各地市主要负责人对城市文明素质提升的重视和认识的参差不齐，影响了河南省城市文明素质提升的整体推进工作。以全省近两年开展的百城建设提质工程为例，郑州、洛阳、开封、许昌等地以大投入规划大项目，郑州四大片区、洛阳河洛书苑、许昌生态水系改造、开封"一渠六河"等项目，在全省范围内引起强烈反响，省委、省政府多次组织观摩团进行现场观摩。同时也有部分地市因为思想认识不够高、城市文化定位模糊等原因，其百城建设提质工程与文明城市建设工程推进工作收效甚微。

四 推动河南省城市文明素质提升的建议

城市文明素质是新时代推动实现城市高质量发展的一项重要内容。在当前全省深入开展百城建设提质工程的背景下，河南省各地市应针对当前城市文明素质提升过程中出现的问题，结合文明城市创建工作，从推进市民文明素质提升、强化城市精细化管理、促进全省创建工作均衡发展三方面采取措施，更好地推动全省城市文明素质的提升。

（一）大力弘扬优秀传统文化推进市民素质提升

习近平总书记多次强调中华优秀传统文化是中华民族最深厚的软实力，是中华民族的"根"和"魂"。市民素质是城市文明素质的内核，而中华优秀传统文化蕴涵着提升个人品性修养的古老智慧，具有深厚的道德追求。中华优秀传统文化中重视个人修养、崇尚礼仪的价值观念与现代城市文明发展的诉求不谋而合，因此推进城市文明素质提升应该从优秀传统文化入手，针对重点区域、重点人群建立公德教育养成机制、完善社会干预机制。公共道德、市民文明素质培养是一个需要"内化"的过程，只有上升为公民自身的道德情感和自觉意志才能发挥约束公民行为的作用，在公民道德教育内容的选择上应该重视提升市民的个人修养和道德素质。儒家文化把达到"仁""内圣外王"作为社会的理想状态，"内圣"就是指个人要修身养德，注重内心的修养，"外王"就是要推行王道、广施仁义。对这些优秀传统文化中合理的部分加以创造性转化、创新性发展，挖掘其新的时代内涵，将有助于推动加强公民道德的培养和社会主义核心价值观深入人心。完善社会干预机制是提升市民文明素质的辅助性手段，它主要包括监督和激励两种方法。以优秀传统文化为主要内容的公德教育是培养公民文明素质的主要手段，但是对于一些顽固的社会陋习而言，教育的影响力还远远不够，需要社会干预来进行强力矫正。在一些发达国家中，有针对性的社会干预措施效果更加明显，例如针对闯红灯者将会留下永久记录，随地吐痰将被严格执行罚款等。以公德教育配合社会干预，以优秀传统文化教化为主同时辅以社会监督、社会惩罚的方法，持之以恒推行下去，必能达到潜移默化之境地。

（二）更新管理观念加强城市精细化管理

习近平总书记曾在全国两会上提出"城市管理应该像绣花一样精细"，城市的精细化管理已经成为全国大中型城市满足人民对美好生活需要的重要抓手。提升城市文明素质与推动城市管理水平提升有着直接关系，文明素质提升是结果，提升管理水平是手段。城市管理者应该更新管理观念，加强城市精细化管理，制定规范化的城市管理标准，以管理的精细化推动城市服务的标准化、规范化。郑州市 2018 年印发《城市精细管理三年行动实施方案》（以下简称《实施方案》），详细列出 23 条城市精细化管理重点任务，明确规定各项任务落实单位责任，旨在通过各项整改措施全面提升城市精细化管理水平，构建与国家中心城市发展相适应的城市治理体系。《实施方案》的制定和实施有助于推动粗放式管理向精细化管理转变，推动城市管理者的理念转移到建管并重、提升城市文明素质上来。转变工作观念制定城市管理的规范和标准，强化城市精细化管理应该作为提升城市管理水平的重大突破口在全省范围推广开来。

（三）加大支持促进全省创建工作均衡发展

政策支持直接关系各地推进城市文明素质提升的热情和成效，是文明城市创建各项举措落到实处的关键。河南省城市文明素质提升是全局性的重要工作，既要积极肯定成效显著的地市，宣传推广其做法，以期在全省范围内形成建设文明强省的良好氛围，也要扶持鼓励暂时落后的地市，总结其提升城市文明素质工作中遇到的问题和瓶颈，对症下药，以期形成城市文明素质提升的长效机制。在前期相关的调研活动中，课题组发现部分地市还存在公共文化设施建设水平较低，图书馆、文化馆等基础设施标准不高的问题，这距离我国到 2020 年基本建成现代化公共文化服务体系的大目标还有较大差距。图书馆、文化馆等公共文化场所在丰富市民文化活动、提升市民文明修养方面有着无可比拟的优越性，提升全省城市文明素质必须重视公共文化基础设施的完善。对经济水平有限的地市，政府应加大政策支持、资金投入，帮助地市建立文化建设投融资服务平台，以充足的建设资金保障公共文化设施的建设和完善。在促进城市文明素质全域提升方面，政府可以考虑开展"一对一"帮扶活动，以"先进"带动"后进"，从而形成河南省城市文明素质提升整体推进的局面。

参考文献

谭勇：《百城"提质"文明"花开"》，《河南日报》2019 年 1 月 3 日。

金家厚：《城市文明的衡量维度与发展取向——以上海市为例》，《城市问题》2010年第 10 期。

彭丽丽：《市民文明素质提升路径研究——以重庆市涪陵区为例》，《文史博览》2015 年第 6 期。

河南省文明办：《河南精神文明建设简报》2018 年第 2 期，http：//hen. wenming. cn/wmwj/201810/t20181031_ 4880950. html。

B.9
河南城镇化人口优化研究

司静远　崔学华*

摘　要： 本文主要分析了河南省城镇化进程中人口的现状、问题以及政策建议。研究指出，河南城镇常住人口稳步提升，受教育状况有所改善，人口结构比例出现新变化趋势，但仍存在几个突出问题，如人口区域差异化显著、人口质量水平整体不高、人口结构比例不合理。因此，提高全省城镇化水平，需要不断优化人口资源，完善区域发展规划，调整区域人口布局；提高城镇教育投入，优化城镇教育资源；完善人口比例结构，加强老年人人力资本开发。

关键词： 人口优化　城镇化水平　人口素质　人力资源优化

一　河南城镇化人口现状

（一）全省城镇常住人口稳步提升

随着经济的发展，城镇化进程加速推进。河南由原来落后的农业大省向现代化的综合性经济强省转变。河南作为中原城市群建设的核心，不断开拓创新发挥区位优势调整产业结构，提供就业机会，深化完善政策制度和公共服务，努力提升城市综合能力建设水平，海纳百川汇聚更

---

* 司静远，河南省轻工业大学研究生；崔学华，河南省社会科学院副研究员。

多资源，带动人口流动和迁移，实现了经济新活力。通过不断的努力，河南城镇化水平逐年提升，到 2017 年河南省的常住人口城镇化率为 50.16%，比 2016 年末提高 1.66 个百分点。特别是自培育壮大郑州大都市区，建设"米"字形城镇产业发展轴，推动省际毗邻地区中心城市联动发展，构建"一核一副四轴四区"网络化、开放化、一体化发展空间以来，城市常住人口数稳步上升。河南省城镇常住人口从 2005 年的 2875 万上升到 2016 年底的 4623 万，近十二年增长 1748 万。在优化城市群布局，促进大中小不同层次城市互相协调发展方面也取得一定成绩。打造郑汴一体化，加快定位洛阳高技术产业区发展，建设中原城市群副中心城市。推动郑州与新乡、焦作、许昌、开封深度的融合发展，以及与平顶山、漯河、济源等城市的联动发展。

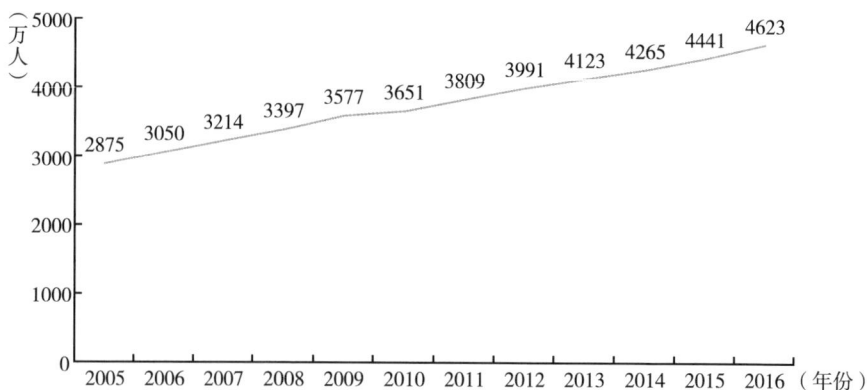

图 1　城镇常住人口数

资料来源：《河南统计年鉴》（2006～2017 年）。

（二）城镇居民受教育状况有所改善

河南省在教育上的投入不断增加，改善居民受教育状况。河南在保障外出务工人员随迁子女平等接受义务教育权利方面做了很多工作。其中河南省教育厅印发《关于做好留守儿童关爱教育和农民工随迁子女接受义务教育工作的通知》，保障学龄儿童的受教育权。2017 年河南学前教育毛入园率为

86.45%，九年义务教育巩固率 94.26%。全国的学前教育毛入园率是79.6%，义务教育巩固率是 93.8%，相比之下，河南的教育状况还是有一定的改善的。全省义务教育阶段随迁子女在校生 75.75 万人，其中，小学53.45 万人，初中 22.30 万人，随迁子女占义务教育阶段在校生总数的5.37%。2018 年郑州市内九区同时发布 2018 年小学入学政策。小学招生继续坚持义务教育免试、相对就近入学的原则。各区均保证 6 周岁 4 个月（2012 年 4 月 30 日前出生）的适龄儿童全部入学。其中金水区规定进城务工人员随迁子女可以到该区任意一所小学报名，经报名点工作人员审查同意，按照相对就近入学的原则，由金水区教体局统一安排到相关学校就读。

在人才培养方面也提供更多的帮助，根据《河南省教育厅 河南省人力资源和社会保障厅关于遴选河南省乡村振兴技能人才培养示范基地和示范专业点的通知》（教职成〔2018〕983 号）精神，经省辖市、省直管县（市）所属职业院校（含技工院校）申报，省教育厅、省人社厅组织专家评审，遴选确定了拟认定的 2018 年度河南省乡村振兴技能人才培养示范基地10 个、示范专业点 20 个，为城乡一体化提升城乡居民的受教育水平以及技能提供更多培训机会和选择。

（三）人口结构比例出现新的变动

《中国流动人口发展报告 2017》指出 2016 年我国流动人口规模为 2.45亿人，比上年末减少了 171 万人。这是中国流动人口总量连续第二年下降，主要是由于户籍制度改革，部分流动人口在流入地落户转化为新市民。另外我国外出农民工增速呈逐年回落趋势，在农民工总量中的占比，也逐年下降，跨省流动农民工数量在继续减少。

河南跨省流出人口的总量仍然巨大，但占户籍人口的比重 2014 年首次出现下降，此后持续降低。越来越多的省内人口流入河南最大的城市——郑州。2011～2015 年，郑州是河南省唯一的人口净流入地区，外省流入河南人口的 37% 和省内流动人口的 60% 均流入郑州。"十二五"期间郑州净流入人口达 185 万。河南出现人口回流主要原因：一是农民工不再是单个外出迁移，而出现了举家迁移的现象。二是户籍政策的开放，导致部分农民工就地转化为新市民。三是农村经济的发展，土地制度的改革，吸引更多农民回乡创业。四是人口年龄结构出现新的变化趋势，15～64岁劳动力人数出现下降趋势，老年人口不断增加。五是男女比例趋向平衡。

表1　2012～2016年河南省分年龄、性别的人口结构

单位：万人，%

年份	2012	2013	2014	2015	2016
0～14岁人口	1989	1988	2000	2012	2032
15～64岁人口	6587	6572	6551	6555	6558
65岁以上人口	830	853	884	913	942
男性占比	51.9	50.3	50.6	50.7	50.8
女性占比	48.1	49.7	49.4	49.3	49.2

资料来源：《河南统计年鉴》（2013～2017年）。

二　河南城镇化人口方向存在的问题

（一）城镇人口区域差异化问题突出

中部崛起战略的提出给河南的发展带来了更多机遇和挑战，河南作为黄帝的故乡，古丝绸之路的东方起点，在发展过程中虽然一直都在稳步前进，但和中部六省其他省份相比一直处于劣势，缩小区域差距是河南亟须关注的问题。这种差距体现在两个方面。首先，城镇化水平不高，城镇化率低于其他地区。以湖北省为例，2011年湖北的城镇化率为49.7%，而河南2016年的城镇化率才达到48.5%，这个水平还没有5年前湖北的城镇化率高。这样的差距足以说明河南城镇化发展的落后和不足，城镇常住人口规模远远不够。在城镇化过程中河南任重而道远，增强自身优势提高城镇常住人口数量仍是全省面临的突出问题。

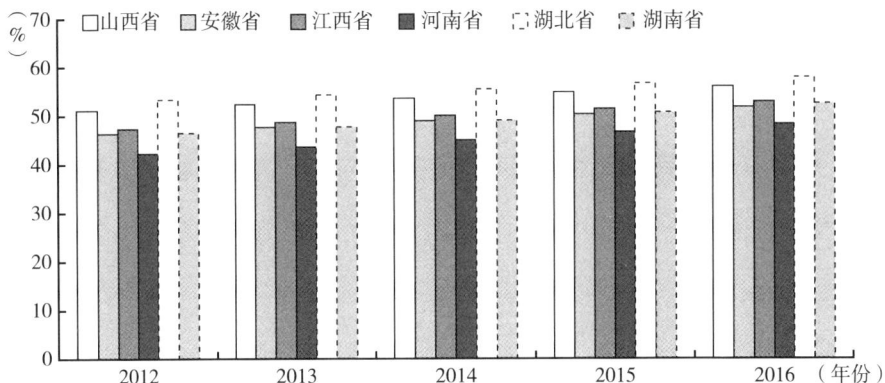

图2　中部六省城镇化率对比

资料来源:《中国统计年鉴》(2013～2017年)。

其次,非核心城市发展边缘化。随着改革开放,深化结构调整、供给侧结构性改革的提出,河南赖以发展的支柱产业受到严峻考验,去产能、去库存、去杠杆、降成本、补短板,让很多依靠第二产业发展的地市一时陷入困境。与此同时集中精力发展中心城市建设,更多的政策和资金向发展潜力大的城市倾斜,这就加剧了人口的迁移变化,大量剩余劳动力开始寻找新的就业机会,经济水平发展高的中心核心城市能够提供更多的工作岗位,拥有更优质的环境和竞争力,是人口流向的主要聚集地。人口向资源丰富的中心城市流动抑制了其他非核心城市的发展,造成了大量年轻劳动力外流,优秀人才流失,让城市发展难上加难,城市的经济失去活力,公共服务不完善,留不住人。这种区域差别明显,引起的矛盾问题更加突出。

(二)人口质量水平不高

首先,基础教育的投入不足。虽然义务教育的推进使学龄期的孩子都能享有上学的机会,但这种看似公平的现象,实质上有着"隐形"的不公平。尤其河南基础教育推进过程中的失衡发展还是比较严重,在政策、师资和各项基础保障方面都出现问题。2017年河南省小学教育生师比是18.63:1,陕西省的小学生师比是15.86:1。城乡接合地区教学环境和师资水平与城区出现不均衡发展，河南应逐步解决区域内基础教育资源配置的失衡现象，尽可能均衡分配地区义务教育资源。其中随迁儿童在义务教育阶段还面临着择校费高，升学难，由于学校离家远父母忙于工作，儿童生活上不能得到很好的照顾，学习上不能得到很好的辅导等一系列问题，这些问题均需要妥善解决，实现政府均衡发展。

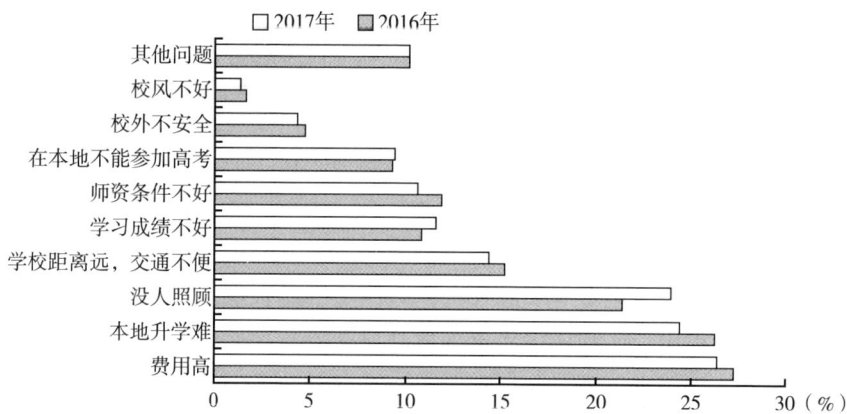

图3 义务教育阶段随迁儿童上学面临的问题

其次，高等教育薄弱，高层次人才缺乏。特别是研究生及以上学历人才缺乏，人才层次结构和当下的经济结构不协调。河南在高等教育以及高层次教育方面与周边省市的差距正体现在研究生招生的数量上，河南省研究生培养机构27处，招生1.84万人（其中博士生648人），陕西省培养研究生单位49个，2017年全省招收研究生40842人。这充分说明河南具备招生资格的高校硕士点少，也直接反映出河南高校的层次不高。人才的培养需要时间和过程，如果不能在数量上达到一定的比例，就很难保证质量上的飞跃，人才梯队建设就会出现问题，带来的影响和后果是非常严重和直观的。

最后，科技研发创新动力不足。科学技术是第一生产力，科技的创新离不开人才队伍，人才是发展科技的关键核心力量。2017年河南签订技术合同5877份，技术合同成交金额76.93亿元；陕西省共签订技术合同36.8万项，技术合同成交金额13424亿元；湖北省共签订技术合同24742项，技术合同成交金额 1066.0 亿元。科研人才的匮乏造成技术创新和科研成果转化率低，高精尖产业发展受限，产出比不高，经济发展则会直接受到牵制和影响，这也是河南城镇化发展缓慢的直接影响因素。

（三）人口结构不合理

经济的发展，城镇化的深入推进必然会造成人口结构的变化。河南省在产业结构优化升级的过程中人口总抚养比逐年上升，从 2012 年的 42.8% 增长到 2016 年的 45.3%，增长了 2.5 个百分点。2012 年全国的总抚养比是 34.9%，2016 年的总抚养比是 37.9%。另外河南少儿抚养比也不断增加，2012 年河南的少儿抚养比是 30.2%，而全国是 22.2%，河南比全国高 8 个百分点。2016 年河南的少儿抚养比是 31.0%，比 2012 年增加了 0.8 个百分点。老年抚养比则出现了反差，2012 年河南的老年抚养比是 12.6%，全国是 12.7%，河南与全国出现了 0.1 个百分点的微弱差距。但是与此同时河南老年抚养比还是逐年上升的，2016 年河南的老年抚养比是 14.4%，比 2012 年增加了 1.8 个百分点（见表 2）。数据对比反映出三个现象：第一，河南总抚养比高于全国，但增长速度比全国慢。第二，河南少儿抚养比高于全国，但增长速度和全国相差不大。第三，河南老年抚养比低于全国，但是河南老年抚养比与全国一样呈上升趋势。对应的问题是：首先，劳动力人口数量不断减少。其次，新出生人口数量不足。再次，老年人数量不断增加，老龄化程度比全国水平稍低，但相差不大。

表 2　河南与全国抚养比对比

单位：%

年份	2012	2103	2014	2015	2016
河南总抚养比	42.8	43.2	44.0	44.6	45.3
全国总抚养比	34.9	35.3	36.2	37.0	37.9
河南少儿抚养比	30.2	30.3	30.5	30.7	31.0
全国少儿抚养比	22.2	22.2	22.5	22.6	22.9
河南老年抚养比	12.6	13.0	13.5	13.9	14.4
全国老年抚养比	12.7	13.1	13.7	14.3	15.0

资料来源：国家统计局。

从 2016 年男女的性别比来看，河南人口结构表现在男女性别不协调、男多少少的问题。总的来说，河南人口结构出现不合理的状况。老龄化程度不断加深，出生率不高，劳动力人口减少。

三 优化人口资源提升城镇化水平的政策建议

（一）加强区域发展规划，调整人口区域分布

整合资源协调区域发展，以提升人们美好生活幸福感为出发点，逐步缩小地区差异。在政策上进一步打破行政区划界限，加强各地区分工协作、优势互补、共同发展。建立以产业经济为主体的区域性联合协作方式，集中精力共同开发优势资源，发展更具竞争力的高水平和高质量的产业和产品。破除行政区经济和地方保护，促进经济资源的自由流动和跨地区的经济合作，特别在政策和资源分配布局方面，要有针对性地向经济落后的边缘化城市倾斜。促进一些短缺要素的流动，如人才、技术、资金流动，形成区域联动，合理布局、协调发展的综合性特色区域新格局，使城乡一体化、城市群健康发展。

加快农业现代化建设，推进户籍人口城镇化，推动农民市民化进程。发展特色农业，提高农业现代化，由粗放型向精细化发展。提高农民收入，解决好"三农"问题，促进农业人口向市民的转化，提高户籍人口城镇化。加强城乡交通网络布局，衔接城际不同交通方式和联系，建立快速的资源流通通道，使优良的公共服务辐射基层。充分发挥中小城市在城镇化进程中的重要作用。

（二）提高城镇教育投入，优化城镇教育资源

教育是实现人口资源向人力资源转变的主要渠道，进行人力资本投资提高人口素质，使劳动者提高生产技能，同时促进人的生产力转化，有效促进城镇化发展。加强人口素质提升，针对人口教育的目标，政府要出台相关政

策和顶层设计，多部门和群体组织从各方面加大工作投入，推动人口水平的提高。一是坚决推动九年义务教育方针不动摇，综合义务教育地区差。针对落后地区的教育水平和教育设施不完善，在财政和政策上给予支持，保障师资的培养和培训。使学龄期儿童有书读的同时，享受更好的教育资源，缩小区域差别。二是利用社区、工会、企业开展扫盲教育普及。针对成人文盲人群开展扫盲活动，编辑扫盲读本和教材，让更多的文盲人群有受教育的机会，以此脱盲，同时提高成年人的受教育水平。丰富学习方式。提升个人素质，削减文盲人数，提升成年劳动力人群的综合素质。三是提高河南省高等教育机构的数量和办学水平。加大教育经费投入力度，发展联合办学，加强校校联合多渠道办学拓宽视野，消除公办学校与民办学校、重点院校与非重点院校的教育资源不平等。大力发展符合本省区域特色的普通高校和重点专业学科的建设，加强科研能力，营造浓厚的学术氛围，依靠现有优秀的资源牵头帮扶带动普通非重点高校发展，推动和增加硕士点、博士点和博士后工作站的建设，提升高层人员的数量。四是根据需求的多维度性，培养贴合市场发展需求的创新型人才。加强科研成果的转化，针对河南特有的产业结构布局情况，要分层次多架构培养储备人才，形成梯形人才队伍，保障经济平稳高速健康发展。

（三）完善人口结构，加强老年人力资本开发

人口结构的变化证明，河南已经步入"未富先老"的老龄化阶段。积极调整人口结构，缓解老龄化带来的社会问题，是河南人口工作的重心。全面"二孩"政策的放开，对人口老龄化起到了缓冲作用，但还不能从根本上解决这个问题。政府、社会、家庭和个人在承担应尽的责任和义务的同时，加强开发老年人的人力资本是有效缓解河南老龄化的新方向。随着人均预期寿命和人力资本周期的"双延长"，结合目前我国人口退休年龄的规定，即男性60岁、女干部55岁、女工人50岁退休，河南省可以针对退休人口的劳动技能、知识水平、工作经验、能力水平、工作意愿、身体状况等大力开发老年人的人力资本。不仅可以扩充劳动

力的人力资本供给，而且还可以延长"人口红利"期；尤其是可以缓解人才结构性短缺。

参考文献

龚红、孙文晓、霍雯：《老年人力资本特征对其再就业行为影响的实证检验》，《统计与决策》2016年第8期。

郑研：《城镇化进程中新市民素质提升的策略研究》，《社区教育》2016年第3期。

都阳、蔡昉、屈小博、程杰：《延续中国奇迹：从户籍制度改革中收获红利》，《经济研究》2014年第8期。

颜咏华、郭志仪：《中国人口流动迁移对城市化进程影响的实证分析》，《中国人口·资源与环境》2015年第10期。

B.10
河南城市营商环境优化研究[*]

易雪琴**

摘　要： 营商环境是一个国家或城市实现经济高质量发展的重要基础，优化营商环境已成为一个城市建设现代化经济体系、提升综合竞争力的重要突破口。近年来，河南各市加快转型发展，推动营商环境不断优化，取得了一定成效。然而，河南各个城市在优化营商环境过程中仍然面临简政放权不彻底、政务服务水平不高、政策效率偏低、企业运行成本负担较重、城市环境不优、社会氛围不浓厚等问题。未来，河南各个城市必须围绕"放管服"改革、打通关键环节壁垒、优化制度供给、开展营商环境评价、加快城市建设、培育营商文化等方面推进改革举措，进而推动营商环境不断优化。

关键词： 营商环境　城市发展　河南

随着经济加速一体化以及经济增长方式的加速转变，营商环境越来越成为一个国家或城市实现经济高质量发展的重要基础，营商环境也日益成为城市竞争的重要内容。优化营商环境已成为一个城市建设现代化经济体系、提升综合竞争力的重要突破口。简言之，营商环境就是市场主体从进入到退出

---

　* 本文为河南省哲学社会科学规划项目（项目号：2017BJJ037）、河南省政府决策研究招标课题（项目号：2018B240）阶段性成果。

　** 易雪琴，河南省社会科学院城市与环境研究所助理研究员。

市场的全生命周期中所面临的外部条件或环境，既包括政治、经济、科技、社会等宏观环境，也包括政府效率、市场监管、社会信用等微观环境，它对企业活动尤其是企业投资行为具有显著的影响。党中央、国务院多次强调要加快"放管服"改革，营造良好的营商环境，激发市场主体活力和社会创造力。河南省委、省政府也提出要把营商环境作为发展的"命门之穴"，强化亲商安商意识，认真研究制定优化营商环境的政策措施，让一流营商环境成为河南新标识，并出台了《河南省优化营商环境三年行动方案（2018～2020年)》。尽管近年来河南通过加快转型发展推动营商环境不断优化，但仍落后于浙江、广东等发达地区，这已成为河南实现高质量发展的重要掣肘。加快体制机制创新，推进各项改革举措，进而营造一个更加稳定、公平、透明、可预期的营商环境，已成为推动河南各市实现高质量发展的紧迫任务。

一 河南优化城市营商环境的做法与成效

（一）主要做法

1.持续深化"放管服"改革

河南各地加快简政放权改革，逐步规范、减少或下放各部门各类审批权限，省级层面对外公布了行政权力清单、部门权责清单和审批服务事项清单，大多数市、县（市、区）对外公布了行政权责清单、审批服务事项清单和证明事项清单。河南全面实施"三十五证合一"改革，将发改、工信、住建、商务等部门涉及企业登记、备案等有关事项和各类证照进一步整合到营业执照上，推动实现市场主体一照一码走天下，同时在全省推行了"证照分离"的改革，对106个涉及企业的行政审批及服务事项，分别采取了"直接取消审批、审批改为备案、实行告知承诺、优化准入服务"等方式的改革，尽可能减少审批发证，同时做好审批和监管的有效衔接，形成全过程监管体系。此外，河南在吸引外资方面出台相关举措，赋予各级政府在法定权限范围内制定出台吸引外资优惠政策的权力，支持各市制定完善吸引外资优惠政策；电力部门还逐步下放用电项目审批权限，在大型产业园区增设营配一体化的供电服务机构，为企业申请电力提供方便。

2. 重点优化行政审批服务

河南瞄准痛点、难点、堵点领域，通过减时间、减事项、减流程等举措不断优化行政审批服务。比如，河南将全省企业开办审批时间压缩至 4.5 个工作日；推广并联审批，全省实现不动产交易、税费征缴等事项"一窗受理、并联办理"模式的全覆盖；在全省范围实施企业登记全程电子化，企业能够在线完成企业注册和在线领取电子营业执照。河南还加快推动政府部门的数据共享和联通，建立部门间信息共享、协同监管和联合奖惩的长效机制，出台电子证照管理暂行办法，规范全省电子证照信息采集、制证颁发、共享使用、监督管理。在此基础上，河南依托"河南政务服务网"平台，逐步打造省、市、县（市、区）三级联动、部门协同、一网办理的"互联网＋政务服务"体系，同时实施"一网通办"前提下的"最多跑一次"改革，众多便民服务实现"一号申请、一窗受理、一网通办"，行政审批及相关服务"马上办、网上办、就近办、一次办"，推进了审批服务"无纸化""零见面""零收费"。

3. 有效推进投资创业支持政策

近年来，河南在进一步优化营商环境、扩大开放政策、加强吸引外资、发展非公有制经济等方面出台了一系列的举措。一方面，逐步放宽服务业、制造业、采矿业、汽车、飞机、基础设施建设、科技研发合作等领域外资准入限制，对符合条件的外资机构和企业实施相关税率优惠政策和融资支持政策，同时承诺全面实施外商投资准入前"国民待遇＋负面清单"管理模式，简化外商投资项目管理程序和外资企业设立、变更程序，建立健全招商引资激励和容错免责机制，推进重大建设项目批准实施等领域政府信息公开，努力营造出吸引和利用外资的良好氛围。另一方面，在市场准入、审批服务、融资、经营、创新等方面加大改革创新力度，探索在一些重点开发区推行"区域评价"以取代规划内每个项目独立的重复评价，有效减轻企业负担，不断提振民间资本投资信心、激发民间资本投资活力和创业创新潜力。

4. 不断增强要素资源供给能力

在土地供应方面，针对实际利用外资规模占比达到 30% 以上的县级开发区，河南每年都规划了 500 亩左右的土地指标以保障其生产性外资项目用地。针对那些在就业、经济转型、技术创新方面有突出贡献的外资项目实施"一企一策、一事一议"政策，探索了更多灵活的工业用地供应模式以降低外资企业用地成本。在资金支持方面，积极支持外资企业在各种板块上市融资，并对新设立的跨国公司地区总部及功能性机构给予财政专项资金奖励。在人才支持方面，加大引才引智工作力度，并对高层次人才在落户、社保、配偶待遇、子女待遇、创业等方面提供更加便利化和一站式的优质服务。在电力供应方面，从"精简资料、简化流程、缩减时长、创新服务方式、配网全容量开放、加快配套工程建设"等方面改革创新，构建业扩报装新模式，建立园区"一站式"服务机制，配套项目实行属地化管理，有效提升用电报装效率、保障电力供给。

5. 加快构建法治公平的市场环境

河南依托"信用河南"信用信息平台，实施"双公示"机制和"红黑榜"公示制度，39 个省直部门、6 个驻豫单位、18 个省辖市、10 个省直管县（市）分别公布了公共信用信息资源归集目录，逐步建立以信息归集共享为基础、以信息公示为手段、以信用监管为核心的新型监管制度，行政审批部门、行业主管部门将备案事项、审批事项、行政处罚事项等信息通过信用河南网站和国家企业信用信息公示系统（河南）归集于相对应市场主体名下，并对外公示。同时，河南全面推行"双随机一公开"制度，努力营造诚信守法公平的市场竞争环境。在推进中介服务市场管理方面，河南各地加快推进中介服务机构与主管部门脱钩，切断利益关联，严厉查处中介机构利用政府影响违规收费行为。在产权保护方面，河南出台了相关制度，加强各种所有制经济产权保护，不断完善平等保护产权的法律制度和司法政策，依法严厉查处侵犯知识产权的违法案件，妥善处理各类产权案件和纠纷，依法推进社会信用体系建设。

6. 积极支持先行先试改革

河南鼓励各市、各部门开展先行先试，改革亮点纷呈，不断为改革积累经验。比如，郑州实施"五单一网"（行政权责清单、行政审批事项清单、行政事业性收费清单、政府性基金清单、产业集聚区企业投资项目管理负面清单和四级联动的政务服务网）制度改革，有效推进审批服务公开、透明、高效，同时探索组建以政府性融资担保公司为主体的小微金融融资担保联盟，实现抱团增信、优势互补、风险分担等等。开封开展了多轮营商环境评价，推动全市营商环境以评促改、以改促优，并以自贸试验区为载体，不断推出通关便利化举措，在"准入""准建""准营"三个阶段不断加大创新力度，探索备案类企业投资项目实行承诺制，并获批设立了全省首个自贸试验区法庭。濮阳市在"三十五证合一"改革基础之上，进一步延伸"三十八证联办"改革，采取"双告知、双反馈、双督查、双跟踪、双公开、双随机、双评估"的方式强力推进，并在南乐县成立了全省首家"行政审批局"，开启了河南省"一枚印章管审批"的先河。河南电力部门全面构建"放管服"业扩报装新模式，推行"容缺办理"，精减 67 项受理和验收资料，删减 126 个业务环节，用电报装全流程耗时相比国家规定的时间缩减了50% 以上、比国家能源局规定的时间缩减了 70% 以上。

（二）主要成效

河南按照简政放权、放管结合、优化服务、协同推进的总体部署，坚持问题导向，加速推动各地各部门减权、放权、治权，进一步规范行政审批事项和审批流程，大幅提升政务服务智慧化水平，不断提升行政审批效率和政务服务质量，先后出台了一系列相关制度和举措（见表1），在"简环节、优流程、转作风、提效能、强服务"方面取得了较大成效。通过一系列的改革举措，河南以"减证"推动"简政"，有效解决了市场主体在开办企业的过程中遇到的证照过多、"准入不准营"、协同配套不够等问题，不断降低创设企业的制度性成本，在更广范围、更深层面不断提升了办事效率和便捷程度、推动政府职能进一步转变、释放出更大的改革红利，不断强化要素资源供给保障能力，加快优化市场和法治环境，不断提振民间资本投资信心，有效激发了市场主体的投资活力和创新创业活力。

根据河南省工商局公布的数据，截至 2017 年底，河南日均新登记企业 818 户，全年新登记市场主体达到 110.95 万户，同比增长 11.9%；市场主体总量达到 503.2 万户，居全国第 5 位、中部六省第 1 位，市场主体总量增速跃居全国第 3 位；企业活跃度指数达到 71.5，高于全国 70 的平均水平；全省第一、第二、第三产业市场主体数量占比分别为 6.9%、7.7%、85.4%，第三产业牢牢占据主导地位。2017 年，河南私营企业达 112.3 万户，同比增长 23.5%；个体工商户达 358.5 万户，同比增长 16.6%。新设私营企业和个体工商户从业人员达 226 万人，同比增长 18.8%。

表 1　2016～2018 年河南省关于优化营商环境的制度梳理

时间	文件名称
2016 年 2 月 2 日	关于印发河南省简化优化公共服务流程方便基层群众办事创业工作方案的通知
2016 年 4 月 29 日	关于印发河南省工商登记后置审批事项目录(第一批)取消修改事项目录和河南省工商登记后置审批事项目录(第二批)的通知
2016 年 10 月 13 日	关于印发建立完善守信联合激励和失信联合惩戒制度加快推进社会诚信建设实施方案的通知
2017 年 2 月 22 日	关于印发河南省加快推进"互联网＋政务服务"工作方案的通知
2017 年 7 月 21 日	关于推进三十五证合一改革的实施意见
2017 年 10 月 12 日	关于完善产权保护制度依法保护产权的实施意见
2017 年 8 月 8 日	关于扩大对外开放积极利用外资的实施意见
2018 年 6 月 19 日	关于进一步深化"多证合一"改革的实施意见
2018 年 7 月 19 日	深化"一网通办"前提下"最多跑一次"改革推进审批服务便民化实施方案
2018 年 7 月 23 日	关于优化营商环境激发民间有效投资活力的实施意见
2018 年 8 月 16 日	关于推进重大建设项目批准实施等领域政府信息公开的实施意见
2018 年 8 月 17 日	河南省"一网通办"前提下"最多跑一次"审批服务事项目录(第一批)
2018 年 8 月 23 日	关于进一步压缩企业开办时间的实施意见
2018 年 8 月 25 日	河南省优化营商环境三年行动方案(2018～2020 年)
2018 年 8 月 28 日	关于印发河南省全面推行"双随机一公开"监管工作实施方案的通知
2018 年 8 月 31 日	河南出台电子证照管理暂行办法
2018 年 9 月 10 日	关于印发河南省不动产交易登记便民利民改革实施方案的通知
2018 年 9 月 20 日	河南省"一网通办"前提下"最多跑一次"审批服务事项目录(第二批)
2018 年 11 月 23 日	关于在全省推开证照分离改革的通知
2018 年 12 月 1 日	关于积极有效利用外资推动经济高质量发展的通知

资料来源：河南省政府网站、相关职能部门网站公布的资料整理。

二 河南城市营商环境优化面临的困境

（一）简政放权改革不够彻底

尽管近年来河南各地不断深化简政放权改革，但相比浙江、广东等先进发达地区而言力度不够。一方面，各市虽然都公布了各部门的行政权责清单，但整体上仍存在较多非行政许可审批事项，甚至有些国家明令取消的行政许可事项通过转移至中介机构、审批改转报、审批改确认、分解、附前置条件的备案等方式变相保留下来；还有一些烦琐的事务性事项或边缘性的"僵尸权力"下放、废除，但一些自由裁量权较大且权力含金量较高的事项却保留下来，不能完全做到"法无授权不可为、法定职责必须为"，甚至对冲了改革成效。另一方面，一些与企业投资建设项目审批有关的权限，本可以下放到县市区却仍保留在省级层面，造成投资活力没有完全激发；一些部门的专项财政资金的管理范围、申报标准等各不相同且没有完全对外公开，没有彻底发挥出财政资金的撬动作用。再者，一些基层机构和社会组织在思想认识、业务流程等方面准备不充分，承接能力不足，导致权力下放到基层出现"不能批""不敢批""不会批"等情况，出现审批服务"最后一公里"问题。

（二）政务服务水平和政策效率仍待提高

尽管近年来各市不断提升政务服务水平和政策效率，但是仍有很多深层次改革没有触及。一方面，由于部门之间仍存在条块分割，关系没有彻底理顺，许多部门之间数据信息共享仍存在困难，部门之间的合理机制欠缺，导致企业在办事过程中"脸好看、门好进"但是"事还是难办"，而且有不少部门的数据和业务不能完全整合到"河南政务服务网"平台，各部门网站很大程度上仍是各自为政，这既造成重复建设和资源浪费，又给企业和群众办事造成不便。由于理念、技术等原因，信用监管普及程度还不够，执法监管法治化水平偏低。另一方面，针对公有制企业和非公有制企业的差别待遇依然比较明显。不少地方针对民营企业的市场准入仍设置了较多的政策性障碍甚至隐形壁垒，一些好的政策没有覆盖到民营企业或者政策可操作性、实用性不强，"三道门"（玻璃门、弹簧门、旋转门）现象仍然存在；针对中小微企业的融资贷款门槛较高、手续繁杂，导致中小微企业融资难、贷款难的困境没有得到有效缓解；一些县级城市在招商引资的时候承诺的待遇迟迟不能到位。此外，由于信息公开渠道、方式等不够大众化，一些优惠扶持政策公开程度不够、宣传解读不足，不能及时、到位地推送到企业，给企业带来的真正实惠并不多，影响了政策红利效应的有效发挥。

（三）企业运行的成本负担依然较重

从劳动力成本来看，当前，河南省仅郑州等少数城市是人口流入城市，其他城市的人口尤其是劳动年龄人口流出现象突出，与之相对应的是劳动力成本的不断上涨。2012～2016 年，全省城镇单位就业人员从 881 万人增加到 1145 万人，年均增长 6.8%；城镇单位就业人员年平均工资从 37338 元增加到 49505 元，年均增长 7.3%；工资总额从 3146.25 亿元增加到 5365.62 亿元，年均增长 14.3%。从用地成本来看，城市规模扩张带来的是城市建设用地供应日趋紧张，在耕地红线、用地限制等刚性约束下，城镇土地供应数量趋紧但用地成本攀升。从税费负担来看，尽管"营改增"后企业税负有所减少，但相比先进地区而言，河南各地的税费负担尤其是非公有制企业的税负仍相对较高，税负结构中的专项收入、涉企行政事业性收费、政府性基金、社会保险费等非税收负担占比相对偏高。种种因素表明企业运行成本负担依然较重，要素资源及税费成本仍有较大改善空间。

（四）城市"硬环境"亟待进一步改善

城市"硬环境"是营商环境的基础支撑条件，没有良好的基础设施、公共服务体系及生态环境,企业就很难被吸引入驻。一方面,尽管当前各市不断加快城市建设和发展,城市"硬环境"不断改善,但由于不少城市尤其是中小城市的基础设施和公共服务历史欠账较多,基础设施建设多项指标均落后于全国平均水平(见表2),城市公共交通系统建设整体滞后,地下管网建设薄弱、污水和垃圾处理能力不足、公共服务体系不完善等与企业和群众工作生活密切相关的问题和矛盾凸显,城市综合承载力和吸引力依然偏弱。另一方面,长期以来的粗放式发展对生态环境造成的破坏没有得到根本性遏制,城市生态环境面临严峻考验,城市空气质量较差,雾霾、三废污染等问题越来越突出。比如,2017年全省省辖市PM2.5、PM10浓度年均值均超二级标准,在全国环境保护压力越来越大的背景下,很多城市为了达到环保要求,不得不实施限制企业生产甚至要求企业阶段性停工停产,这给企业发展带来很大不便。

表2 2017年河南城市公用设施、公共服务及生态环境水平与全国平均水平比较

类别	河南	全国
城市用水普及率(%)	95.88	98.30
城市燃气普及率(%)	93.96	96.26
每万人拥有公共交通车辆(标台)	12.28	14.73
人均城市道路面积(平方米)	13.90	16.05
人均公园绿地面积(平方米)	12.00	14.01
城市建成区绿化覆盖率(%)	39.4	40.9
电话普及率(含移动电话,部/百人)	97.17	115.91
平均每一邮政通信营业网点服务人口(万人)	0.79	0.50
每百家企业拥有网站数(个)	47	56
每千人口卫生技术人员(人)	11.75	10.87
每千人口医疗卫生机构床位(张)	10.37	8.75
普通小学生师比(教师人数=1)	18.63	16.98
普通高中生师比(教师人数=1)	16.48	13.39
人均拥有公共图书馆藏书量(册)	0.30	0.70

资料来源:《中国统计年鉴2018》。

（五）重商亲商敬商的社会氛围还未形成

良好的社会文化氛围是优化营商环境的前提和基础，也是一流营商环境的内涵所在。一个地方的文化生态被扭曲，那么久而久之就会导致一个地方的经济生态扭曲。长期以来，河南作为农业大省，"重农抑商""农本商末"的传统观念根深蒂固，与经济发达的东南沿海城市相比，重仕、重农的意识尤为突出，观念开放度较低。即便是在已有的营商文化和社会氛围中，"重国企、集体经济，轻民营、外资企业""市长大于市场""潜规则"等现象依然严重。政府部门工作人员的思想意识还没有从"管理"向"服务"转变，"官老爷"作风依然存在，企业在当地城市的社会地位并不高，在接受政府服务时很难体验到"店小二"、"服务官"、"保姆式"甚至是"妈妈式"服务态度。此外，在现有制度约束下，不少地方的政府部门在与企业互动过程中矫枉过正，为彰显清白而疏远企业，在企业办事的过程中刻意保持冷漠态度，使企业产生疏离感。

三　河南加快优化城市营商环境的对策建议

2018年，河南启动了优化营商环境三年行动计划，将围绕推动高质量发展、提高对外开放水平、更好地服务实体经济以及依法保护市场主体的权益，加快优化营商环境。河南各市必须加快实施营商环境重点领域提升行动，强化改革创新，加快形成充满活力、富有效率、更加开放的法治化、国际化、便利化营商环境，让高品质营商环境成为新时代中原更加出彩的新标识。

（一）以企业为中心，加大"放管服"改革力度

营商环境折射出政府和市场的关系定位，"放管服"改革是检验营商环境优劣的试金石。浙江等地早在2013年就率先在国内开展"四张清单一张网"为主要抓手的"放管服"改革。截至2016年底，省、市、县三级平均保留行政权力数量分别为4174项、3900项和450项；全省取消非行政许可

审批类别，行政许可事项减少到 516 项，同时还公布了企业投资负面清单和财政专项资金管理清单，规定除国家明确规定或者跨区域、跨流域的项目以外，核准事项一律下放至市、县，以清单形式管钱、管权、管事。河南各地有必要借鉴浙江等先进地区的做法，突出企业主体地位，坚持标本兼治，加大"放管服"改革力度，倒逼各级各部门减权、放权、治权，不断为企业"松绑"。具体而言，一方面，要以深层次的减权、放权、治权，撬动商事制度、行政审批、要素配置、投资项目审批等重点领域的改革，从根源上重塑政府与市场、社会的关系，努力寻找市场功能与政府行为的最佳结合点，推动简政放权改革，整合部门专项资金转移支付项目，进一步放宽市场准入，实施准入前"管少"，准入后"管好"，真正为企业发展"松绑"。另一方面，要深入实施"最多跑一次"和审批服务便民化等方面改革，持续开展"减证便民"行动，每年梳理事项目录，推进审批服务标准化和协同式审批流程，深度开发网上审批服务应用，进一步降低制度性交易成本，使之发挥最集中、最前端、最直观的窗口效应，营造出有高度、有速度、有温度的政务环境，让企业真正获得更多"主场待遇"。

（二）瞄准堵点痛点，打通关键环节改革壁垒

营商环境的优化，关键在于抓住营商环境建设的堵点、痛点，不断打通关键环节改革的壁垒，确保各项改革落到实处。比如，浙江在投资项目审批改革方面探索推行企业投资项目承诺制，建立起"政府定标准、企业作承诺、过程强监管、信用有奖惩"的新型企业投资项目管理模式，同时建立前置审批一次性统一办理和"一号通"联合审批制度，并出台"标准地""多图联审""多评合一""联合测绘""联合验收"等多项创新性配套制度，推动投资项目承诺制改革顺利实施。河南有必要借鉴浙江等地经验，瞄准堵点痛点难点，打通关键环节的壁垒，推动各项改革顺利实施。一方面，聚焦涉及企业良性运行的重点领域和重点事项，加快推进创新审批、服务的便民化措施，同时借助现代科技信息技术，开放公共数据共享权限，推动职能部门的数据信息共享和兼容，彻底打破数据壁垒和信息孤岛，探索建设个

人、法人、信用等综合信息库，开发电子档案、电子证照、电子签章等技术支撑体系，为河南"一网通办"前提下的"最多跑一次"改革提供保障。另一方面，加大与企业活动相关的中介服务、测验、评审、资格认定、信用评价等多个前置事项的改革力度，不断创新体制机制强化企业用水、用电、用气、用人、融资等要素资源的保障，全方位降低企业运营成本和降低企业税费负担。

（三）坚持破立并举，最大限度优化制度供给

从某种程度上说，营商环境的改善是制度供给优化的过程。许多深层次改革难题没有固定模式或成功经验可资借鉴，需要不断进行试点改革，既能够降低试错成本又能积累丰富经验，并最终以制度形式固定下来。国内外营商环境优良的地方在其改革过程中出台了一揽子的政策、法律、制度和规则，无论是简政放权、行政审批等涉及深层次改革的顶层设计，还是审批要件标准化、电子文件管理、中介服务信用等微观层面的改革举措，每一项改革基本上能找到与之相匹配的制度作为支撑。因此，河南要坚持破与立并举，加快补齐制度供给的短板，最大限度地优化制度供给，不断释放改革红利，推动营商环境不断优化。一方面，加快破除企业在投资运营、纳税缴费、融资担保、产权保护等方面的制度障碍，梳理、修改和废除与现阶段改革不适应的法规规章及政策文件；另一方面，因时、因地制宜加大制度创新力度，在加强顶层设计的同时，在"放管服"改革、开放体制机制构建、重商安商氛围营造等重点领域开展试点改革。通过上下结合、协调联动的双向互动，以试点先行撬动重点、难点、堵点、痛点领域的改革，通过边试、边改、边总结，再以顶层设计的形式向全省推广，进而放大改革成效。

（四）强化目标导向，开展营商环境监测评价

当前，河南各市的营商环境与沿海发达省份、城市相比存在较大的差距。因此，它们有必要强化目标导向，参考借鉴国际通行评价标准及国内外知名智库评价指标体系，结合国家营商环境指标体系和河南实际，学习吸纳

先进地区经验，研究制定简单易行、指向明确、对标先进、具有河南特色的营商环境指标体系，对全省各市的营商环境进行客观、真实的评价，摸清全省各市营商环境的现状，找准关键环节存在的突出问题，推动实现以评促改、以改促优。在构建全省营商环境评价指标体系、制度框架体系、责任分工体系的基础上，逐步开展营商环境动态监测和评价，以年度报告的形式对外公布各市营商环境变化情况，推动各市加大改革力度，聚焦营商环境核心指标，开展核心指标对标优化行动，以核心指标排名争先、优化提升带动全省营商环境持续创优，进而引导形成优化营商环境的良性竞争，推动全省各市各领域营商环境进入国内先进行列。

（五）加快城市建设，筑牢营商环境基础支撑

按照提高城市综合承载能力的要求，以新型智慧城市、海绵城市、地下综合管廊建设为载体，统筹地上和地下建设，加快推动基础设施和公共服务设施建设，持续完善道路网络和路网结构，构筑联通内外的信息枢纽网络，提高城市的物流功能和信息共享能力。加快优化教育资源、医疗卫生资源配置和空间布局，推动优质义务教育均衡发展，健全社会保障体系，提高基本养老金、城乡低保、社会救助等保障标准，扩大社会保险参保覆盖面。加强生态建设和环境治理，加大大气、水、土壤污染的防治力度，推动城市生态水系、园林绿化建设，强化城市绿地与区域范围内各种生态空间的衔接。围绕城市定位和历史文化底蕴，重塑城市形态风貌，提高城市品位和城市形象，为企业投资创业提供一个良好的城市环境。

（六）培育营商文化，营造重商亲商良好氛围

营商环境的全面提升是优秀的营商文化和营商氛围的"压舱石"。只有全社会拥有良好的营商意识，市场才有最好的生长土壤。因此，要打造多元化的载体平台，采取多种群众喜闻乐见的形式宣传和推广本土优秀的营商文化，努力形成大多数人共同遵守行为准则的营商氛围，并不断增强企业的文化认同感和本土归属感。要不断培育本土企业积极向上的企业文化，充分发

挥本土企业的示范带动作用，并加大对传统商道精神的传承和创新，塑造独特的企业家精神，使之成为这个城市靓丽的营商文化名片。要警惕和防范诸如"青岛天价大虾、雪乡宰客、亚布力管委会"等偶然事件发酵可能带来的"地域黑"现象，并通过发出好声音、讲出好故事，引导优秀的营商文化融入城市精神中，树立良好的地域形象。要学习和借鉴江苏、浙江、广东等地方关于重商立业的文化底蕴、诚信义利的经营理念、同舟共济的抱团精神等精髓，充分汲取这些独特的外来文化的养分，并形成符合本地实际的新观念和新思维，努力打造出更加开放、包容的社会氛围。

参考文献

张威：《我国营商环境存在的问题及优化建议》，《理论学刊》2017 年第 5 期。

任丽霞、孙焕章：《优化河北营商环境面临的问题与对策》，《现代经济信息》2018年第 4 期。

娄成武、张国勇：《治理视阈下的营商环境：内在逻辑与构建思路》《辽宁大学学报》（哲学社会科学版）2018 年第 2 期。

张国勇、娄成武：《基于制度嵌入性的营商环境优化研究——以辽宁省为例》，《东北大学学报》（社会科学版）2018 年第 3 期。

迟福林：《以完善公平竞争营商环境为重点的市场监管变革》，《中国市场监管研究》2017 年第 9 期。

百城提质报告

Bai-cheng Quality Improvement Reports

B.11

河南县级城市产业转型发展研究*

---

* 本文为河南省政府决策研究招标课题"河南省能人返乡创业的掣肘与对策建议"（项目编号：
2018B226）、河南省博士后科研启动项目"'一带一路'背景下郑州节点城市功能优化研究"
（项目编号：001801025）、河南省软科学项目"河南省乡村产业振兴的模式探索与路径选择"
（项目编号：192400410136）的阶段性研究成果。

** 安晓明，经济学博士，河南省社会科学院农村发展研究所副研究员，航空经济发展河南省协
同创新中心副研究员。

产城融合发展、着力提升自主创新能力、着力优化县域营商环境等方面入手。

关键词: 河南 县级城市 产业转型

一 河南省县级城市产业发展的特点

河南有 106 个县级城市,各地资源禀赋和发展基础都存在较大差异,因此产业发展也有所不同。但是从总体上来说,河南省县级城市的产业发展具有几个共性特征,如农业占据重要地位、产业集聚式发展、重视非公经济发展,但同时产业脆弱性比较明显,亟待转型发展。

(一)农业占据重要地位

河南是全国农业大省和农村人口大省,农产品资源丰富,农村劳动力充足,发展农产品加工业具有得天独厚的条件。同时河南省还承担着国家粮食生产核心区的重要使命,其中不少县承担着国家产粮大县的角色。因此,农业在河南省县级城市的产业结构中,始终占据着重要地位。各地紧紧围绕农业增效、农民增收和农产品竞争力增强的目标,积极探索用现代工业理念、先进科技成果建设现代农业的新途径。

一方面,农业始终保持着基础地位。近年来,国家支农、惠农政策不断完善,各县级城市的农业投入逐年加大,不仅有效调动了广大农民的生产积极性,也显著改善了农业生产条件,确保了农业连年丰收。河南粮食年产量连续多年稳定在 1000 亿斤以上,2015 年突破 1200 亿斤大关。在实施农业供给侧结构性改革、调整粮食作物种植面积的情况下,2017 年河南省粮食总产量仍达到了 1194.64 亿斤,为国家粮食安全做出了巨大贡献。

另一方面,农业产业化经营迅猛发展。近年来,各县级城市立足丰富的农产品资源和人力资源优势,大力发展粮、油、果、畜、药材加工业,鼎力扶持农业产业化龙头企业，使各地的资源优势迅速转化为经济优势。比如西峡县将香菇、猕猴桃和以山茱萸为主的中药材（菌、果、药）确定为主导产业进行重点培育，依托宛西制药、张仲景大厨房、华邦公司等龙头企业，推动了全县农业产业化经营的迅速发展。

（二）产业集聚式发展

工业化是经济发展的必由之路。在河南省县级城市的工业发展中，有一个突出特点，就是通过引导企业进入产业集聚区来促进产业集聚式发展，从而使得在县域范围内实现了产业的规模效应和集聚效应，取得了非常好的效果。

一是通过规划引领产业集聚式发展。河南省编制实施全省产业集聚区发展规划，积极引导县域产业、企业、项目向产业集聚区聚集，通过产业链式发展、专业化分工协作，推进企业集群发展，形成集群经济和块状经济。目前，河南省已规划产业集聚区180个，其中县域内的集聚区就有122个，占全省的2/3，形成了长垣起重、民权制冷、新密纺织、内黄陶瓷、临颍休闲食品、博爱汽车零部件、郏县医疗器械等一批规模优势突出、功能定位明晰、集聚效应明显、辐射带动有力的产业集聚区和产业集群。

二是通过优化招商方式引导产业链式、集群转移。各地深入开展招商引资活动，在加大招商引资力度的同时，积极优化招商方式，发挥产业集聚区的载体作用，引导鼓励县（市）由引进单个项目向引进"产业链"提升，积极承接沿海发达地区产业链式、集群转移。比如民权县产业集聚区紧紧围绕制冷产业大招商，引进香雪海制冷、浙江华美、江苏鑫雪等多家制冷企业，形成了全国重要的制冷产业基地。

（三）重视非公经济发展

2004年河南省委、省政府出台《关于发展壮大县域经济的若干意见》，明确提出把发展民营经济作为发展县域经济的主要途径和工作重点。目前，在河南的县域经济中，非公经济占比超过95%，民营企业已成为河南县域工业的主角，支撑着全省县域工业的发展。比如长葛市和长垣县大力发展民营经济,已成为河南民营经济飞速发展的典范。长葛市目前有市场主体近4.4万户,有4家企业进入全国民营企业500强,硬材料、冷链服务、电气制造等产业位居全国前列,长葛市以其综合实力进入全国百强县市。长垣县2017年财政收入21亿元,民营经济贡献率占全县地区生产总值的90%,在2017年度市县经济社会发展考核评价先进排名中,居全省10个省直管县(市)第一位。起重机械、卫生材料、防腐建筑、烹饪产业不仅是长垣的四大支柱产业,在全国也享有盛名。在国内起重设备市场上,50吨以下的起重设备及零配件85%以上是由长垣生产提供的。卫华、纽科伦等起重企业的生产规模、生产工艺等均居国内领先地位。据中国起重机协会统计,全国现有起重装备生产企业654家,前三强均为河南起重装备企业,卫华集团名列第一。长垣88万人口中约1/10从事起重机产业。长垣生产的卫生材料年销售额突破10亿元,产品覆盖全国卫生材料市场80%以上。长垣县从事防腐工作的人员居全国同行业首位,并开始走出国门。

(四)产业脆弱性明显

从总体上来说,河南县级城市的产业脆弱性比较明显,主要表现在产业结构不合理、产业和城市融合不紧密、资源依赖性等方面。

一是产业结构不合理,第三产业发展相对滞后。当前,河南的县级城市大多以第二产业为主导产业,第一产业发展比较粗放,第三产业发展相对滞后,不能充分发挥出服务业支撑带动就业的功能。同时生活性服务业在县级城市的第三产业中占据主导地位,生产性服务业不够发达,难以支撑第二产业的发展。

二是产城融合不够紧密。不少县级城市的产业集聚区功能与城市总体发展战略联系不够紧密,产业集群大同小异,缺乏产业特色和协作互补能力。有些县级城市未能有效依托现有城市基础设施和公共服务功能来布局产业园区,大多还以乡镇为单位,规模小、布局分散,产城融合程度相对较低,而且人口和就业被乡镇企业吸收,导致中心城区对人口、资源的集聚效应相对较低。

三是产业发展具有资源依赖性。河南省相当大的一部分县级城市是以本地的矿产资源发展壮大起来的，资源依赖性特征相对比较明显。在《全国资源型城市可持续发展规划（2013～2020年）》中，河南省有8个县级城市被界定为资源型城市，分别是巩义、登封、新密、荥阳、灵宝、永城、禹州和安阳，其中巩义、登封、新密、荥阳被界定为成熟型资源型城市，灵宝被界定为衰退型资源型城市。

二　当前河南县级城市产业转型发展面临的几大难题

当前，经济发展压力持续下行，资源与环境压力日趋严重，各县级城市迫切需要产业转型发展。产业转型面临诸多困难，其中最主要的莫过于以下几方面。

（一）产业发展的路径依赖

产业发展具有路径依赖性，这种路径依赖不仅来自县级城市现有发展路径和产业格局，还来自产业本身对某些资源的依赖。产业转型意味着要打破这种路径依赖，因而其阻力之大可想而知。

一是现有发展路径的"锁定"效应。从环境库兹涅茨曲线来看，目前河南县级城市所处的发展阶段正位于环境污染水平和经济发展水平呈正相关的阶段。从国际产业分工格局来看，河南省正好处于国际产业分工格局"微笑曲线"的中间环节，并且主要是中低端制造，高端制造还比较弱。从县级城市产业结构来看，其工业结构的重型化使得经济发展仍采取以能源原材料为主、高度依赖资源的路径。因此，基于现有发展路径的"锁定"效应，县级城市产业转型的任务非常艰巨。

二是县级城市原有产业格局的"锁定"。许多县级城市在发展初期没有按照经济合理的原则安排产业布局，产业结构以劳动密集型、加工型和价值链低端的中低档产品、初级产品为主，优质产品、高技术含量、高附加值产品少，没有紧跟国际国内市场变化调整，缺乏产业竞争力，加之产业创新研发设计投入不足，产业转型升级困难重重。原有的产业格局牵涉面大，一旦要打破这种格局，将面临重重阻碍。

三是产业本身对某些资源的依赖。河南省部分县级城市产业发展的资源依赖性比较明显。随着河南省工业化、城镇化的快速推进，县级城市的自然资源加速消耗，资源瓶颈日渐凸显，还有一些资源型县级城市面临矿竭城衰的困境，可持续发展的能力遭受严峻考验，产业转型任务艰巨。

（二）融资困难且风险高

河南省县级城市中大多是民营经济，产业总体实力偏弱，中小企业较多，融资比较困难，制约着产业的转型发展。县级城市中的企业融资模式较为单一，直接融资占比较低，包括银行贷款在内的间接融资是其主要融资方式。但是在县域产业发展过程中，普惠金融的发展规模还不能与经济发展相适应，银行机构对于县域产业贷款还存在较高的门槛，农村贷款还受到一定抵押限制。2017 年全省金融机构贷款余额 41743.31 亿元，其中县级城市金融机构贷款余额 11562.68 亿元，仅占全省的 27.70%。并且地方政府融资平台占有大量银行贷款，对企业融资形成了资金"挤占"，加剧了企业融资的难度。特别是近年来经济下行压力加大，金融机构将贷款投向中小企业的主观意愿不强，部分金融机构压减县级城市的贷款规模，使得企业贷款更加困难，甚至出现一些压贷、抽贷现象，严重影响了县级城市企业发展。即使国家出台了下调存款准备金率等多项宽松的货币政策，但仍然无法改变这一状况。此外，县级城市产业转型中面临较高的融资风险。一些落后产能本就存在高贷款额，要推动县级城市落后产能的逐步退出，影响面大，金融风险较高。目前县级城市中还存在民间借贷、"影子银行"、P2P 等融资方式，不仅增加了金融市场的风险，也给当地的产业转型带来了不利影响。

（三）科技创新要素不足

产业转型需要科技创新要素的保障，但是县级城市的科技创新要素明显不足，企业自主创新能力不强。

一方面，科技创新要素不足，观念保守。从河南省来看，科技创新型企业、研发中心、实验室、高等教育等科技创新资源大多集中在郑州、洛阳、新乡和开封，其次是其他地级市。尽管一些发展较好的县如新郑、长垣、巩义等也拥有较好的科技创新资源，但是从总体上来说，全省县级城市科技创新不足，企业自主创新能力不强。有的企业虽然建有研发中心，但是研发和创新能力较弱，产品技术含量不高，核心竞争力偏弱，在产业链体系中处于底端，难以实现转型升级。部分企业还存在观念落后、故步自封现象，不能紧跟产业发展趋势，难以突破自身局限实现产业转型。

另一方面，在人口红利消失的同时缺乏高素质人才。当前阶段，经济下行压力加大，用工、资金等各项要素成本持续上涨，县级城市以加工业为主的工业低成本优势正在逐步消失。人口红利不再，但是产业转型升级所需要的高层次人才还非常紧缺，包括企业实施技术改造、提高研发能力的技术人才，以及综合素质高的管理人才。由于县级城市本身的吸引力不如大城市，人才发展的机遇和成长空间有限，生活便利条件和公共服务水平相对较差，再加上县级城市中战略性新兴产业占比较低，企业规模普遍偏小，竞争力不强，科技含量低，难以吸引和留住人才，制约了县级城市的产业转型发展。

（四）体制机制方面的障碍

河南县级城市在产业转型发展中，还面临着体制机制等方面的障碍。

一是产业路径依赖所引致的制度"反缚"。经济系统的特征和运行规律会逐步形成有利于其发展的制度环境，而制度环境一旦形成则具有了刚性特征，会"反缚"于经济系统。当前，河南省县级城市产业以"低端嵌入"的方式进入全国乃至全球的价值链分工体系，被"俘获"于资源类低加工的低附加值和微利化环节，多年来已经形成资源类低加工的产业制度、产业传统、产业惯性和产业文化，这种传统和文化又进一步强化现有产业发展路径，使再次改革创新、产业转型升级变得乏力。而一些县级领导干部缺乏创新思维和创新意识，工作上墨守成规，也给产业转型发展带来了阻力。

二是有利于加快转型升级的公共服务和政策体系缺失。一方面，加快转型升级的配套政策还不到位。尽管河南省加快产业转型升级的政策文件已出台多项，但多为指导性文件，缺乏细化的配套性政策措施。政策的系统性、整体性、协同性较差，缺乏可操作性，难以落实到位。另一方面，有利于转型升级的发展环境优化机制缺失。目前，河南省县级城市产业发展环境建设的主动性不足，缺乏发展环境优化的激励、约束、考核和奖惩机制，还没有形成有助于集聚先进发展要素的环境自优化机制。① 因此，造成企业的隐性负担一直较重，不利于产业转型发展。

三　加快河南县级城市产业转型发展的对策建议

转型不是一蹴而就的，在河南县级城市产业转型过程中还存在诸多困难，建议从打破路径依赖、加快产城融合、提升自主创新能力、优化营商环境等方面入手推动产业转型。

（一）打破产业发展路径依赖

一是要改变思路，勇于打破原有的产业发展格局。县级城市的领导干部要积极改变发展思路，紧跟形势，敢于打破原有的产业发展格局，加快淘汰能耗高、污染严重、综合效益低的落后产能，减少行业性过剩产能，鼓励具有一定发展潜力且适合当地发展的产业，着力推进生态农业、生态旅游业跨越发展，推动县级城市整体产业的转型升级。不同县级城市要从实际的产业发展状况出发，着力发展具有比较优势的产业，打造县域特色品牌，避免不同县级城市之间的产业同质同构的现象，实现错位发展。同时要积极与中心城市在产业上对接发展，为中心城市提供高质量的现代服务和生产配套设施，实现产业功能互补。

二是努力改善出口结构，解除外贸产品的低端"锁定"。充分利用河南

---

① 边继云：《京津冀协同发展中河北产业转型升级的体制机制障碍及破解对策》，《京津冀协同发展报告（2017）》，社会科学文献出版社，2017。

农产品加工优势,加强"三品一标"建设,严格产品标准,重点打造农产品高端品牌。比如西峡的香菇及制品远销欧盟、中北美、东南亚、俄罗斯、日本、韩国等国家和地区,2017年香菇出口4.34万吨,货值6.5亿美元,香菇单品出口占河南全省食品农产品出口的份额超过了17%。加快实施《中国制造2025》计划,推动产业向高端化、低碳化、绿色化发展,提升"河南制造"在全球产业链中的地位。

(二)加快推进产城融合发展

要加快各县级城市城区和产业园区的公共服务配套设施建设,推动产城融合发展,形成人口集中、产业集聚、城市发展的良性循环,促进县级城市产业的转型发展。

一方面,县级城市要持续打造产业集聚的载体平台,根据县级城市的产业基础、发展条件和市场要素,积极承接中心城市和发达地区的产业转移,重点引进关联度高、带动力强的龙头型、基地型项目,着力培育特色主导产业,发展特色产业集群,延伸产业链条,完善配套产业,增强产业的支撑能力。纳入中心城市组团式发展的县级城市,要根据中心城市产业发展方向,按照错位、链式、互补的产业布局原则,发展与中心城市城区主导产业相关联的配套产业并积极承接其产业转移;传统农业地区县级城市,要找准本地特色资源和农业发展特点,以发展内生型和根植型产业为突破口,加快推动工业向集聚区集中。

另一方面,县级城市要充分发挥第三产业吸纳人口就业的作用,积极规划建设商务中心区和特色商业街区,加快集商贸、餐饮、休闲、文化、旅游于一体的复合业态和其他新兴业态的培育,合理适度规划布局金融、保险、咨询、物流等生产性服务业和商业、教育、医疗、文化、体育等生活性服务业,从而实现城市经济的繁荣。

(三)着力提升自主创新能力

自主创新能力是产业转型发展的关键变量。各县级城市要加快科技创新要素的聚集，着力培育和提升自主创新能力。

一是地方政府要积极营造创新氛围，构建科技创新平台，加快创新要素聚集。坚持创新驱动战略，积极争创创新型城市，努力营造"大众创业，万众创新"氛围，激发社会各界创造活力。支持企业建立各类产业研究院和技术研发中心，促进各类创新型孵化器建设，推动产业集聚区内的科技创新要素整合。积极推动企业管理改革，加快企业技术革新，大力支持企业进行开放式创新，在注重知识产权保护的同时积极推动创新扩散，构建创新要素整合、共享和创新的网络体系。

二是强化人才培养和引进机制，提升创新人员的创造积极性。通过大力发展职业教育，开展职业技能培训和综合培训，提升员工的职业技能和综合素质；提升企业员工创新意识，鼓励员工特别是技术骨干和中高层管理人员去发达地区和行业领先企业学习进修观摩，吸收先进技术和管理经验；健全人才创新激励机制，提升创新人员的创造积极性；制定人才引进优惠政策，引进企业紧缺人才和高素质人才，充实县域人才资源库，为经济转型升级提供保障。

（四）着力优化县域营商环境

一是要健全县域金融体系。在大力引进银行业金融机构和各类非银行金融机构，扩大金融机构数量的同时，充分发挥商业银行、小额担保公司的作用，鼓励各类金融机构加大对小微企业信贷投放力度和支持力度，积极探索推动农房抵押和宅基地使用权抵押，解决农业产业化组织和农户贷款没有抵押物、融资难的问题。

二是要全力营造良好的营商环境氛围。全力营造"人人都是营商环境，事事关乎营商环境"的浓厚氛围，积极倡导"店小二"精神，着力解决权责脱节、职能交叉、衔接不畅等问题，在项目手续办理和要素保障等方面提供全方位"保姆式"服务，努力构建"亲""清"新型政商关系。

三是要加快推进"放、管、服"改革。深入推进机构改革，科学设置县域政府机构，积极推进事业单位分类改革。深化行政审批制度改革。精简审批事项，创新服务方式，再造审批流程，积极推广"最多跑一次""一次不用跑"，提高行政效率。健全行政审批运行机制，建立完善全县域网上审批服务平台，放宽登记条件，减少提交材料和登记环节，加快市场主体准入准营进程。完善县域政府守信践诺机制，建立健全政务和行政承诺考核制度。加强各种所有制经济产权保护，减少利用行政手段干预经济活动。规范招商引资行为，严格履行各项政策承诺和兑现已签订的各类合同。

参考文献

姚华：《广西县域经济发展现状与对策建议》，《当代广西》2018 年第 19 期。

王小明：《安徽省县域经济发展问题研究》，《安徽行政学院学报》2018 年第 5 期。

车湘辉：《河南县域经济发展路径探析》，《中国市场》2013 年第 36 期。

郭小燕：《河南县域经济的形势和任务》，《开放导报》2014 年第 2 期。

生秀东：《大力发展河南县域经济研究》，《河南城市发展报告（2012）》，社会科学文献出版社，2012。

吴海峰等：《新时期推进河南省县域经济科学发展研究》，《经济研究参考》2013 年第 72 期。

B.12
河南县级城市基础设施研究

王元亮[*]

摘　要： 基础设施是城市正常运作和健康发展的重要基础，关系城镇人民群众的切身利益。本文分析了河南县级基础设施建设存在的主要问题，提出统筹推进实施交通提升工程、市政提升工程、能源提升工程、环保提升工程、信息提升工程和公共设施提升工程等六大工程，并提出加强组织领导，创新经营理念提升管理水平，完善土地评估办法用活土地政策，探索基础设施建设融资新模式，强化监督考核等对策建议。

关键词： 县级城市　基础设施　河南

　　基础设施是城市正常运作的重要基础，是人口集聚和产业发展的物质载体，对提升城市综合承载能力，提高城市运行效率具有重要意义。为全面贯彻落实《国务院关于加强城市基础设施建设的意见》（国发〔2013〕36号）精神，切实加强全省城镇基础设施建设管理工作，河南省制定了《河南省人民政府关于进一步加强城镇基础设施建设管理工作的实施意见》（豫政〔2014〕72号）、《中共河南省委河南省人民政府关于推进百城建设提质工程的意见》（豫发〔2016〕39号）等一系列重要文件，不断加大城镇基础设施建设力度。目前，河南县级城市基础设施日益完善，城市服务功能日益

---

　　* 王元亮，河南省社会科学院科研处助理研究员。

增强，城市竞争力日益提高，城市居民幸福指数日益提升，县级城市越来越成为宜业宜居宜游的现代化城市。

一　河南县级城市基础设施存在的问题

近一年来，河南经济得到了快速发展，县级城市基础设施建设也取得显著成绩。但是，河南县级基础设施仍然存在总量不足、水平偏低、管理粗放等一系列突出问题，难以满足新型城镇化对基础设施的需求。

（一）城市经营理念比较落后，管理体制不顺

大多数县级城市没有摆脱单靠政府投资、无偿受益的依赖思想。随着经济快速发展和社会不断进步，政府大包大揽的传统建设管理方式越来越无法适应现代城市的发展需要。基础设施建设需要投入大量的资金，单靠政府财政投资不仅加大了政府的负担，而且制约着城市基础设施的建设速度，造成政府规划的城市蓝图难以如期实现。同时，县级城市基础设施存在管理体制不顺、机制不活、职能交叉、多重管理的现象，管理难以形成合力。

（二）基础设施供给总量不足，区域分布不均

目前，县级城市基础设施有效供给总量明显不足。比如，很多县级城市尽管规模不大，但由于机动车增长迅速，公共交通系统建设滞后，道路拥堵、停车难等问题频现。受电力供应、供水、供热的限制，城镇居民日常生活的能源资源需求无法得到满足等等，制约和影响了县级城市基础设施的建设动力。与此同时，县级城市还存在着学校、医院、文化娱乐、交通等公共设施区域分布不均的问题，给居民的学习、就医、购物、出行等带来诸多不便。

（三）项目之间协调不够，造成不必要的支出

县级城市基础设施建设缺少统筹规划，多数县级城市政府为了单纯追求

政绩，基础设施项目之间存在多重建设和管理，如管网与管网建设之间，管网与路面建设之间，线缆铺设与路面之间，公交车与出租车之间，这种各自为政的局面，造成了不必要的成本支出和资源浪费。

（四）运营效率和服务质量低，不能满足民众期望

长期以来，县级城市基础设施经营采取国家垄断的形式。国有的单一经营方式，统收统支的集中财务制度，使得提供基础设施服务的企业很少拥有经营和财务的自主权，造成县级城市基础设施运营效率低下，以及产品质量、数量、品种及服务与人们的期望相差比较远。

二 河南县级城市基础设施建设的总体思路

树立"创新、协调、绿色、开放、共享"的发展理念，以实施重大基础设施建设项目为抓手，厚植优势、补齐短板、加快发展，以交通体系建设为重点，以生态走廊为骨架，以运营管理体制机制改革为动力，以改善人居环境为目的，统筹推进实施交通提升工程、市政提升工程、能源提升工程、环保提升工程、信息提升工程和公共设施提升工程等六大工程，构建功能完善、管理科学、安全高效的现代基础设施体系。

三 河南县级城市基础设施建设的重点任务

（一）实施交通提升工程

进一步完善城市道路交通规划，坚持高起点、高标准，加快推进交通基础设施建设。对内联系方面，实施道路升级改造工程，打通"断头路""卡脖路"，疏通"滞堵路"，提高路网密度。对外联系方面，提高县城主干道与高速公路、国道、省道的交通联系强度。加快构建安全、便捷、高效的对内循环、对外通畅的现代交通体系。

（二）实施市政提升工程

一是积极推进地下综合管廊建设。规划一体布局，配套一步到位，做好综合管廊专项规划，统筹各类市政管线建设和管理，新开发区域结合新建道路同步建设地下综合管廊，旧城区结合各类改造工程统筹安排建设综合管廊，系统解决地下管线权属各自为政、道路拉链式反复开挖和蜘蛛网式架空线路等突出问题。二是强化供水节水及水质提升。加强城镇饮用水水源建设与保护，完善应急备用水源体系。全面推进公共供水厂和管网建设改造，提高公共用水普及率，减少管网漏失率。改造升级工艺老旧、水质安全保障性差的水厂，关闭城市公共供水管网覆盖范围内的自备井，启动城区供水管网改造建设工程。

（三）实施能源提升工程

构建安全、高效、集约的能源基础设施系统。一是强化燃气气化工程。加强城镇燃气配套管网建设及更新改造，多途径开发气源，积极引导管道燃气向具备条件的乡镇延伸，提高燃气普及率。二是实施城区集中供热管网暖民工程。鼓励采用供热新技术、新材料和新设备，积极探索县城多热源集中供热模式，推进区域和分布式供暖系统建设，提高规模以上居民小区和企业事业单位集中供热率。三是加强电网和输配电设施建设，重点解决县域110千伏用电报装受限、35千伏及以下线路变压器重过载、10千伏供电半径过长、部分地区"一乡一线"等问题，建成城乡统筹、安全可靠、经济高效，与小康社会相适应的现代配电网。

（四）实施环保提升工程

一是完善污水处理设施。着力推进县城污水处理中心建设，污水管网、污水主干管建设，全面实行城镇污水排入排水管网许可制度。推动污水再生利用设施建设，城市园林绿化、道路清洗等优先利用中水。推进水冲式公厕改造，全面消除城区内旱厕。二是完善垃圾处理机制。加强垃圾收运处置，完善落实建筑垃圾产生、清运、处置核准制度，完善处理费征收监管制度，实现建筑垃圾规范化处置。实施建筑垃圾资源化利用工程，有效提高垃圾无害化处理及资源化利用能力。建立垃圾转运机制，完善固体废弃物资源化、减量化、无害化管理机制，推进生活垃圾综合利用和无害化处理设施建设。三是推进增绿工程。开展森林长廊示范工程建设，改造提升境内铁路、高速公路、国省道、县乡道路、河流沿线森林长廊，全面开展湿地公园建设。

（五）实施信息提升工程

加快信息基础设施建设，加快第二代移动通信网络（2G）退网，部署第四代移动通信网络（4G）低频基站建设，推进微型高性能基站和室内分布建设，持续优化4G网络深度、厚度、广度覆盖。加速推进百兆普及、千兆引领，推进光纤到户建设改造和移动宽带网络覆盖优化，全面提高县级城市宽带网络接入能力，推进信息化与经济发展融合，健全信息共享体系。

（六）实施公共设施提升工程

围绕整治提升居民小区、背街小巷的生活环境，优化公共文化服务设施、教育设施、养老设施、医疗卫生设施的建设布局，按照国家标准同步规划和建设相应的体育场所及设施。统筹推进街道、社区基层公共文化设施建设。加快教育设施建设，按照教育发展有关政策，实施城区基础教育设施提升工程，配套完善幼儿园、小学、中学等教育设施。加快养老设施建设。积极推进城镇医疗卫生项目建设，加快县级医疗卫生设施标准化建设，加强疾病预防控制中心基础设施和实验室装备建设。

四　加快河南县级城市基础设施建设的对策建议

（一）加强组织领导

推进县级城市基础设施建设管理联席会议制度，定期召开联席会议，统筹协调相关重大事项。联席会议下设办公室，办公室设在省住房和城乡建设厅。省住房和城乡建设厅会同有关部门加强对县级城市基础设施规划建设管理的监督指导；各县（市）政府是县级城市基础设施建设管理的责任主体，要健全县级城市基础设施建设统筹协调和推进机制，制订实施方案，明确目标责任，狠抓项目落实，确保各项重点任务顺利完成。

（二）创新经营理念提升管理水平

树立基础设施的市场化运营观念，转变公共基础设施"福利型""供给制"的传统观念，鼓励个人和社会资本积极参与投资、经营，对具有自然垄断性质的基础设施，服从价值规律的要求，推行有期、有偿使用，满足县级城市基础设施运营多样化的需求。创新管理体制机制，实施精细化管理，努力提高城市规划建设管理质量和水平，整合城市管理资源，尽快建立数字化、智能化城市管理体系，不断提升城市管理标准化、信息化、精细化水平。

（三）探索基础设施建设融资模式

县级城市基础设施建设历史欠账较多，短时间内不可能全部建设完成，加上县级城市财政资金较大中城市有限，需要发挥财政性资金四两拨千斤作用，探索和尝试多渠道、多形式、多层次的投融资方式，积极引导和集聚社会资本，建立多元化投融资机制，逐步改变县级城市基础设施落后局面，对急需建设并有发展潜力、经济效益好的基础设施，进一步落实国家鼓励和引导民间投资健康发展的有关政策措施，采取由政府提供贴息、吸引民间融资方式建设，按照"谁受益、谁出资"的原则，根据建设项目的范围、位置、规模、使用性质以及涉及群众的受益程度等，确定受益单位的出资额度。

（四）完善土地评估办法用活土地政策

完善县级城市土地评估办法，形成规范的地价管理体系，强化对县级城市土地资源一级市场的高度垄断的同时，积极搞活放开二级市场，抓好土地开发、拍卖，建立土地有形市场。实行总量控制和计划供应，运用拍卖、协议、转让等方式向市场提供用地，把拍卖、转让的资金用于县级城市基础设施建设，形成规范有序稳定的资金来源渠道，缓解县级城市基础设施建设资金短缺的情况。

（五）强化基础设施建设监督考核

明确县级城市基础设施建设监督考核体系标准，定期进行监督考核，将结果作为党政领导班子和干部综合考核评价的重要参考。对监督评价较好的进行表扬激励，评价较差的予以通报批评，并将督查情况向社会公布。对工作成绩突出的城市、单位和个人予以表彰，对没有完成目标任务、发生重大事故地方的政府负责人进行问责，限期整改，依法追究相关责任。

参考文献

乔依德：《优化基础设施投融资须创新财政机制》，《第一财经日报》2019 年 1 月 17 日。

范川、王晓东：《创新 PPP 模式在城市基础设施建设中的运用》，《浙江经济》2018 年第 9 期。

于宏晨：《城市基础设施建设融资模式存在的问题及对策》，《财会学习》2018 年第 19 期。

刘家宏、付潇然、王浩：《新形势下城市市政基础设施建设思路解析》，《给水排水》2018 年第 S2 期。

胡超：《分析可持续城市基础设施规划建设要点》，《建设科技》2018 年第 4 期。

黄艳、张睿：《新形势下城市基础设施 PPP 融资模式探究》，《中国乡镇企业会计》2018 年第 12 期。

徐承峰：《城市基础设施建设融资方式思考》，《科技经济导刊》2018 年第 18 期。

胡志林：《浅析城市基础设施建设与区域经济发展》，《中国市场》2018 年第 24 期。

兀云飞：《城市市政基础设施建设问题与对策》，《居舍》2018 年第 14 期。

刘伟：《我国城市基础设施建设投融资现状、问题及对策》，《金融经济》2009 年第 18 期。

河南县级城市公共服务质量
提升研究

郭志远*

摘　要： 提升县级城市公共服务质量是政府的基本责任，也是保障和
改善民生，全面建成小康社会，满足人民对美好生活新期盼
的关键。经过改革开放四十年的发展，河南的县级城市形成
了基本的公共服务体系，但是在满足人民群众基本需求之后，
还存在着供给主体单一、总量不足、质量不高、配置不均衡
等现实问题。在中国特色社会主义进入新时代的背景下，要
以满足人民群众需求为目标，坚持供给侧结构性改革主线，
不断创新供给方式，提升服务质量。

关键词： 县级城市　公共服务质量　供给侧结构性改革

　　基本公共服务是由政府主导、保障全体公民生存和发展基本需要、与经
济社会发展水平相适应的公共服务①。改革开放以来，随着经济的高速发
展，河南的多数县级城市在公共服务建设方面取得了一定的成绩，但是受制
于经济发展水平、行政管理体制、政府管理理念和财税体制等多种因素，众
多县级城市公共服务存在的问题也很突出。提升县级城市公共服务质量，是
满足人民对美好生活新期盼的基本要求，是构建中原城市群新型城镇体系的

---

　　* 郭志远，河南省社会科学院城市与环境研究所助理研究员。
　　① 《国务院关于印发"十三五"推进基本公共服务均等化规划的通知》。

战略举措，是推动全省城镇化和乡村振兴战略协调发展的重要途径，对全省加快实现高质量发展意义重大。

一　提升河南县级城市公共服务质量的重要意义

县城是连接城乡的重要纽带，是新型城镇体系的重要节点，是承接农业转移人口主要载体。提升全省 106 个县级城市的公共服务质量，是满足人民对美好生活新期盼的基本要求，是实现河南城镇化高质量发展的现实选择，是构建中原城市群新型城镇体系的战略举措，是推动全省城镇化和乡村振兴战略协调发展的重要途径，意义和责任同样重大。

（一）是满足人民对美好生活新期盼的基本要求

党的十九大报告明确指出，当前我国社会主要矛盾已经转化为人民日益增长的美好生活需要和不平衡不充分的发展之间的矛盾。河南处于全面建成小康社会的决胜阶段，人民生活水平和质量将跨入新阶段，而公共服务关系人民群众最关心最直接最现实的利益问题，提升公共服务质量是改善和提升民生福祉的重要途径，是满足人民日益增长的美好生活需要的基本要求。高质量的公共服务不仅能为城市居民提供高品质的生活，还会对周边地区的人才和资本形成虹吸效应，推动当地经济社会的快速发展。公共服务具有天然的公共产品属性，城市政府作为公共职能的履行者，在社会运转中扮演着重要角色，公共服务必须由政府来主导提供。县级城市政府作为公共服务职能的承担者，担负着提供公共服务的天然使命。通过完善和提升全省 106 个县级城市公共服务体系，为更多人提供高质量的公共服务，是满足河南人民群众日益增长的美好生活需要的基本要求。

（二）是实现河南城镇化高质量发展的现实选择

河南城镇化质量不高的一个主要表现就是存在大量的"半城镇化"现象，数量众多的农业转移人口不愿意或者不能够在城镇落户，难以实现由

"农民"到"市民"身份的转换。原因在于像郑州这样的大城市虽然发展机会较多,但是受房价、教育等成本过高等因素的影响,落户成本比较高,大量农业转移人口难以安家。而大量的中小城市,尤其是县城,本应成为吸纳农业转移人口主要载体,但是就业、教育、医疗等公共服务体系不完善,公共服务供给质量不高,不能满足农业转移人口市民化的需求,大量农业转移人口不愿意到县城落户。在"十二五"时期,106个县级城市集聚的新增城镇人口占全省新增城镇人口的70%以上,是河南城镇化的主要阵地,在城镇化进程中发挥着举足轻重的作用。通过提升的公共服务质量,广大县级城市能够发挥其吸纳农业人口就近转移和带动周边农村地区发展的作用,在一定程度上也能够缓解大城市过度拥挤问题,提高全省城镇化发展质量。

(三)是完善中原城市群新型城镇体系的战略举措

党的十九大报告明确提出,"以城市群为主体构建大中小城市和小城镇协调发展的城镇格局,加快农业转移人口市民化",这为河南的城镇化指明了方向。虽然中原城市群已经成为全国支持建设的第七大城市群,但是中原城市群内部新型城镇体系还未形成,以郑州为核心的大城市辐射带动能力不足,包括县城在内的大量中小城市基础设施建设滞后、公共服务能力不高,承载能力不足。县城作为连接城乡的重要纽带和吸纳农业转移人口的重要载体,作用发挥不够充分。从河南省近年来的流动人口监测数据可以看到,全省18个省辖市仅郑州为人口净流入,其余地区均呈人口净流出。造成这一现象的重要原因就是基础设施和基本公共服务资源分配不均,有限的资源向以郑州为首的大城市过多倾斜,而中小城市尤其是县级以下城镇基础设施建设还不够完善、公共服务供给短板较为明显。通过提升公共服务能力,县级城市能够提升人口吸引力和承载力,进一步完善中原城市群城镇化体系。

(四)是推动全省新型城镇化和乡村振兴战略协调发展的重要途径

实施乡村振兴战略,是党中央在中国特色社会主义新时代和奋力实现

"两个一百年"目标的历史进程中，对我国城乡关系的准确研判和重大部署。河南人口总量大，即使城镇化率达到70%，仍会有几千万人生活在农村，如果只注重城市的发展，忽视农村的发展，将会带来城乡二元结构的严重分化，容易形成农业转移人口处在"半城半农"的"半城镇化"状态。因此，必须解决好城乡协调融合发展的问题，这也是城镇化的普遍规律。提升县级城市公共服务体系，能够增强全省106个县级城市的综合承载能力，推动中小城市强起来、壮起来，有利于强化其桥梁纽带作用，将大城市的资源要素和城市文明辐射传递到广大农村地区，并吸引更多农业人口就地就近转移到县级城市，推动"城市资源要素向农村倾斜、城市基础设施向农村覆盖、城市现代文明向农村传播、城市公共服务向农村延伸"，最终形成城乡一体、工农互促、全面融合、共同繁荣的新型工农城乡关系，推动新型城镇化和乡村振兴战略协调发展。

二 河南提升县级城市公共服务质量存在的主要问题

改革开放以来，随着经济规模和财政实力的不断增长，河南的多数县级城市在公共服务建设上取得了一定的成绩，但是受制于经济发展水平、行政管理体制、政府管理理念和财税体制等多种因素，全省数量众多的县级城市公共服务质量仍存在较大提升空间。

（一）经济实力有限，制约了公共服务的供给

2018年6月28日，工信部下属的赛迪研究院县域经济发展研究中心发布了全国"县域经济100强（2018年）榜单"，江苏省有25个县（市）、浙江省有22个县（市）、山东省有17个县（市）上榜，河南只有新郑市、荥阳市、巩义市、新密市、禹州市5个县（市）上榜，而且排名较为靠后。榜单中排名第一的昆山市2017年GDP达到3520亿元，河南排名最高的新郑市仅为651亿元，为昆山市的1/5，河南经济较为落后的山区县——卢氏县2017年GDP仅为91亿元。从数据可以看出，河南县域经济总体上发展

落后，排名靠前的几个县（市）分别位于郑州市周边，而更多的农业县、山区县经济基础薄弱，产业结构上以传统产业为主，农业仍占相当比重，第二产业以粗放型经济为主，耗能高、污染重，新型产业发展困难，总体上处于产业链和价值链的低端。特别是进入新常态阶段后，县域经济下行压力大，一些县财政资金紧张、入不敷出。一些山区县和农业县，全年一般公共预算收入只有几亿元，维持全县经济社会正常运转都有困难，更别说拿出多余的资金来提升公共服务质量。在财政资金有限的约束下，河南县级城市公共服务供给质量必然受到影响，公共服务无法满足人民对美好生活的需求。

（二）多元化公共服务供给机制尚未形成，供给主体较为单一

从发达国家和地区经验来看，通过社会组织和志愿者服务，并充分发挥市场力量的作用，促使公共服务走向社会化，政府主导、市场分担和社会参与的多元化公共服务供给主体是满足公共服务需求的必然趋势。虽然公共服务多元供给机制作为理论共识早已出现在政府各种文件之中，但是受改革措施不到位、政府职能转变慢等因素的影响，在河南的绝大多数县级城市，公共服务方面的市场力量尚未发挥、社会参与机制也不完善，多元供给机制建设任重道远，政府部门及事业单位仍是公共服务的绝对供给主体。比如在政府购买公共服务这一重要领域，尽管近年来各级政府大力推行向企业和社会组织购买公共服务，但在实践过程中容易遭遇购买动力不足、购买观念滞后、购买认知偏差等困境，致使政府购买公共服务发生扭曲和异化。在现实中，在河南的很多县级城市，社会力量参与公共服务供给仍比较有限，这既与社会组织自身有待进一步发育、成长有关，又与政府并未充分"放手"让社会力量参与公共服务供给以及缺乏为社会力量参与公共服务供给营造良好制度环境有关。

（三）公共服务供给体制创新滞后，难以做到"以人为本"

虽然河南的很多县级城市在公共服务供给领域进行了一系列市场化和社

会化改革，但是，从总体上来看，仍以政府为本位的"自上而下"的公共服务供给为主。这种"自上而下"的供给模式主要靠上级政府下达"任务指标"、进行"责任考核"来驱动县级政府履行基本公共服务供给责任，对公众需求满足度的关注远远不够，在供给政策制定过程中容易忽视公众需求调查，在政策执行过程中也缺乏公众需求回应，更别说政策执行后的公众满意度分析，其结果往往不是供给不足，就是供给与需求错位带来供给结构性失衡，不能满足人民日益提升的对高质量公共服务的需求。正如有学者指出："公共物品供给往往不是由本辖区、本社区的居民的需求决定的，而是各级政府根据各自的'政绩'和'利益'的需要或为了完成上级任务'自上而下'做出供给决策，硬性提供的。"① 由此来看，当前河南县级城市公共服务供给体制仍存在重政府意志而轻公民表达的突出问题，不仅违背了以需求为导向的公共服务供给理论，也不能满足新时期社会公众参与公共服务供给的现实要求。

（四）大中小城市之间配置失衡，县城公共服务水平和质量有待提升

大中小城市之间公共服务资源发展失衡问题由来已久，虽然中央和省级政府采取了加大对基层公共服务的财政投入力度、构建城乡和区域一体化的公共服务体制机制等政策措施，在一定程度上推动了公共服务资源的均衡配置，但是由于长期积累下来的巨大差距，以及"市管县"行政管理模式的长期存在，失衡问题最多从程度上有所缓解，远未从根本上解决。从全省范围看，河南最优质的医疗资源、教育资源、文化资源、体育资源，都集中在省会郑州；从市域范围看，全市最优质的公共服务资源又集中在城区。比较有代表性的是医疗资源，全省最好的几家医院，像河南省医科大学附属医院、河南省人民医院、河南省肿瘤医院等都集中在省会郑州，虽然这些医院也在郑州以外的其他地区开设了分院，但是远不能满足群众需求，在县级城

---

① 任勤：《完善和创新农村公共产品的需求表达机制与决策机制》，《福建论坛》（人文社会科学版）2007年第9期。

市，"看病难""看病贵"问题普遍存在，人们有了病，还是首选到郑州这样的大城市治疗。公共服务资源过多向大城市集中，而县级城市优质公共服务资源严重不足，公共服务的公平可及水平仍待提高。

三　提升县级城市公共服务质量的对策建议

随着经济社会不断向前发展，人们对公共服务的需求越来越多，要求也越来越高，与之相应，公共服务质量提升也必然是一个持续不断的过程。新时期河南县级城市公共服务质量提升要以保障和改善民生为目标，以供给侧结构性改革为主线，不断满足人民群众迭代升级的公共服务需求，积极回应公众反映强烈的热点和焦点问题，深刻把握县级城市公共服务体系改革的关键和重点。

（一）以供给侧结构性改革推动县级城市公共服务质量全面提升

基本公共服务均等化是公共服务发展的最终目标，未来一个时期要围绕这一目标，切实提高县城公共服务供给能力和质量，努力缩小县城和省辖市，以及省会城市的差距。一方面，在制度层面，加强省级层面顶层设计，加快设计并实施义务教育、社会保障、公共卫生、劳动就业等方面的一体化制度。强化省级人民政府统筹职能，以完善事权划分、规范转移支付等为政策措施，加大对省域内基本公共服务薄弱地区扶持力度，逐步缩小县域服务差距。另一方面，针对县级城市基本公共服务非均等化问题，要加大县城服务资源整合力度，改善县城各类公共服务设施条件，推动县城综合公共服务平台统筹发展和共建共享。特别是要加强对贫困县的公共服务供给，把提升公共服务水平、推进基本公共服务均等化与脱贫攻坚工作统筹起来，并结合主体功能区建设和产业结构调整，探索实施相关政策。此外，还要加强对流动人口与外来务工人员的公共服务供给，结合流动人口与外来务工人员的特点和需求，加快构建相关的公共服务经费保障机制，加强对这些群体的公共服务。

（二）加快形成多元供给主体增加公共服务资源供给

针对当前多数县级城市集中存在的公共服务供给主体这一制度性问题，进一步全面深化改革，加快公共服务供给方式创新的步伐，充分利用市场力量和社会资本的作用，推动形成政府主导、社会参与、公私并举的多元化公共服务供给模式。围绕这一改革目标，一方面要加快社会力量的培育，积极鼓励和引导社会力量参与公共服务供给；另一方面要加快推进事业单位分类改革，剪断事业单位原有的完全依靠政府供血的"脐带"，使其真正转变为独立的公共服务提供主体。围绕公共服务供给方式创新，首先要积极推广政府购买公共服务，尽快制定并实施政府购买公共服务指导性目录，确定政府购买公共服务的种类、性质和内容，规范政府购买公共服务的流程，加强政府购买公共服务的财政预算管理。其次，要强化政府和社会资本在公共服务领域的合作，采取公开招标、邀请招标、竞争性磋商、竞争性谈判等多种方式，丰富社会资本参与公共服务的渠道与途径。再次，要建立健全相关配套政策，完善激励保障措施，广泛吸纳志愿服务组织与志愿者参与提供公共服务。最后，要重视发挥慈善组织、专业社会工作服务机构在提供公共服务中的重要补充作用。

（三）切实加强公共服务要素资源保障能力

针对河南县级城市公共服务供给存在的现实困难，着重从财政资金、人才队伍和土地资源三个方面加强公共服务资源供给保障。首先，加强县级城市公共服务财政资金保障能力。为此，一方面，要加大中央和省级财政资金向县级城市公共服务领域倾斜，确保公共服务建设项目及标准的落实有相应的财力支撑，针对财政资金特别紧张的山区县、农业县和贫困县，中央和省级政府要加大财政资金转移力度，为这些地区进行公共服务体系建设提供坚实保障。另一方面，要提升公共服务资金使用效率，建立健全资金管理制度，加强对各类公共服务资金的管理。此外，还应适度加强省级政府承担基本公共服务的职责和能力，约束和引导地方政府将一般性财政转移支付资金投入民生领域。其次，加强县级城市公共服务人才队伍引进和培育。一方面，实施人才倾斜政策，引导公共服务专业人才流向县级城市，通过制定实施人员工资待遇、职称评定、医疗保险及养老保障等方面的激励政策，确保县级城市能够"引得来"并"留得住"公共服务专业人才；另一方面，加强公共服务人才培养培训，构建政府、社会、用人单位和个人相结合的人才培养培训投入机制，加大专业服务和管理人才培养规模和力度。最后，加强公共服务规划布局和用地保障。将公共服务建设用地与农业转移人口流动、新型城镇化建设等有机结合，优先保障新型城镇化发展快的县城基本公共服务建设用地。

（四）着力强化公共服务质量管理

必须坚决破除当前普遍存在的"自上而下"式的公共服务供给模式，充分运用公众参与机制，完善事前协商、事中决策和事后反馈机制，促进公共服务方面政府供给与公众需求的均衡。针对当前很多县级城市公共服务质量总体偏低的状况，加强公共服务质量评估，充分发挥公共服务质量评估的作用，倒逼公共服务质量的改善。公共服务供给过程既关系公共服务政策目标的实现，也关系社会公众服务需求的满足，是公共服务供给的核心环节，因此，必须对公共服务供给过程进行监督控制，要以公共服务方面的法律法规、管理制度、标准等为依据，对公共服务的职权安排、资源配置、工作流程、人员行为等进行监督。此外，还要对公共服务供给结果进行严格问责。对提供公共服务绩效明显偏低、质量不达标、引起公众抱怨的机构与工作人员，要依法启动问责程序，严格对相关责任单位和个人实施问责，并建立公共服务设施建设质量追溯制度，对学校、医院、福利机构、保障性住房等建筑质量实行终身负责制，确保为人民提供满意的公共服务产品。

参考文献

唐晓阳、代凯：《共享发展视域下推进基本公共服务均等化研究》，《岭南学刊》

2017 年第 3 期。

刘士林：《关于当前经济社会发展的观察和思考》，《中国城市报》201 年第 7 期。

高汝仕：《论建设现代化经济体系的核心特征》，《中共四川省委党校学报》2018 年第 12 期。

宗海勇：《空间社会学视阈下城乡空间关系演进研究》，《南通大学学报》（社会科学版）2018 年第 11 期。

吴正金：《对优化公共服务的思考》，《合作经济与科技》2015 年第 10 期。

俞可平等：《中国的治理变迁（1978～2018）》，社会科学文献出版社，2018。

河南县级城市生态文明建设研究

韩　鹏*

摘　要： 推进县级城市生态文明建设，是实现县级城市高质量发展的必然要求，也是河南协调推进百城建设提质工程和文明城市建设的重要组成部分。从生态文明建设的理论思考，从县级城市生态文明建设的重大意义出发，本研究深入分析了河南省实施县级城市生态文明建设的现实基础、实施现状和面临的突出问题，提出了加强统筹协调、增强科技创新、完善投入机制和理顺体制机制等针对性建议，为河南全面推进县级城市生态文明建设的重大决策提供借鉴。

关键词： 河南　县级城市　生态文明建设

随着中国特色社会主义步入新时代，生态文明建设已经全面融入"五位一体"总体布局。县级城市（含县城）是在推进有序城镇化和乡村全面振兴中实现城乡融合发展的关键环节，具有重要的战略基础地位。河南省高度重视县级城市生态文明建设，以党的十九大精神和习近平总书记调研指导河南时的重要讲话为统领，深入贯彻落实中央城市工作精神，把生态文明建设作为百城建设提质工程的重要组成部分和推进县级城市实现高质量发展的重要基础，大力推进县级城市生态文明建设工作，并取得了一定成绩。同

---
* 韩鹏，河南省社会科学院城市与环境研究所助理研究员，博士，主要研究领域为城市经济、自然资源管理。

时，也亟待进一步采取有针对性措施解决所面临的各类突出问题，使生态文明建设与城市高质量发展的要求相适应、与城乡居民对美好生态环境的愿望相匹配，加快推进美丽河南建设。

一 河南省推进县级城市生态文明建设的理论思考

党的十八大以来，以习近平同志为核心的党中央围绕为什么建设生态文明、建设什么样的生态文明、怎样建设生态文明的重大理论和实践问题，带领全国广大人民深入实践、认真总结、科学谋划，为建设美丽中国、实现中华民族伟大复兴和永续发展提出了一系列新理念、新思想、新战略，形成了习近平生态文明思想。

习近平总书记指出，"生态文明建设是关系中华民族永续发展的根本大计"，"绿水青山就是金山银山"，"良好生态环境是最普惠的民生福祉"，以浅显深刻的语言运用科学的历史观、辩证论、本质论，揭示了生态文明建设在中华民族复兴中的历史方位、生态经济发展三者之间的辩证关系，以及以人民为中心的生态文明建设社会本质。党中央、国务院不断深化认识、系统推进生态文明建设部署，党的十八届三中全会提出了紧紧围绕建设美丽中国深化生态文明体制改革，十八届四中全会要求用严格的法律制度保护生态环境，十八届五中全会审议通过"十三五"规划建议，提出绿色发展新理念，党中央、国务院2015年4月和5月分别出台《关于加快推进生态文明建设的意见》《生态文明体制改革总体方案》，党的十九大报告又提出了加快生态文明体制改革、建设美丽中国的宏伟目标和总体部署。

在2018年5月18～19日的全国生态环境保护大会上，习近平总书记系统指明了生态文明建设要坚守的六项原则，即坚持人与自然和谐共生、绿水青山就是金山银山、良好生态环境是最普惠的民生福祉、山水林田湖草是生命共同体、用最严格制度最严密法治保护生态环境和共谋全球生态文明建设；指出了构建生态文明五大体系，即生态文化体系、生态经济体系、目标责任体系、生态文明制度体系、生态安全体系。这六项原则和五大体系，为河南省推进县级城市生态文明建设指明了方向，勾勒了清晰的实施路径和基本框架，成为今后河南省加快县级城市生态文明建设重要的思想指引和行动指南。

按照习近平生态文明思想指引和党中央国务院系统部署，河南省在深入推进县级城市生态文明建设过程中，应坚持辩证的思维、系统的思想、法治的理念、以人民为中心的宗旨，紧紧围绕人与自然和谐共生、绿色发展、现代化治理等能力提升，坚持生态文明建设六项原则，持续完善和提升生态文明建设五大体系，使县级城市生态环境质量得到明显改善、可持续发展能力得到明显增强、人民群众享受到更多的生态产品，进一步夯实全省生态文明建设和生态安全基础，为新时代中原更加出彩营造良好的生态环境。

二　河南省推进县级城市生态文明建设的重大意义

（一）有利于增强县级城市可持续发展能力

河南按照地貌可以分为山丘和平原两大类，山丘地区多生态脆弱、生态功能重要，平原地区则往往承载着大量经济活动和人口、生态环境压力巨大。因此，与经济社会发展的需要相比较，全省县级城市生态资源总体上都十分有限，面临巨大的容量问题和可持续问题。深入推进以六项原则为准则、五大体系为主要任务的县级城市生态文明建设，对于通过强化生态安全、发展绿色经济增强县级城市可持续发展能力，具有十分重大的意义。一方面，深入推进县级城市生态文明建设，加强生态系统保护与修复，强化环境污染治理，既能夯实县级城市的生态安全基础，又能通过生态环境治理为县级城市发展留存和拓展更大的生态容量和生态空间，从而增强县级城市可持续发展能力。另一方面，深入推进县级城市生态文明建设，大力倡树简约节约消费观、完善高效集约的循环生产体系，加快构建贯彻绿色发展新理念的生态经济体系，有利于从根本上减少经济社会发展对资源环境的依赖和影响，从而增强县级城市的可持续发展能力。

（二）有利于提升县级城市文明程度

生态文明是现代社会文明系统的重要组成部分，加快推进县级城市生态文明建设，完善目标责任和生态环境制度体系，大力发展生态文化，有助于在全社会形成与自然和谐共生的价值观、文明观，夯实县级城市文明建设的生态基础，提升县级城市文明程度。一方面，加快完善目标责任和生态环境制度体系，能够将生态文明建设转化为保护生态环境的具体目标体系、形成自觉保护生态环境的责任意识，能够以最严格的制度来约束城市资源利用行为、最大限度地呵护生态环境，尽快使城市活动参与者形成保护生态、改善环境的自觉意识，进而提升城市的文明程度。另一方面，大力发展生态文化，推动开展各类生态示范创建活动，大力宣传生态文明先进个人和先进群体，广泛普及生态文化知识，有助于在全社会形成循环节约的生态意识，使简约节约生活成为城市居民的自觉行为，让生态权利成为广大群众能够看得见、摸得着、感受得到并且愿意自觉维护的基本权利，尽快形成人人参与、自觉保护的文明意识，提升县级城市文明程度。

（三）有利于增强人民群众的获得感幸福感

习近平总书记指出，良好的生态环境是最大的民生福祉。随着物质文化生活水平不断提高，人民群众对美好生活的需求已经不限于"吃饱穿暖"，也对良好的生态环境有了更多的诉求，更加关注空气、水、土壤等安全问题，希望有更加美好的幸福家园。县级城市连通城乡，加快推进县级城市生态文明建设，提高城市生态环境质量，提供更多优质生态产品，建设宜居宜业美好家园，有助于增强人民群众的获得感、幸福感。一是加快推进县级城市生态文明建设，加强大气、水、土壤污染治理，打赢环境污染攻坚战，让群众能够喝上干净的水、呼吸到新鲜的空气、触摸到最自然的土壤，是对人民群众追求美好生活最基本需求的满足。二是加快推进县级城市生态文明建设，统筹推进山水林田湖草系统治理，修复城市生态系统、改善人居环境，建造水城相融、生态宜居的美好家园，是对人民群众追求美好生活最真切的满足。三是加快推进县级城市生态文明建设，将生态文明建设与新时代中国特色社会主义文化建设相融合、与地域特色文化相结合，有助于塑造特质鲜明、优势明显的县级城市文化，推动形成推进城市发展共同的价值观和文化观，有利于提高城市居民发展绿色经济、享受美好生活的信心、自豪感。

（四）有利于引领和推动县域生态文明建设

县级城市（包括县城）是县域经济和人口最为密集的地区，也是多数县域推进城镇化的主要载体，是我国城市和乡村最紧密的连接部。加快推进县级城市生态文明建设，对于引领和推动县域生态文明建设，具有明显的示范带动和探索推动作用。一方面，加快县级城市生态文明建设，能够提高县级城市生态质量、改善县级城市面貌，有利于为县域生态文明建设形成更好的发展示范效应，引导乡村地区以县级城市生态文明建设为标准，加快推进村镇生态文明建设，实现对县域全域生态文明建设的示范引领。另一方面，加快推进县级城市生态文明建设，能够在生态文化、经济体系、制度建设、工作规范、技术标准等领域开展系统探索，并与当地地域文化、自然生态和经济社会发展现状相结合，构建适合当地全面推进生态文明建设的文化经济、体制机制、技术规范等生态文明建设体系，使城镇科学规范的现代生态文明与乡村地区朴素的传统生态文明进一步深度融合，推进县域生态文明建设得到进一步提升。

（五）有利于夯实全省城市生态文明建设基础

在我国，县域是融合城乡、具有较为完备治理体系的最小单元，县级城市是连接城乡、承上启下、促进城乡互动的纽带。在河南省，县域在全省经济社会发展中占据重要地位，县级城市又是全省推进城镇化的主阵地，对于夯实全省城市生态文明建设具有重要意义。一方面，全省县域生产总值占全省生产总值的份额接近2/3，县域经济支撑全省人口的比例超过70%并且是吸纳就业、稳定社会的中坚力量，县级城市（包括县城）一般公共预算收入占全省一般公共预算收入的比重超过1/3，在全省经济社会发展中占据重要地位，因此，加快构建绿色发展体系、推进县域生态文明建设，对于夯实全省城市生态文明建设基础具有重要意义。另一方面，"十二五"期间全省106个县（市）城镇集聚的新增城镇人口占全省新增城镇人口的74%，成为全省城镇化的主力军，因此，加快推进县级城市生态文明建设，对于夯实全省城市生态文明建设具有十分重要的基础作用。

三 河南省县级城市生态文明建设现状与存在的问题

（一）河南省推进县级城市生态文明建设的现实基础

经过改革开放四十年的快速发展，河南经济社会发展水平明显提高，全省生产总值有了较快增长、经济结构有了明显优化，各项社会事业发展顺利；人民生活得到明显改善，人民群众总体上已经脱离贫困，正在向建成全面小康社会迈进，人民对美好生活有了更高的追求，对良好的生态环境也有更高的期待，使加快推进县级城市生态文明建设、从根本上摆脱资源环境依赖、建设幸福美好家园，有了坚实的经济基础和社会基础。

一是经济总量快速增长，经济结构明显优化，财政保障能力日益增强。经过四十年的改革发展，全省经济总量保持稳定快速增长，2018年生产总值达到48055.86亿元，稳居全国第五。通过大力发展战略性新兴产业、加快推进传统产业升级和深化供给侧结构性调整，经济结构得到明显优化，开放发展、科技创新能力持续提升，产业、产品、技术、品牌竞争力进一步提升，产业结构比已经从2011年的13.04∶57.28∶29.67调整为2017年的9.29∶47.37∶43.34，2018年全省进出口总额达到5512.7亿元，全省发展的新动能、新引擎日益壮大。2018年全省财政总收入达5875.8亿元，一般公共预算收入达3763.9亿元，其中税收占70.6%，为推进生态文明建设提供了可靠保障。

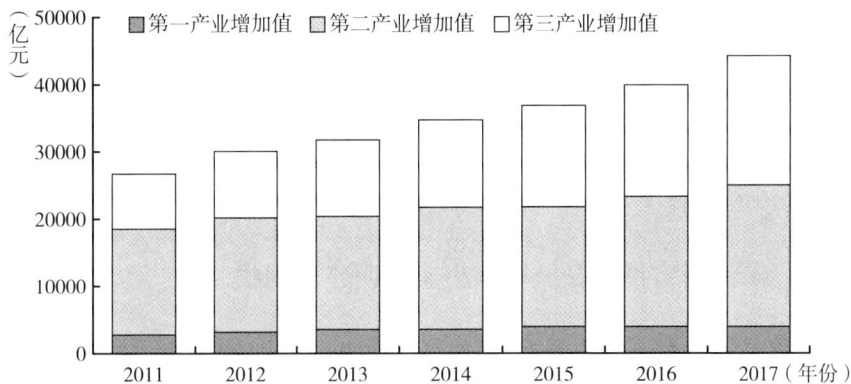

图1 2011~2017年河南省第一、第二、第三产业增加值

二是城镇化发展形态日益优化，各类社会事业得到快速发展。郑州国家中心城市建设得到国家明确支持，已经进入全面实施阶段；以郑州为中心、郑焦新汴许五城深度融合的郑州大都市区发展格局得到初步确定，正在逐渐成长为中原城市群一体化发展的强大核心；洛阳作为中原城市群副中心城市和豫陕晋三省交界地区区域中心城市作用初步显现，南阳、信阳、商丘等省际交界城市稳步发展，各省辖市特色优势初步发挥、辐射带动能力明显增强；县级城市加快增强产业支撑、提升能力建设水平，吸引产业聚集，人口集聚能力也不断增强。全省社会事业得到快速发展，公共文化、教育、体育等体系日益完善、持续提升，社会保障体系基本实现全面覆盖、保障水平逐步提升；尤其是县级城市公共服务覆盖领域日趋完善，社会保障范围不断扩大和水平持续提升，充分发挥了改善民生福祉、提升居民素质的重要作用。

三是人民生活水平不断提升，对美好生活的向往成为推进生态文明建设的强大动力。全省2017年人均生产总值达到46674元，居民人均可支配收入达到20170元，其中城镇居民人均可支配收入达到2955元、农村居民人均可支配收入达到12719元；居民人均消费达到13730元，其中城镇居民人均消费达到19422元，农村居民人均消费达到9211元。2018年，全省有121.7万农村贫困人口脱贫，城镇登记失业率仅为3.02%，居民人均可支配收入增长 8.9%，其中城镇居民人均可支配收入增长 7.8%，农村居民人均可支配收入增长 8.7%。城乡居民收入消费获得明显改善，吃饱穿暖、住有所居对于大多数居民而言已经不成问题，人民群众开始更加注重生活品质，尤其是对环境质量和休闲空间有了更多的关注，期望更加安全的生态环境和更加自然优美的休闲空间。

（二）河南省推进县级城市生态文明建设现状

按照习近平生态文明思想指引和党中央国务院的要求，河南省委省政府积极贯彻新发展理念，围绕美丽河南建设目标，系统部署重大生态建设工程，大力推进全省生态文明建设。尤其是立足河南县级城市底子薄、作用突出的基本现实，以百城建设提质工程为主要抓手，统筹推进各类示范创建工作，持续完善生态文化体系、经济体系、责任考核体系、生态文明制度体系，不断筑牢生态安全基础，扎实推进县级城市生态文明建设。

一是围绕美丽河南建设目标，理顺体制机制，开展重大生态建设工程，推动县级城市生态文明发展。河南省出台《关于建设美丽河南的意见》和《关于加快推进生态文明建设打造美丽河南的实施意见》，部署美丽河南建设战略。印发《河南省生态文明建设目标评价考核实施办法》，出台《关于健全生态保护补偿机制的指导意见》，试点推进生态赔偿制度，制定《河南省湿地保护条例》等法律法规和规范标准，理顺生态环境保护的目标责任、利益补偿、损害赔偿体制机制，用最完善的制度体系保护生态环境。先后编制实施《河南林业生态省建设提升工程规划》《河南省主体功能区规划》《河南生态省建设规划纲要》《河南省"十三五"生态环境保护规划》《森林河南生态建设规划》等一系列统筹全局的中长期生态建设规划，连续多年出台打赢环境污染攻坚战计划，系统推进全省环境保护和生态建设，改善全省生态环境质量，统筹实施山水林田湖一体化治理，筑牢全省生态安全基础。

二是落实绿色发展理念，打造生态经济体系，发展生态文化。为了贯彻落实绿色发展理念，发展生态经济，省委省政府出台了《河南省装备制造业转型升级行动计划》《关于加快推进产业集聚区科学规划科学发展的指导意见》《河南省"十三五"循环经济发展规划》等一系列政策措施,同时推动各地实施商务中心区、特色商业区服务业"两区"规划,加快发展生态旅游、商务服务、科技研发等现代服务业,改善能源结构,优化产业结构,促进循环发展。此外,通过文明城市创建、生态县、可持续发展示范区创建等活动,依托各类公共文化平台和新闻媒体,积极开展生态文化进社区、进企业、进学校等宣传活动,大力发展生态文化,推动绿色低碳、简约适度、保护环境等绿色消费、循环发展的生态文明理念深入人心。

三是以百城建设提质工程为主要抓手,统筹推进县级城市生态文明建设。针对河南省县级城市基础薄弱、综合承载力和竞争力相对不强的突出问题,省委省政府于2016年12月17日印发《关于推进百城建设提质工程的意见》,在全省实施百城建设提质工程。百城建设提质工程中,生态文明建设是其中重要的一项工作,文件要求各县(市)把人民群众满意作为城市规划建设管理工作的出发点和落脚点,坚持节约集约和生态优先等原则,以开展创建全国和省级文明城市、园林城市、节水城市、卫生城市、生态城市、旅游标准化示范城市、环保模范城市等为载体,加快基础设施和公共服务设施建设,加快推进生态环境治理,加快提升居民文明素质。经过两年的实践探索,通过统筹做好以文"化"城、以水"润"城、以绿"荫"城、以业"兴"城"四篇文章",正确处理宜业和宜居、地上和地下、软件和硬件、新区和老区"四个关系",试点城市生态文明建设取得了显著进步,极大地满足了广大人民对美好生活的向往。尤其是试点县级城市生态环境质量得到了极大的提升,居民获得了实实在在的生态大礼包,人居环境极大改善、民生福祉得到了切实保障。

(三)河南省推进县级城市生态文明建设面临的突出问题

坚持以人民为中心,围绕美丽河南建设目标,河南持续推进县级城市生态文明建设取得了明显成效。但是仍然需要清醒地认识到,由于全省经济社会平均发展水平仍较为低下,区域差异明显、资源环境压力较大的根本性矛盾仍然存在，河南生态文明建设与发达地区相比仍然存在一定差距，全面推进县级城市生态文明建设还面临着经济基础相对薄弱、各类短板相对突出、社会参与相对不足、体制机制尚需完善等一系列亟待解决的突出问题。

一是全面推进县级城市生态文明建设的经济基础仍然相对薄弱。一方面，与发达地区相比，大部分县域经济发展水平仍然相对不高，一部分县域工业结构中重工业、资源型产业比重仍然相对较大，经济发展绿色转型仍然面对较大压力。另一方面，大部分县域支撑生态环境建设的财政能力仍然不强，开展城市生态文明建设资金压力普遍较大。

二是全面推进县级城市生态文明建设的各类短板仍然相对突出。从自然条件来看，水土资源、生态环境脆弱性、资源环境压力区域差异明显，仍然有1000多万亩沙化、荒漠化、石漠化土地亟待治理。从基础条件来看，环境基础设施还不能够满足经济社会快速发展需要，绿色基础设施发展仍然不够完善。此外，教育、科研、技术等短板也日益明显，生态文明建设的规划、研发、监测、宣传等面临高层次平台、支撑体系和各类人才不足的问题。

三是全面推进县级城市生态文明建设还面临社会参与相对不足的问题。一方面，生态环境建设具有明显的公共产品属性，具有核心技术和品牌的企业又相对较少，社会参与效益相对较低、积极性不高。另一方面，公众参与渠道不完善，对生态环境保护的认知相对不足，除了关涉切身利益的突出生态环境问题（例如大气、水污染）外，公众参与生态文明建设规划、监督等的渠道和意识还存在一定不足。

四是全面推进县级城市生态文明建设的体制机制还有待进一步完善。从投融资机制来看，财政对生态环境建设的投融资机制还有待进一步完善，社会参与的活力还有待进一步激发。从主体关系来看，对生态保护实施补偿的领域还有待进一步拓展、补偿标准还有待进一步提高，对损害生态环境行为的赔偿和惩罚机制还有待进一步完善。此外，广大党员干部和人民群众的生态环境保护意识也还有待进一步提高。

四　河南省推进县级城市生态文明建设的对策建议

随着百城建设提质工程进入全面实施阶段，推进县级城市生态文明建设作为其重要的组成部分，将在推动县级城市高质量发展方面起到越来越重要的作用，面临的问题和矛盾也将日益突出。为此，亟待进一步统筹协调各方面资源，加强相关领域科学研究，加快完善投入机制，全面理顺相关体制机制。

（一）加强统筹协调

坚持新发展理念，以文明创建为引领、人民群众为中心、品质提升为重点，进一步深度融合百城建设提质与文明城市创建，统筹协调全国和省级文明城市、园林城市、节水城市、卫生城市、生态城市、旅游标准化示范城市、环保模范城市创建工作，系统构建和完善生态文化、生态经济、目标责任、生态制度、生态安全五大体系，推动县级城市实现以生态安全为基础、绿色经济为动力、明确的目标责任和严格的制度为保障、文明提升为支撑的高质量发展。

（二）增强创新驱动

坚持创新驱动、科学发展，围绕美丽河南建设科学研究和技术研发需求，以生态环境规划、建设、监测、评价和宣传等为重点，坚持以企业为创新主体，坚持市场导向、科技支撑、品牌提升，加快构建和完善高层次科技创新平台、公共科技服务体系，加大各类科技研发人才培育和引进力度，进一步完善科技人才评价机制，构建形成立足河南实际、体现河南特色的能够支撑全省县级城市生态文明建设的市场力量和公共服务体系，推动县级城市实现绿色高效发展。

（三）完善投入机制

坚持以人民为中心，坚持市场在资源配置中的决定地位，更好地发挥政府的作用。一是要把良好的生态环境作为最基本的公共服务，将生态文明建设更好地融入市政建设，经济、社会和文化发展领域，完善财政投入机制，加强财政资金投入力度。二是要完善社会投入机制，加快完善政府和社会合作机制，放开生态环境领域准入，鼓励社会资本投入。三是要充分发挥政府资金的撬动力量，完善生态环境保护工作规范和技术标准、评价机制，构建和完善生态文明建设奖励惩罚机制，鼓励各类市场主体的生态环境保护行为，加大对损害生态、破坏环境行为的惩罚力度。

（四）理顺体制机制

坚持完善目标责任考核，坚持以最严格的制度保护生态环境，进一步理顺县级城市生态文明建设体制机制，强化生态环境保护责任和制度保障，激发全社会活力动力。一方面，全面实施河长制、湖长制，全面建立各级生态环境保护目标责任制，明确生态环境保护党政同责、一票否决，进一步完善生态保护的制度体系，切实增强生态环境保护的制度保障；另一方面，加快完善生态环境保护补偿和损害赔偿机制，加大生态文明普及和生态文化宣传力度，加快完善生态文明建设社会公开和公众参与机制，充分激发全社会参与生态文明建设的活力动力。

参考文献

俞海：《习近平生态文明思想：内涵实质、体系特征与时代意义》，《中国环境报》2018 年 6 月 15 日。

史玉：《新时代习近平生态文明思想引领经济现代化》，《上海理工大学学报》（社会科学版）2018 年第 4 期。

王丛霞：《美丽中国建设的思想指引和根本遵循——习近平生态文明思想论要》，《中共福建省委党校学报》2018 年第 10 期。

彭俊杰：《郑州建设国家中心城市要筑牢生态屏障》，《河南日报》2017 年 5 月 24 日。

张占仓：《绿色发展：破解掣肘 绘就美丽未来》，《河南日报》2016 年 7 月 6 日。

韩鹏：《生态文明视阈中河南省生态补偿问题与对策研究》，《华北水利水电大学学报》（社会科学版）2015 年第 4 期。

B.15
县级城市特色塑造研究

刘昱洋*

摘　要：　县级城市特色塑造是一个长期的系统工程，能够通过打造城市的形象、提升城市品位、增强城市居民幸福感、提升城市对人才、资本的吸引力来促进城市发展。县级城市特色塑造的目标定位主要包含两个层次，一是近期和远期的目标定位；二是城市构成，包括地理、经济、文化、环境等方面的目标定位。县级城市特色塑造要遵循因地制宜原则、注重城市功用价值原则、尊重自然和历史原则、生态优先原则、整体和谐原则。我国县级城市特色塑造要特色塑造规划先行，政绩考核具体细致；加强基础设施建设，筑牢特色塑造根基；积极推进乡村振兴战略，打造田园城市景观；做好产业和人口的集聚工作，提升城市的发展实力；积极做好宣传工作，鼓励和引导全社会力量共同参与城市的特色塑造。

关键词：　县级城市　特色塑造　目标定位　生态优先

县级城市是我国第三级的行政单位，连接着农村和地级以上城市，是县域经济增长极，是促进我国经济发展、维持社会稳定和增进人民福祉的重要基础和关键场域。当前，县域经济发展如火如荼，"严格控制大城市规模，

---

* 刘昱洋，河南省社会科学院区域经济评论杂志社副社长，航空经济发展河南省协同创新中心副研究员。

合理发展中等城市，积极发展小城市"是我国城市发展的基本方针，推进以人为核心的县级城市纵深发展，是完善现代城镇体系，促进城市群、都市区、大中小城市和小城镇协调发展的内在要求。县级城市的发展，特色塑造非常重要，而现阶段我国的县级城市大多数缺乏个性，城市规划雷同、建筑形态雷同、环境景观雷同、产业发展雷同等等，城市特色塑造不醒目、效果不突出，这对我国县级城市整体增加旅游业、招商引资、吸引人才等经济社会发展不利，因此，积极开展对县级城市特色塑造的研究，对巩固我国经济社会发展的基础、提升县级城市竞争的软硬实力具有重要的理论与实践价值。

一　我国县级城市发展与特色塑造现状

县级市的发展给城市特色塑造奠定了基础和提供了实力支持，城市的特色塑造能够通过打造城市的形象、提升城市品位、增强城市居民幸福感、提升城市对人才、资本的吸引力来促进城市发展，城市发展与城市特色塑造相辅相成、相互促进。

根据《中华人民共和国行政区划简册2018》的数据显示，截至2017年12月31日，我国共有2851个县级行政区，包括：1355个县、363个县级市、962个市辖区、117个自治县、1个林区、1个特区、3个自治旗和49个旗。县级城市数量占到县级行政区数量的1/8多。按照我国四大经济区域划分，东部、中部、西部和东北地区分别有县级城市123个、90个、95个和55个（见图1）。西部地区面积占全国国土面积的71.5%，县级城市数量仅占全国数量的26.2%，而东部地区面积占全国国土面积的9.5%，县级城市数量就占到全国数量的33.9%，西部地区县级城市数量偏少，尤其是西藏，1个县级城市都没有。

县级市在县级行政区的经济社会发展中始终处于领先地位，权威机构工信部所属的赛迪研究院发布了全国"2018县域经济100强榜单"中，县级市数量占到74%，在前10名中，县级市占到90%，而前5名全是县级市。

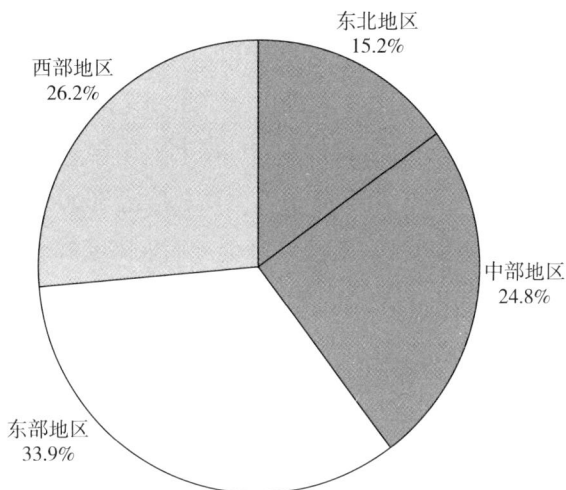

图1　全国四大经济区域县级城市数量占比

资料来源：笔者根据《中华人民共和国行政区划简册
2018》相关数据绘制。

　　县级市处在城乡接合部的位置，大部分由原来的建制县转变而成，在城乡之间三次产业的经济关系中，居桥梁和纽带的特殊地位。县级市具有小功能、大职能的特点，城市建设水平较低，功能比较单一，但它们是大中城市以下组织经济社会协调发展的一个重要层次，担负着领导城市与农村、行政与经济区域的双重任务。县级市的形成和发展，进一步增强了城镇和乡村的综合服务功能，县级市在城市化方面凸显出优越性，在我国国民经济和城市化进程中越来越占据着重要地位。

　　与普通的县比较，县级市的经济社会发展状况体现出更为明显的城市经济特征，非农产业更为发达，经济发展水平更高。县级市依托丰富的地方资源以及经济发展成本低等有利条件，在强化农业基础的同时，第二、第三产业也得到了快速发展。在城镇建设和社会各项事业中都得到长足发展，例如湖北潜江、江苏张家港等县级市城镇化建设成效明显，交通、通信、供水排水等设施明显改善，教育、文化、卫生等事业得到了较快发展。潜江市荣获国家卫生城市、国家园林城市、全国水生态文明城市等荣誉称号，是全国县域经济百强市；张家港市是全国文明城市、国家生态园林城市、全国首家环保模范城市……常年位居全国县域经济百强榜前列；福建晋江市拥有"中国品牌之都""全国科技进步先进市""全国文明城市""国家园林城市"等荣誉称号，"晋江经验"也传遍大江南北；中国工业百强县之首的江阴市，坐拥 47 家上市公司，2017 年地方生产总值逾 3000 亿元人民币……

我国县级市在发展过程中，在经济社会方面取得了辉煌的成就，为全面建成小康社会做出了突出贡献，受到世人瞩目。但在城市的特色塑造方面，效果普遍不理想，同质化严重，导致城市面貌千篇一律，与日新月异的大城市相比，还有很长的路要走。县级市的特色塑造缺乏特色的原因归纳有五个方面：一是城市规划贪大求洋，同质化严重。县级市的城市规划普遍摊子铺得很大，对城市规划现有经验存在惯性依赖，缺少创新，在县级市建设模式方面常常是简单效仿大城市的建设模式，建筑日趋标准化，建筑风貌急剧趋同，同时，对欧式建筑、商务中心区的追捧，导致相应抄袭、模仿现象非常普遍，面貌雷同的街区也越来越多。二是片面追求经济发展速度，与自身财力不相适应。县级市政府往往急于借着国家新型城镇化战略等的东风大干快上，但县级市的财力有限，大干快上的结果造成政府债务负担沉重，不利于特色建设活动开展。财政部数据显示，截至 2017 年末，我国地方政府债务余额为 16.47 万亿元，加上纳入预算管理的中央政府债务余额 13.48 万亿元，我国政府债务余额为 29.95 万亿元。三是在产业发展方面缺乏长远规划，重复建设现象严重，难以有效拉动经济增长，造成了资源的浪费，不利于城市特色塑造。四是基础设施和社会服务设施的建设滞后，商品住宅建设发展过快。由于追求 GDP 的冲动加上捉襟见肘的财政收入，使得很多县级市的城市基础设施和社会服务设施缺乏，而在房产开发方面，由于一线城市房产调控趋紧，房地产市场正加速向中小城市转移，县级市房产泡沫增长较快，这样一来，往往使城市过早出现环境污染、交通拥堵等问题，城市特色塑造大受影响。五是政府对城市特色塑造的宣传力度不大，民众参与热情不高。由于政绩考核等方面的原因，县级市政府对城市的文化特色、自然景观等特色要素的关注度不够，在城市特色的塑造上宣传力度不大，没有积极发动全城各界人士力量来参与城市特色塑造，社会力量在城市特色建设方面的主动性缺乏，人力物力的投入也很少。

二 县级城市特色塑造的目标定位

随着经济社会的发展，城市建设进入品质时代，市民对城市品质的要求不断提高。城市特色是能够被市民感知的城市综合素质和品位，是城市品质的具体反映，是推销城市和参与城市竞争的工具，是吸引城市外部流动资源（尤其是战略资源）、推动城市发展的锐利武器。县级市特色塑造的目标定位要体现地域特色、环境特色、历史特色和时代特色。

2015 年 12 月份的中央城市工作会议明确提出，城市工作要"把创造优良人居环境作为中心目标"，"统筹生产、生活、生态三大布局，提高城市发展的宜居性"，"城市发展要把握好生产空间、生活空间、生态空间的内在联系，实现生产空间集约高效、生活空间宜居适度、生态空间山清水秀"。这些要求为城市发展指明了方向，为城市特色塑造的目标做出了宏观的定位。县级市特色塑造的目标定位要包含两个层次，一是近期和远期的目标定位；二是城市构成方面，包括地理、经济、文化、环境等方面的目标定位。就县级市特色塑造的近期目标定位来讲，时间通常宜在 20 年以内，要准确把握城市的发展进程，在对城市内外环境以及相关因素进行全面、系统地调查和研究的基础上重点解决城市发展中的突出问题；而县级市特色塑造的远期目标定位要目光长远，立足百年大计，甚至千年大计，要使城市的特色有质的飞跃，旨在打造完美特色小城、人居环境、精神家园。城市构成方面的特色塑造目标，体现的是县级市特色塑造中的具体内容，即地理、经济、文化、生态环境等方面，对于地理方面所要塑造的目标定位，要能够体现出充分利用和组织城市的自然特征，因地制宜地改造和利用县级市的地理禀赋的良好成果；对于经济方面所要塑造的目标定位，要能够体现出县级市产业的良性发展，经济发展质量的稳步提升，反映出独特的资源配置效果；对于文化方面所要塑造的目标定位，要能够体现出县级市独特的风土人情、历史积淀，注重文化发展的长期性和连续性，积极推进文化活动场所的建设，使高雅文化和民俗文化相结合，营造浓厚的文化氛围，提高文化的档次和品位；对于生态环境方面所要塑造的目标定位，要首先注重消除水环境污染、空气污浊、噪声污染、垃圾包围、温室效应、酸雨危害、毒物及有害废弃物扩散等城市污染问题，其次是量化城市良好生态环境指标，积极建设海绵城市、韧性城市，提升县级市的生态承载力，建成环境污染得到有效控制、人与自然和谐相处、具有县级市特色魅力的生态城市。

总体来说，县级市特色塑造的目标定位要反映出城市经济社会良性发展的美好前景，要细致而具体，紧密结合城市的自然、经济、人文、社会等自身实际状况，并且要做好可达性分析。

三 县级城市特色塑造的原则

县级城市特色塑造是一个长期的系统工程，涉及城市的自然资源、地理区位、名胜古迹、人文风情、产业结构、交通状况、建筑风格、生态环境等诸多方面，方法不一而足，但是，它们有一个共同点，即特色塑造进程中必须遵循一些共同的原则，否则就会违背城市发展自身规律，难以取得理想效果。归纳起来，我国县级城市的特色塑造原则主要包括以下几方面。

（一）因地制宜原则

不同县级市的地理、资源和社会经济等条件千差万别，科技、资本和劳动力等生产要素的增速和质量也不相同。在特色塑造过程中，必须结合自身的实际情况来采取一些独具特色的方式方法来开展，需要扎实的实地调研做支撑，要"摸清底子""找准定位"，又要"谋划路子"，发挥比较优势，识别和提炼区别于其他城市的特色感知属性，找准突破口，以系统化的思维促使各种发展要素在有限空间内，实现合理分工与布局，明确县域发展定位，坚持优势互补，推动差异化协同发展。因地制宜发展，要提出个性化服务和治理方案，积极补强综合交通、综合服务功能、城市治理、创新平台载体等方面的短板，彰显发展个性，提升城市的创新创造创业的活力，抛弃过去"唯 GDP 论英雄"的政绩观，充分发挥市场的决定性作用，营造公平公开的市场环境，激发社会力量参与城市特色培育。

（二）注重城市功用价值原则

城市是人类赖以生存和发展的重要介质，它不仅仅是居住生息、工作、购物的地方，更是文化容器，是新文明的孕育所。城市的功用价值满足城市居民的物质需要和精神需求，是城市存在的本质和出发点。在县级市的特色塑造中，必须高度重视城市功用价值的发挥和传播，将城市特色塑造与城市功用价值密切结合。城市特色塑造的最终目的是要满足人的需要，要充分考虑人在城市环境中的行为规律，研究创造便利、舒适、安逸的城市生活、工作环境，方便居民的居住、出行、教育、工作、娱乐、社交、医疗、养老等。县级市因为自身的自然资源、人力、财力等所限，在特色塑造中要紧紧围绕城市功用价值做文章，从展现城市特色的硬件和软件两方面着力，切忌华而不实、突击上马应景式的面子工程。

（三）尊重自然和历史原则

城市都是建立在一定的地理环境之上的，城市内部以及邻近地区的自然山体、地形地貌、河湖水系、山地植被、气候类型等是一个城市与生俱来的天然属性；城市都是在人类的推动下不断向前发展的，城市文明在历史的长河中绵延不绝，城市的革新与创造、兴衰往事、文化理念、价值标准、审美风范都在一代代人的不懈努力下薪火相传。自然和历史是城市发展的前提和基础，城市的特色塑造一定要对城市自身的自然和历史认真加以研究，充分尊重自然和历史。城市的自然和历史关系着居民对城市的归属感与认知程度，同时是提升城市的品质与竞争力的重要元素。尊重城市的自然和历史，不是要故步自封、一成不变，而是要按自然规律办事，顺应城市的自然风貌搞建设、特色塑造，与自然环境相融合，彰显大自然的魅力；充分挖掘、整理、保护和传承城市的历史和文化，增强城市历史底蕴和文化感染力，从自然和历史两个层面来显现城市的个性和魅力。

（四）生态优先原则

生态优先原则是针对现实生活中通行的经济优先原则而提出的，强调人类经济活动的生态合理性优先于经济与技术的合理性，旨在保障城市的可持续发展。在县级市的特色塑造中，政府部门要全面落实集约、智能、绿色、低碳等生态文明理念，制定生态环境保障规划，建立以生态资本保值增值为基础的绿色经济，追求包括生态、经济、社会三大效益在内的绿色效益最大化。为了保障生态规划有效地实施，必须细化生态环保的相关指标，如森林覆盖率、建成区绿地率、建设用地人均用地指标等，积极促进节能减排和污染防治，提升城市生态环境质量。尤其是在县级市的支柱产业发展中，要对生产和经营过程进行严格管理和监督，切实做好生态保护工作，真正做到生态优先，绿色发展，否则，生态恶化必然将会使城市特色塑造的成果黯然失色。

（五）整体和谐原则

城市是一个错综复杂的巨系统，由不同属性的城市要素组成，每个要素都有其经济、社会、文化、生活等方面存在的意义，而城市要素的整体和谐是城市之美的恰当展现。县级市的特色塑造中，要善于准确把握和合理有序安排城市要素，遵循整体和谐原则，使城市景观、城市风貌都体现出配合得当、均衡融洽、相辅相成、协调发展的内外兼容之美。进一步讲，主体意义上的城市景观，是人们对城市客体的感知综合与记忆，整体和谐原则讲求城市的建筑整体，能形成大尺度的特有韵律和整体特色，它要求城市广场、步行街、绿地、水体、标志物等之间，具有良好的整体协同性；整体和谐原则上的城市风貌，则表现为既关心尊重历史文脉，又注重现实和时代的创造，是延续性和创造性的和谐统一。

四　县级城市特色塑造的几点建议

县级城市特色塑造对于推进我国县域经济的发展、新型城镇化建设的重要意义毋庸置疑，结合上面的相关分析，笔者提出以下几点政策建议，以期对我国县级城市的特色塑造能有所裨益。

（一）特色塑造规划先行，政绩考核具体细致

作为复杂的、系统工程的城市特色塑造，涉及城市的自然和人文、历史和现实等诸多方面，工作千头万绪。县级市的特色塑造一定要规划先行。制定特色塑造规划，首先要详细收集和掌握县级市的经济基础、区位条件和发展潜力等重要信息，然后从大处着眼，小处着手，精准定位，量力而行。要结合人口状况、空间布局、历史文化、建筑风格、生态环境、产业发展等方面实际，与其他城市相比较，找出本城市所具有的优势特征，再从中筛选出既能体现本城市形象区分度又能带来较高美誉度的差异性特征，继而制定出特色塑造的中短期和长期目标、步骤，完成相关规划制定，通过强化规划管理，确保规划落实，以有效打造和彰显城市特色。要实施全域规划，做到"多规合一"，统一布局城乡各领域各节点。要将特色塑造规划的结果纳入政绩考核范围，根据特色塑造规划、县域特点、岗位职责等方面制定具体而细致的考核措施，定期不定期地对特色塑造效果进行追踪和考评，积极强化刚性约束，保持特色塑造规划的权威性和连续性。

（二）加强基础设施建设，筑牢特色塑造根基

城市基础设施是城市正常运行和健康发展的物质基础，对于改善人居环境、增强城市综合承载能力、提高城市运行效率具有重要作用。县级市在特色塑造中，要按照以人为本的原则，全方位掌握城乡发展动向，积极推进县域能源供给系统、给排水系统、邮电通信设施、干线公路、旧城区改造、保障性安居工程、文化和体育设施等项目建设，以及城市的"绿色基础设施"

建设，包括林地、开放空间、草地与公园以及河流廊道等方面的建设。县级市的基础设施建设，既是民生工程和城市发展的需要，也是城市特色塑造的需要，城市特色组成中的自然环境、历史传统、现代风情、精神文化、建筑风格、经济发展等诸多要素都需要城市的基础设施来支撑，可以说，离开良好的城市基础设施建设，就会使得城市特色塑造的根基不稳，严重影响到城市特色塑造的效果。

（三）积极推进乡村振兴战略，打造田园城市景观

乡村振兴战略旨在让农业成为有奔头的产业，让农民成为有吸引力的职业，让农村成为安居乐业的美丽家园。马克思认为，城乡融合是社会发展的必然趋势，是城乡发展的终极目标。乡村振兴战略拉近了城乡的距离，将城乡融合不断推向深入。县级市的特色塑造活动，离不开广大农村居民的参与。中国文化的本质是乡土文化，推进乡村振兴战略，要切实保护好优秀农耕文化遗产，保护好文物古迹、传统村落、民族村寨、农业遗迹、灌溉工程遗产等。通过积极推进乡村振兴战略，使农民收入得到提升，乡村生活环境得到美化，体现社会主义核心价值观的新风尚不断得到营造和发扬光大，乡村文化得到守护和传承，提升了乡村的品位，同时使城市品位也得到相应提升，让城乡融合的田园城市风光成为一张亮丽的城市名片。

（四）做好产业和人口的集聚工作，提升城市的发展实力

城市效率的源泉是经济集中，而经济集中离不开产业和人口的集聚，Ciccone等人研究美国县级数据时发现，人口密度每增加1倍，劳动生产率提升6%。城市首先是人和经济活动的集聚地，集聚是城市经济的重要特征，城镇化的过程也是各种要素集聚的过程。城市效率的提升带来城市的繁荣和发展，进而提升了城市的发展实力，成为城市特色塑造的坚强后盾。经济建设和产业发展是城市发展的命脉和根本，没有经济建设和产业发展做支撑，所谓的城市特色就会是个空壳。因此，县级市在特色塑造中要注重做好产业和人口的集聚工作。对于符合生态发展的支柱产业要加大政策、金融支持力度，

加快产业集聚，降低运营成本；要加大人才引进、培育力度，着力抓住产业转移、外出务工人员返乡创业、乡村振兴等经济发展机遇，发挥好县级市县域经济增长极的引领作用，聚集人气，吸引更多外来人员落户，努力消除或防范县级市的"城市收缩"现象。

（五）全员参与特色塑造，携手共创城市辉煌

县级市的特色塑造事关城市的品位、形象和发展，也与全市人民的生活、工作密切相关，人人都是展现城市特色和风貌的重要组成部分。特色塑造的关键在于县级政府，在县级市特色塑造过程中，要坚持政府主导、全社会共同参与的工作思路，不断完善城市特色塑造工作推进和管理机制，借助多种媒体渠道，大力加强对城市特色塑造的重要意义、具体方法、途径和城市独特的地貌特征、花草林木、历史重大事件、历史人物、文化遗迹、建筑形象、广场街区、雕塑小品、城市色彩、方言习俗、民族风情等的宣传和介绍，积极弘扬城市传统优秀文化，彰显城市独特魅力，培育市民对城市的认同感、归属感和自豪感，提高城市凝聚力。鼓励机关、企事业单位、社区、家庭和个人参与县级市的特色塑造活动，积极收集相关反馈信息，对于民间的城市特色塑造投入要大开方便之门，坚持群策群力，形成全社会共同发力、万民推动城市特色塑造的良好格局。

参考文献

赵斌、骆逸、赵亮：《城市"语迹"——关于城市特色空间塑造的研究》，《城市发展研究》2018 年第 8 期。

梁兴辉、熊荡、姜明雪：《中国县级市聚集经济效应分析》，《地域研究与开发》2018 年第 1 期。

闫坤、鲍曙光：《经济新常态下振兴县域经济的新思考》，《华中师范大学学报》（人文社会科学版）2018 年第 2 期。

周宏春：《乡村振兴背景下的农业农村绿色发展》，《环境保护》2018 年第 7 期。

范楠楠、虞阳：《重启县级市设置：深层难题及其治理策略》，《社会科学》2017年第7期。

曾祥华：《县级城市城乡结合部规划管理探讨》，《消费导刊》2018年第16期。

李肇娥、郭鹏、吴鹏等：《现代田园城市总体城市设计——西咸新区建设中国特色新型城镇化规划实践》，《城市规划》2014年第6期。

张弛：《法定规划体系下目标导向的城市设计管控——以英国为例》，《上海城市规划》2017年第4期。

中华人民共和国民政部：《中华人民共和国行政区划简册》，中国地图出版社，2018。

〔美〕刘易斯·芒福德：《城市发展史——起源、演变和前景》，中国建筑工业出版社，2004。

城市发展报告

Urban Development Reports

B.16
郑州提升首位度研究[*]

左 雯[**]

摘　要： 城市首位度是衡量首位城市在一个国家或地区影响力的重要标准之一，反映了该区域城市规模特点和首位城市的带动力、影响力、辐射力。本文深入研究了郑州市首位度的变化趋势以及发展现状，通过二城市指数法和多城市分析法，对郑州和部分城市的人口首位度和经济首位度进行了比较分析，找出郑州市与其他城市的差距，并提出了郑州市提高首位度的对策建议。

关键词： 城市首位度　首位城市　郑州

* 本文为河南省哲学社会科学规划项目（项目号：2017BJJ037）、河南省政府决策研究招标课题（项目号：2018B240）阶段性成果。

** 左雯，河南省社会科学院城市与环境研究所副研究员。

近年来，郑州作为全省首位城市，首位度不断提升，辐射力和带动力不断增强，但是与周边武汉、成都等中心城市相比，在经济总量、人口规模、创新能力、高端要素等方面还存在较大的差距，尚未形成辐射带动中原城市群发展的核心增长极。因此，需要郑州进一步发挥比较优势、弥补发展短板，以国家中心城市建设为统揽，以"三区一群"建设为引领，以国际化现代化生态化为方向，加快提高郑州首位度和辐射带动能力。

一 郑州城市首位度现状

（一）城市首位度的概念

城市首位度是美国学者马克·杰斐逊于1939年最早提出的，是城市经济地理学中的重要概念，反映一个国家或地区的城市规模分布规律。城市首位度是一个国家或地区首位城市与第二位城市在人口或经济总量之比，即二城市指数，随后杰斐逊对这一指数进行了量化，认为较为合理的首位度二城市指数是2。之后的学者对这一概念不断地完善，从最初的人口规模的比较逐渐扩展到经济、产业、生态、文化等方面的综合比较。

（二）郑州城市首位度现状

郑州市加快推进建设国家中心城市建设，经济快速发展，城市规模不断扩大，人口集聚能力持续增强，对周边区域的辐射力和影响力显著提升。

从人口首位度角度看，按照二城市指数法，2017年郑州市人口首位度指数为1.45；按照多城市分析法，2017年郑州市人口首位度为10.34%。纵向来看，2005~2017年，郑州市年末常住人口从716.0万人增长到988.0万人，增长38.0%；洛阳市年末常住人口从635.4万人增长到682.0万人，增长7.3%；河南省年末常住人口从9380.0万人增长到9559.0万人，增长

1.9%。2012～2017 年，郑州市常住人口增量连续 6 年超过 15 万人，可以看出，郑州市作为中心城市，随着郑州对全省经济发展的带动作用进一步增强，人口向郑州集聚的趋势也日益突出。

表1　2005～2017 年郑州市人口首位度

年份	郑州年末常住人口（万人）	洛阳年末常住人口（万人）	全省年末常住人口（万人）	郑州年末常住人口/洛阳年末常住人口	郑州年末常住人口/全省年末常住人口（%）
2005	716.0	635.4	9380.0	1.13	7.63
2006	724.3	636.0	9392.0	1.14	7.71
2007	735.6	634.2	9360.0	1.16	7.86
2008	743.6	642.0	9429.0	1.16	7.89
2009	752.0	642.2	9487.0	1.17	7.93
2010	886.1	655.4	9405.5	1.32	9.21
2011	885.7	656.7	9388.2	1.35	9.43
2012	903.1	659.0	9406.2	1.37	9.60
2013	919.1	661.5	9413.0	1.39	9.76
2014	937.8	667.8	9436.0	1.40	9.94
2015	956.9	674.3	9480.0	1.42	10.09
2016	972.4	680.1	9532.0	1.43	10.20
2017	988.0	682.0	9559.0	1.45	10.34

资料来源：《河南统计年鉴2018》。

从经济首位度角度看，按照二城市指数法，2017 年郑州市经济首位度为 2.13；按照多城市分析法，2017 年郑州市经济首位度为 20.5%。纵向来看，2010～2017 年，郑州市 GDP 从 4029.3 亿元增长到 9130.2 亿元，增长 126.6%；洛阳市 GDP 从 2320.2 亿元增长到 4290.2 亿元，增长 84.9%；全省 GDP 从 23157.6 亿元增长到 44552.8 亿元，增长 92.4%。可以看出，郑州市经济增长速度远高于副中心城市洛阳和全省平均水平，郑州市经济首位度不断提升。

表2 2005~2017年郑州市经济首位度

年份	郑州生产总值（亿元）	洛阳生产总值（亿元）	河南省生产总值（亿元）	郑州生产总值/洛阳生产总值	郑州生产总值/河南省生产总值（亿元）
2010	4029.3	2320.2	23157.6	1.74	17.4
2011	4954.1	2702.8	27007.5	1.83	18.3
2012	5517.1	2981.1	29681.8	1.85	18.6
2013	6197.4	3140.8	32278.0	1.97	19.2
2014	6777.0	3284.6	35027.0	2.06	19.3
2015	7311.5	3507.0	37084.2	2.08	19.7
2016	8114.0	3820.1	40249.2	2.12	20.2
2017	9130.2	4290.2	44552.8	2.13	20.5

资料来源：《河南统计年鉴2018》，郑州市统计局网站，洛阳市统计局网站。

从二城市指数看，郑州的人口首位度并没有达到杰斐逊所认为的二城市人口首位度指数为2的合理区间，而经济首位度指数达到了2.13，在合理区间范围内。郑州的经济实力较强，是引领和带动全市经济社会发展的引擎，但是在人口集聚能力上略有不足。人口集聚能力在一定程度上是产业规模效益和城市服务设施集聚程度的体现，只有人口规模达到一定程度后，城市的综合服务能力才能更加完善。

二 郑州与主要城市首位度比较

城市首位度是衡量首位城市在一个国家或地区影响力的重要指标之一，郑州就要建设成为国家中心城市，要在全国和区域城镇体系中发挥核心作用和重要的功能节点作用。通过郑州与其他国家中心城市首位度相比，有利于找出郑州在发展过程中存在的差距。

（一）部分城市人口首位度和经济首位度现状

在住建部、发改委、卫计委、教育部等中央19个部门联合编制的国家中心城市规划体系中提出了未来将着力打造北京、上海、广州、深圳4个全球城市，将重点推动建设天津、重庆、沈阳、南京、武汉、成都、西安、杭州、青岛、郑州、厦门等11个国家中心城市建设。基于建设国家中心城市的目标和建设中原城市群中心城市的任务，本文选取广州、深圳、重庆、沈阳、南京、武汉、成都、西安、杭州、青岛、郑州、厦门、湖南进行首位度比较。

从人口首位度看，无论是二城市指数法（常住人口/第二城市常住人口）还是多城市分析法（常住人口/全省常住人口），对人口首位度的评价是一致的。大致可以分为人口首位度较高的城市：武汉、成都、西安，首位城市在常住人口规模上第二城市的两倍左右（1.72~2.50）；另外，武汉、成都、西安、沈阳首位城市常住人口占全省比例也在20%左右（18.46%~25.07%）。人口首位度居中的城市有广州、南京、杭州、青岛、长沙、郑州、厦门、深圳，首位城市和第二城市常住人口数量相差不大，占全省常住人口比例在10%左右，其中特殊的有两类，其一是杭州，首位城市占全省常住人口比例达到15%以上；其二是郑州，首位城市比第二城市人口多45%。

表3 2017年部分城市人口首位度比较

城市	常住人口（万人）	第二城市常住人口（万人）	第二城市名称	全省常住人口(万人)	常住人口/第二城市常住人口	常住人口/全省常住人口
广州	1449.8	1252.8	深圳	11169	1.16	12.98
深圳	1252.8	1449.8	广州	11169	0.86	11.22
沈阳	829.4	—**	大连	4369	—	18.98
南京	833.5	1068.4	苏州	8029	0.78	10.38
武汉	1089.3	634.1	黄冈	5902	1.72	18.46
成都	1604.5	641.9	南充	8302	2.50	19.33
西安	961.7	538.3	渭南	3835	1.79	25.07
杭州	946.8	800.5	宁波	5590	1.18	16.94

续表

城市	常住人口（万人）	第二城市常住人口（万人）	第二城市名称	全省常住人口（万人）	常住人口/第二城市常住人口	常住人口/全省常住人口
青岛	929.1	732.1	济南	10006	1.27	9.29
厦门	401.0	766.0	福州	3911	0.52	10.25
郑州	988.0	682.0	洛阳	9559	1.45	10.34
长沙	791.8	737.5	邵阳	6860	1.07	11.54

* 按照二城市指数法，第二城市为省域内常住人口第二多的城市，在进行比较的12个城市中，深圳、南京、厦门的常住人口数量为省内第二，所以这三个城市所对应第二城市的常住人口数实为常住人口在全省最多的城市。另外，按照二城市指数法，第二城市为省域内生产总值第二多的城市，在进行比较的12个城市中，广州、沈阳、南京、厦门的生产总值数量为省内第二，所以这四个城市所对应第二城市的生产总值数实为生产总值在全省最多的城市。

** 2017年大连市常住人口数据未公布。

资料来源：2018年部分省份统计年鉴，2018年部分省统计公报，2018年部分城市统计公报。

从经济首位度看，无论是二城市指数法（生产总值/第二城市生产总值）还是多城市分析法（生产总值/全省生产总值），对经济首位度的评价也是一致的。大致可以分为经济首位度较高的城市：武汉、成都、西安、郑州、长沙，首位城市的生产总值是第二城市的两倍以上，除了郑州外，其他城市的首位城市生产总值占全省生产总值比例在30%以上。经济首位度居中的城市有深圳、杭州、青岛，首位城市在生产总值上是第二城市的1~2倍，首位城市占全省生产总值比例在20%左右。而广州、南京、沈阳、厦门从经济总量上看不是首位城市。

表4 2017年部分城市经济首位度比较

城市	生产总值（亿元）	第二城市生产总值（亿元）	第二城市名称	全省生产总值（亿元）	生产总值/第二城市生产总值	生产总值/全省生产总值（%）
广州	21503.2	22490.1	深圳	89705.2	0.96	23.97
深圳	22490.1	21503.0	广州	89705.2	1.05	25.07
沈阳	5865.0	7363.9	大连	23409.2	0.80	25.05
南京	11715.1	17300.0	苏州	85869.8	0.68	13.64
武汉	13410.3	4064.9	襄阳	35478.1	3.30	37.80
成都	13889.4	2074.8	绵阳	36980.2	6.69	37.56
西安	7469.8	3361.3	榆林	21898.8	2.22	34.11

城市	生产总值（亿元）	第二城市生产总值（亿元）	第二城市名称	全省生产总值（亿元）	生产总值/第二城市生产总值	生产总值/全省生产总值（%）
杭州	12603.4	9842.1	宁波	51768.3	1.28	24.35
青岛	11037.3	7202.0	济南	72634.2	1.53	15.20
厦门	4351.7	7103.4	福州	32182.1	0.61	13.52
郑州	9130.2	4290.2	洛阳	44552.8	2.13	20.49
长沙	10535.5	3119.7	岳阳	33903.0	3.38	31.08

＊按照二城市指数法，第二城市为省域内生产总值第二多的城市，在进行比较的12个城市中，广州、沈阳、南京、厦门的生产总值数量为省内第二，所以这四个城市所对应第二城市的生产总值数实为生产总值在全省最多的城市。

资料来源：2018年部分省份统计年鉴，2018年部分省份统计公报，2018年部分城市统计公报。

（二）郑州还未发展成为强核心首位城市

从图1和图2可以看出，从二城市指数法看，按照2这一合理区间标准，郑州市人口首位度和经济首位度与其他城市相比，处于较为合理的区间，排名比较靠前；但是按照多城市分析法，郑州的排名较为靠后。可以看出，郑州市在与第二经济城市相比，人口数量和经济总量存在较为明显的优势，但是在全省所占比例与其他城市相比还存在差距，反映出郑州市对全省经济的带动作用和人口集聚能力还存在不足。

从结果上看，沿海发达城市的首位度基本上处于居中和较低的水平，主要原因是其中心城市一般有两个，从这个角度看，12个城市可以分为两类，一类是双核心城市：广州和深圳、沈阳（大连）、南京（苏州）、杭州（宁波）、青岛（济南）、厦门（福州）。另一类是单核心城市：武汉、成都、西安、郑州、长沙。双核心城市中，首位城市和第二位城市共同承担着引领和辐射区域发展的任务，两个城市间经济总量和人口规模较为相近，按照二城市指数法计算，双核心城市经济较为发达、集聚人口较多，但首位度仍然不高。

与其他单核心城市相比，郑州的首位度不高。从一定程度上反映出与武汉、成都、西安相比，郑州不是一个强核心的中心城市，对区域经济的带动辐射能力较弱。其原因主要有：一是经济总量还不够大，与武汉、成都相比经济总量相对较小，高端产业发展滞后，主导产业不强不大，产业竞争力不足。二是高端要素集聚能力不足，只有集聚人才、资金、技术等高端要素才能产生规模集聚效应。与武汉相比，郑州上市公司数量明显较少，在每万人高校在校生数、高技术制造业占规模以上工业增加值比重、专利授权数方面都与武汉存在较大差距。三是辐射带动能力不足，尚未形成与周边腹地相辅相成、要素双向流动的机制。

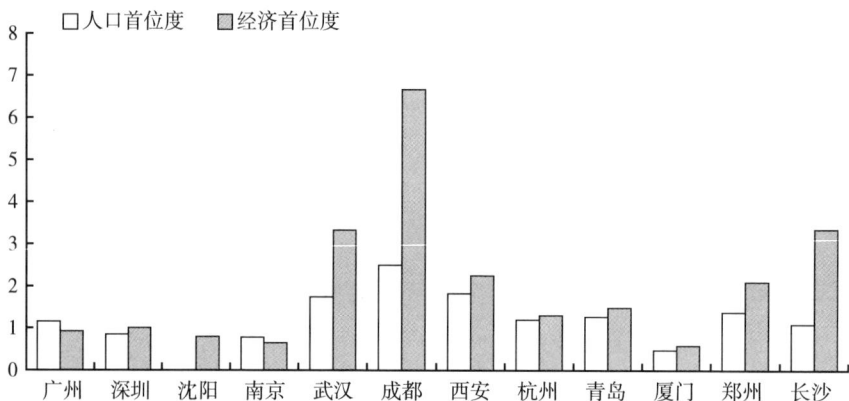

图1 2017年部分城市人口首位度和经济首位度比较（二城市指数法）

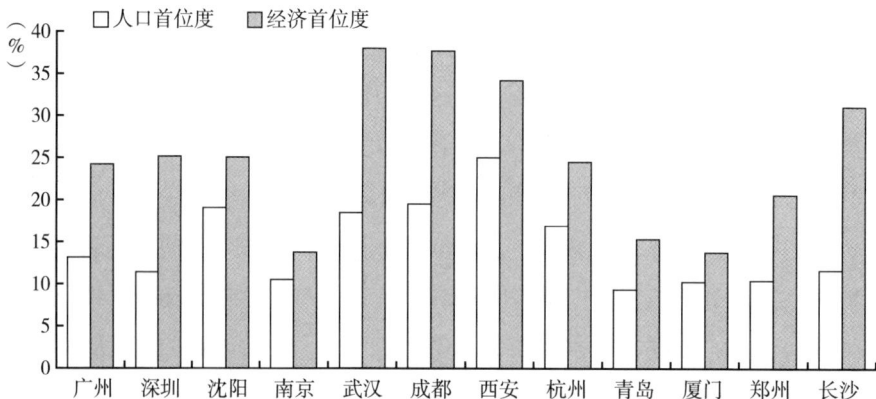

图2 2017年部分城市人口首位度和经济首位度比较（多城市分析法）

（三）其他城市提高城市首位度的政策借鉴

在省会城市中，南京和济南不是首位城市，因此，这两个城市相继提出要加快提高城市首位度，但是选择的路径不同。2018 年南京市政府明确提出要提升南京首位度，把南京打造成长江经济带的战略节点、扬子江城市群的重要龙头、南京都市圈的核心城市。南京在提升首位度上不走捷径，要通过新发展理念的实践，提升省会城市功能和中心城市首位度，来提高高质量发展的首位度，而不是通过扩大城市的面积和城市的版图来提高南京的首位度。与南京的发展思路不同，2018 年 2 月，国务院批复的《山东省新旧动能转换重大工程实施规划》中明确提出，提高省会城市济南的首位度，建设"大、强、美、富、通"的现代化省会城市。2019 年 2 月，国务院批复同意山东省对济南市、莱芜市行政区划调整，撤销莱芜市，将其所辖区域划归济南市管辖，至此济南市 GDP 由全省第三位上升至第二位。郑州在提高首位度的实践中，应把以人为本、高质量发展放在首位。

三 郑州提高首位度的对策建议

郑州作为河南省乃至中原城市群的中心城市，在国家中心城市中承担着带动中部地区崛起的重任，虽然近年来首位度稳步提高，但与武汉、西安、成都等其他国家中心城市相比，仍然偏低，带动力、辐射力、影响力仍然不足。为此，在加快建设国家中心城市以及带动中原城市群发展的要求下，郑州要提高首位度，进一步集聚高端要素、做大做强优势产业，培养和形成区域核心发展优势。

（一）着力提高高端产业发展能力

高端产业是郑州提高首位度的重要支撑。以现代生产性服务业为重点，加快培育现代化经济体系发展。突出发展文化、会展等现代生产性服务业，突出新经济、新技术、新模式的业态。加快发展网络经济发展，在制造业、服务业、能源等领域加快互联网的应用，积极推动互联网医疗、互联网教育、线上线下结合等新业态的发展，推动企业利用互联网开展研发、生产、服务和商业模式创新，建设网络经济强市。坚持以会带展、以展促会，突出会展业国际化主线，培育一批高规格、高质量、综合性龙头展会和专业品牌展会，全面推进会展业专业化运营、市场化转型、品牌化提升、智慧化应用、生态化发展，推动会展业与城市定位协调、与城市品牌互动、与产业特色融合。坚持国际化、高端化、特色化发展方向，推进文化和旅游深度融合，开发满足不同层次游客需求的文旅服务，链接中原城市群兄弟城市特色优势，打造一批享誉国内外的精品景区和精品旅游线路，带动郑州文旅发展由传统景区模式向现代全域模式转变，由观光产品向"游购娱养食"一体化产品服务体系转变。全面提升制造业发展层次。发挥电子信息、汽车制造、装备制造、新材料等四大战略支撑产业集群优势，增强智能终端、应用电子、软件与信息服务、大中型客车、新能源汽车、大型成套装备、通用航空装备、轨道交通装备、节能环保装备、超硬材料、新型耐材等产业全球竞争力。培育发展新一代信息技术、生物及医药、智能制造装备三大新兴未来产业集群，着力在信息安全、物联网、云计算、大数据、北斗导航、节能环保、增材制造、生物制药、储能材料、智能机器人、精密数控机床以及量子通信、虚拟现实等前沿领域实现技术率先突破。打造都市型农业现代示范区。围绕全域旅游城市建设，加快休闲农业转型升级，发展乡村风情游、民宿民居和农产品加工体验游，推进农业与旅游、教育、文化传承、康养等产业深度融合。鼓励发展创意农业，包括楼宇农业、庭院农业、阳台农业等。

（二）着力强化高端要素集聚能力

高端要素集聚能力是提高首位度的根本体现。要围绕金融、创新、人口三大关键领域，着力提高郑州城市高端要素集聚能力。把服务实体经济作为金融产业发展的出发点和落脚点，推进郑东新区金融集聚核心功能区提质发展，打造对接国际、服务全国的金融功能集聚区和中西部最大的要素市场聚集地。集聚全球高端创新资源。重点加强以企业为主体的协同创新，充分发挥本地创新资源作用，推进和鼓励企业、高校、科研院所联合构建产业技术创新战略联盟，建设一批研发实力强、协同创新效益好的产学研协同创新重大平台，推进关键技术和瓶颈的联合攻关，提高企业自主创新能力。加强区域协同创新，吸引北京、上海等发达地区的科技创新资源。全面融入全球创新体系，吸引一批世界一流科研院所、跨国公司、国际科技组织在郑设立研发中心、中试基地。引入研究生院，开展联合办学。鼓励科研团队建立民间非企业机构，以产业化管理模式与考核指标开展科研活动与成果转化。跟踪《军用技术民用推广目录》，建立待转化军用科技成果信息平台，促进军用技术的转化。强化与"一带一路"沿线国家科研交流与合作，共建联合实验室。支持工业骨干企业利用国际国内创新资源，开展技术创新、产品研发设计创新等，提升企业核心竞争力，创建国家级工程（技术）研究中心、企业技术中心、重点实验室、工程实验室等创新平台。深入推进"智汇郑州·1125 聚才计划"，实施更加开放、更有竞争力的创新人才引进政策。发挥政府投入引导作用，鼓励高等院校、科研机构、社会组织、企业等有序参与人才资源开发，统筹发挥人力资源优势与引进培育高端人才，强化职业教育和高等教育综合利用，建设结构合理的创新人才队伍。完善针对高层次人才的配套服务政策，推进外籍高层次人才永久居留政策和通关便利措施落实。在引进高层次人才方面，出台高层次人才引进的奖励办法，激励全社会积极参与高层次人才的引进工作。建立本地人才关键技能列表，指导职业教育与学术教育的体系设计。

（三）着力增强区域协调发展能力

区域协调发展能力是提高首位度的重要路径。增强区域协调发展能力，有利于拓展郑州城市发展空间。与其他国家中心城市相比，郑州市辖区面积明显偏小，且近年来未做大的调整，因此必须通过城市—区域的协调发展，来增强城市发展空间。郑州要树立系统思想，加强战略规划平台的协同联动发展，加强制度创新，提升战略示范效应，形成工作推进合力，要在科技创新、物流集散、信息枢纽、对外开放等方面提升郑州的发展潜力和辐射带动能力，带动河南走出一条具有中原特色的新型城镇化道路。明确郑州未来要发挥的作用，发展的产业，吸纳的人才层次，实现与其他城市的错位和互补发展。既为其他城市发展提供机会，也可以为自身的发展预留充足的空间。加强与武汉、长沙等周边省会城市的统筹联动发展，努力形成构建覆盖中部地区的城市体系，最大化释放中心城市及所在其城市群所形成的规模经济和外部经济，进一步提高经济效率。中部地区只有武汉和郑州是国家中心城市，从这一角度看，郑州和武汉应按照促进中部地区崛起的战略目标，加快健全沟通协调机制，加强南北呼应和联动发展，完善区域城镇体系提升生产效率，进而促进中部地区崛起。

（四）着力发挥国际综合交通枢纽优势

国际综合交通枢纽城市是提高首位度的最大优势。统筹布局大能力、高品质综合交通物流网络，发挥各种运输方式的优势和互补性，按照"开美、稳欧、拓非、连亚"的发展思路，努力打造贯通全球的航空运输通道；以加快推进高速铁路发展为重点，优化提升新亚欧大陆桥、京港澳通道，建成济—郑—万、太—郑—合通道，推动国家通道过境职能外迁，构建连接东西、贯通南北、辐射八方的综合运输通道，基本形成以郑州为中心的国际运输通道和米字形主通道。按照"零距离换乘、无缝化衔接"要求，构建城市内部多站点的高铁枢纽格局，优化高铁线路组织，强化铁路站点与机场枢纽之间的无缝衔接和"零距离"换乘。加快交通和物流融合发展，发挥铁路、公路、航空运输的综合优势，积极与沿海港口进行功能对接，推动多种运输方式协同发展，以空陆联运、公铁联运和铁海联运为重点，提升多式联运水平，积极推动国际航空货运、中欧班列（郑州）、高铁、公路运输无缝对接、双向联运，构建公铁集疏、陆空衔接、高效便捷竞争新优势。

（五）着力优化城市地域发展空间

城市地域发展空间的集约节约利用是提高城市首位度的重要前提。我国特大城市普遍存在的问题是土地集约节约利用程度较低，造成城市发展空间受限，从而影响到城市重要功能的提升和空间效率的发挥。郑州提高城市首位度，要按照"东扩、西拓、南延、北联、中优"发展思路，持续优化市域空间布局。"东扩"，继续推动郑汴一体化，建成国际化区域金融中心、国际文化创意园、国际交往中心、创新创业高地、行政文化服务区、高等教育园区和现代体育中心。"西拓"，以规划建设郑上组团为抓手，打造"郑州西花园"，与郑东新区相呼应，实现城市均衡发展，建设高端商务会议中心、高端装备制造基地、高新技术产业基地、新材料基地、通航产业基地、医疗康复中心、创新创业中心。"南延"，要高标准、高质量、高规格建设郑州航空港经济综合实验区、新郑组团，建成国际航空大都市、区域核心增长极，推进许港产业带建设。"北联"，要探索向北"跨黄河"与焦作、新乡毗邻地区联动发展，加强黄河两岸生态保护，建设沿黄生态经济带。"中优"，要优化中心城区布局，有序推进功能疏解，提高产业层次，提升城市品位，强化金融商务、总部经济、国际交往、文化创意和都市休闲旅游等功能，建设环境优美、生活方便、交通便捷的现代化中心城区。同时，要着力推动"1＋4"郑州大都市区建设，强化郑州大都市区在中原城市群的带动引领作用，推动郑州大都市区城市功能整合和产业布局优化。

参考文献

雷仲敏、康俊杰：《城市首位度评价：理论框架与实证分析》，《城市发展研究》2010年第4期。

高洁、伍笛笛、蓝泽兵：《基于城市首位理论的成都"首位城市"发展研究》，《中共成都市委党校学报》2013年第5期。

王琛、黄凯悦：《城市首位度分析及相关对策》，《北方经贸》2016年第4期。

陈维民、雷仲敏、康俊杰：《青岛城市首位度评估分析及相关对策》，《青岛科技大学学报》（社会科学版）2016年第3期。

何利：《中国省会城市首位度结构特征研究——基于经济分布的实证分析》，《技术经济与管理研究》2017年第6期。

B.17
许昌以转促优加快高质量发展

王建国*

摘　要：　党的十八大以来，许昌市以新发展理念为引领，理清转型发
展思路，以结构调整为抓手，以改革开放和创新为动力，不
断加快产业转型和经济转型；以加快城镇化进程为路径，以
建设美丽许昌为目标，加快社会转型和文化转型，有效推进
了高质量发展，成为全省学习的典范和样板。

关键词：　许昌　转型发展　高质量发展

　　党的十八大以来，许昌认真贯彻落实党的十八大、十九大精神和习近平
总书记调研河南讲话精神，坚持以新发展理念为引领，按照河南省委、省政
府深入推进供给侧结构性改革、着力推动创新转型发展的工作部署，拉高标
杆、持续求进，不断实现了从外延增长向内涵增长、从低效供给向高效供
给、从数量速度向质量效益、从经济发展到社会进步的转变，走出了一条具
有许昌特色的以转促优加快高质量发展的路子，为人们提供了先进的可资借
鉴的经验，成为全省学习的样板。

一　加强顶层设计，理清转型发展思路

　　党的十八大以后，我国经济发展逐步进入新常态，党的十九大更是做出

---

*　河南省社会科学院城市与环境研究所研究员。

了我国经济进入由高速增长转向高质量发展新阶段的重大判断，经济增长将由高速转向中高速，同时要通过加快供给侧结构性改革，强化"三去一减一补"，从根本和源头上优化经济结构，并加快培育新动能，着力推进经济发展动力由物质和人力的大规模投入转向综合创新驱动发展。许昌市坚持以新发展理念引领经济发展新常态，明确了"两高一率先"，即主要经济指标增速高于全省、全国平均水平，主要人均指标高于全省、全国平均水平，率先全面建成小康社会的发展目标和"一极两区四基地"，即中原城市群重要增长极；全国生态文明先行示范区、全国创业创新示范区；先进制造业基地、临空经济基地、现代物流基地、生态健康养生基地的发展定位，实施"四大战略"，即创新驱动、开放带动、人才强市、许港融合战略，建设"四个强市"即现代农业强市、先进制造业强市、现代服务业强市、网络经济强市，尤其在转型发展上，围绕产业链部署创新链，依托创新链提升价值链，推进产业迈向中高端水平，加快构建特色鲜明、结构合理、优势突出的现代产业体系。

充分发挥政策导向作用，集成政策聚转型之力，制定出台中国制造2025许昌行动纲要、战略性新兴产业培育发展计划、"互联网＋"行动计划、大企业集团培育计划、高新技术企业培育发展计划、工业转型发展行动计划、企业上市培育行动计划、企业家队伍培养"十百千"行动计划、英才计划等9个行动计划，最大限度地发挥政策的引导和激励作用。充分发挥专项突破作用，集中力量破转型之困，2017年以后先后实施了100多个重大事项和重大项目，着力解决事关转型发展的几十个重大问题，力求以专项突破打破转型瓶颈。充分发挥项目带动作用，坚持把项目作为稳增长、调结构、促转型的有力抓手，2017年以来实施的350多个重点项目，累计完成投资近1800亿元，不断夯实转型发展的基础。

二 突出结构调整，提升转型发展质量

促进转型发展的基础是经济转型，其关键又在于产业转型，其抓手在于产业结构的调整。近年来，许昌市牢固树立创新协调绿色开放共享五大发展

理念，把优化产业结构作为转型发展的主攻方向，把延链补链拉长产业链作为重点，不断推动产业向高端化、绿色化、智能化、融合化转型，为全市的转型发展奠定了坚实的经济基础。

许昌市顺应我国高质量发展的趋势，以"中国制造2025""互联网＋"为契机，加快实施"设备换芯""机器换人""生产换线"，推动电力装备、再生金属及制品等传统优势产业向产业链、价值链高端提档升级。近年来先后有3家企业入选全国"两化"融合管理体系贯标试点企业，2家企业入选全省"互联网＋"工业创新示范企业，3家企业成为全省智能制造工厂试点。随着传统优势产业的升级，智能制造、先进制造的比重大幅提升，均达到40%以上。

紧盯新产业、新技术发展方向，制定实施《中国制造2025许昌行动纲要》、高新技术企业培育发展计划、战略性新兴产业培育发展计划和"互联网＋"行动计划，重点培育壮大高端装备制造、新能源汽车、新能源、生物医药等战略性新兴产业，积极培育新的经济增长点。近年来战略性新兴产业增加值占全市规上工业比重不断大幅提高，达到35%以上，占全省战略性新兴产业比重也超过15%，成为河南全省三个战略性新兴产业核心集聚区之一。

深入推进供给侧结构性改革，结合自身实际把"三去一降一补"落到实处。近年来，许昌市先后关闭退出煤矿19处、压减产能397万吨。建立环境倒逼机制，坚决关停小陶瓷、小铸造、小镀锌等"小散乱"企业，规划了禹州绿色铸造示范产业园、长葛表面处理产业园、魏都区循环经济产业园等7个产业园区，整合400多家企业入园发展，不断拓展发展新空间。

以信息服务业为引领，以现代物流、文化旅游、金融、健康养老为重点，积极发展新业态、新模式，通过规划建设许昌国家中医药综合改革试验区，重点推动鄢陵县、禹州市、市城乡一体化示范区"一区三园"健康养生养老基地建设；推动多式联运、冷链物流、城乡邮政、快递运送融合发展，打造中原地区最大的"冷谷"；加快市、县两级电子商务产业园建设，培育壮大发制品、蜂产品等特色电商产业；打造经济增长新引擎，加快三次产业转换步伐，以及加快特色商业区和商务中心区提速增效，实现产业集聚、特色培育和功能提升，推动现代服务业提速提质发展，加快全市三次产业结构转型步伐。

三　强力推进综合创新，加快发展动能转换

近年来，许昌立足中国特色社会主义新阶段，坚持顺应和引领经济发展新常态，牢固树立科学技术是第一生产力、人才是第一资源的理念，把创新作为经济社会发展的第一动力摆上党委和政府的重要议事日程，制定并实施《许昌市创新驱动发展战略规划（2018－2030年）》，以创新引领实体经济转型升级，不断促进经济由高速增长向高质量发展转变。

坚持把科学技术作为创新的源泉，充分发挥科学技术作为第一生产力的作用。发挥政府主导作用，构建财政对科学技术投入的稳定增长机制，大幅增加财政对科学技术研发的投入，以此撬动全社会对创新的投入。2017年以来，全市企业研发投入持续增长，占全社会研发投入的比重达到97.3%，高出全省平均水平11.8个百分点，许继、森源、黄河、众品等骨干企业研发投入数量占销售收入比重达到6%以上，全市科技进步对经济增长的贡献率达到59%。许昌市委、市政府每年都拿出几千万元重奖科技创新企业和科技人才，获全国十大"中国质量魅力城市"称号。

坚持把企业作为创新的基础，不断强化企业的创新主体地位。采取措施出台政策，千方百计地引导各类技术创新要素向企业集聚，引导支持企业的研发能力建设，深化与中科院、北京邮电大学等院校的合作，积极培育以创新型企业为龙头、高新技术企业为骨干、科技型中小企业为主体的创新企业集群，大力引进并转化先进技术成果，推动核心技术自主创新。2017年以来许继、森源、黄河、众品等企业依靠创新，产量连续多年保持高速增长，其中森源电器连续两年保持30%以上增速；全市新增高新技术企业40家、总数近百家，其中4家企业入围省首批创新型龙头企业；全市专利申请量10055件、授权量4470件，分别居全省第2位、第3位。

坚持把平台作为创新的必要条件，不断强化创新平台和载体建设。许昌

市不断创造条件，通过实施一批"双创"示范基地重点项目，加快创建国家高新区、国家知识产权示范城市步伐。充分发挥创新平台支撑作用，加速科技成果向现实生产力的转化。已经建成科技大市场、中科院技术转移河南中心许昌分中心和郑州大学许昌研究院，森源电气成功创建国家级企业技术中心，到2017年全市拥有省级以上工程技术研究中心70多家，院士工作站12家，许昌高新技术创业服务中心被认定为国家级科技企业孵化器。

坚持把人才作为创新的根本，下大功夫加强人才引进和利用。许昌市高度重视人才在创新中的决定作用，深入实施"许昌英才计划"，创新柔性招才引智机制，不为所有，但求所用，大力引进高层次创新创业人才和团队，以团队带项目、兴产业。同时，加快高层次人才服务中心和人才公寓建设，开展"一站式"创业服务，为人才的引进并发挥作用创造良好的环境条件。加大财政投入力度，设立15亿元的"许昌英才基金"，先后引进中科院院士、长江学者、国家"千人计划"专家等高级人才15人，博士近200人。

四　通过改革开放两手发力，深层激发发展动力活力

以改革开放为根本动力，坚持"内外并举、双轮驱动"，一手抓招商引资，一手抓民营经济，不断为高质量发展注入动力释放活力。近年来，加快政务服务"一网、一门、一次"改革，大力推进审批服务便民化。深化国企改革，妥善解决债务处理、债权保护、资产处置、职工安置等问题。稳步推进机构改革，继续深化行政执法、医药卫生、供销社、投融资、财税等体制改革。坚持"政府办好围墙外的事，企业办好围墙内的事"，着力优化营商环境。

积极融入"一带一路"建设，不断提升改革开放的层次和水平。一是瞄准东盟市场推动许昌制造"走出去"，2017年组织36家企业参加东盟（曼谷）中国进出口商品博览会，达成合作意向和产品销售协议26个、现场签订销售合同3.8亿美元；二是瞄准德国优势企业和先进技术"引进来"，聘请德国前国防部长鲁道夫沙尔平作为招商顾问，两次组团率41家企业赴德国考察，并参加中德经济对话会等经贸活动，有数十家德国企业来许昌对接洽谈，签订

合作项目协议 11 个、达成合作意向 10 个，中德金属生态城项目已开工建设。三是推行"二分之一"工作法，实施精准招商、驻地招商和产业链招商，每季度在沿海发达地区开展一次专题招商活动，2017 年全市签约亿元以上项目 114 个、总投资 821.8 亿元，一批高质量项目相继落地。

大力促进民营经济发展。针对民营经济发展中存在的困难和问题，多次召开民营经济发展座谈会，制定并发布促进民营经济发展的 38 条政策措施，着力构建亲清政商关系，鼓励引导"许商"回归创业，掀起了民营企业的"二次创业"高潮，促进了民营经济的转型发展。全市民营经济占 GDP 比重稳定在 80% 以上，民营企业达到 5 万余家，主营业务收入百亿元以上民营企业 5 家，4 家企业入围 2016 年中国民营企业 500 强。

五 大幅提升城镇化发展质量，夯实转型发展的平台和载体

坚持以人为核心，着眼于提高城镇化质量，统筹推进郑许功能重构、平台共享、空间对接。从许昌实际出发，发挥区位交通优势，加快郑许市域铁路建设，积极构建郑许间立体快捷交通体系。加快对接郑州空港，实现错位互补发展。重点加强交通、产业、生态、功能等方面与空港的对接，形成"1＋1＞2"的协同发展效应。按照互补错位链接的原则，积极承接郑州航空港、河南自贸区产业的辐射和溢出，吸引更多优质产业和企业入驻，加强与空港的配套与服务，重点抓好许昌中德（欧）产业园和长葛产业新城建设。推进生态共建，打造独具魅力的郑州大都市区"南花园"。

以入选全国老旧小区改造试点城市为契机，加快实施"四改一增"工程。统筹城市地上地下规划建设，科学合理开发利用地下空间。把百城建设提质与文明城市创建、城市"双修"结合起来，加强城市规划、建设、管理、经营。深化中心城区"五城联创"和县（市）城区"三城联创"，巩固创建成果。抓好交通秩序"治乱"、市容卫生"治脏"、生态环境"治污"、公共服务"治差"，让许昌成为创业之都、宜居之城、幸福之家。提

升县域治理水平，抓好国家新型城镇化综合试点建设，支持组团城市向心发展，提升神垕、大周等重点示范镇发展水平。

与此同时，以科学发展载体建设为抓手，促进产城互动和融合发展，推动城市和产业转型升级，提升可持续发展能力。加快产业集聚区转型升级步伐，将产业集聚区打造成全市创新发展的引领区。2017年，全市10个省级产业集聚区建成区面积达到88平方公里，全部进入星级，其中三星级1个、二星级2个，规上工业主营业务收入超千亿元1个、超500亿元2个。

推动商务中心区和特色商业区提速扩容，打造服务业转型发展示范区。2017年全市1个商务中心区和6个特色商业区建成区面积达到9.33平方公里，入驻企业1840家，其中三星级1个、一星级2个，魏都区、长葛市特色商业区先后进入全省"十强""十快"行列。

推动产城互动融合发展，将许昌新区打造成协调发展新城区。坚持以产兴城、以城带产，加快新城区建设和发展。2017年，新城区建成区面积39平方公里，入驻工业和服务业企业200余家；深入开展"五城联创"，即水生态文明城市、海绵城市、智慧城市、国家生态园林城市、中国人居环境奖联合创建活动，取得了良好的成效。城市信息化、绿色化、资源化水平不断提高，数字化城管、建筑垃圾资源化利用和城乡垃圾一体化处理，先后获得"中国人居环境范例奖"，被中央文明委确定为全国文明城市5个集中巡礼城市之一，是中西部地区唯一入选城市。

六　加快建设美丽许昌，优化人居和发展环境

以习近平总书记提出的"绿水青山就是金山银山"为指导，认真贯彻中央、省生态环境保护大会精神，像对待生命一样对待生态环境，促进了经济社会环境的协调发展。坚持生态惠民、生态利民、生态为民，扎实推进国家生态文明先行示范区建设，统筹抓好湿地、农田、城市等生态系统建设，积极打造制度创新试验区、静脉产业发展示范区、水生态文明样板区、生态人居典范区。按照国家相关要求，科学划定城镇、农业、生态空间和生态保

护红线、永久基本农田保护红线、城镇开发边界，加强国土等自然资源保护和开发，促进各类资源高效利用。以"绿满许昌"行动计划为抓手，以国家储备林基地建设为重点，深入实施国土绿化提速行动，积极推动中华生物园规划编制，加快城郊森林、森林公园、生态廊道、森林乡村建设，打造生态宜居、充满活力的现代化森林城市。推动花木产业壮大规模、提档升级，让"中国花木之都"名片更加闪亮。大力发展循环经济，积极发展节能环保产业，开展节能减排技术改造，提高能源清洁化利用水平。加快静脉产业园、大周再生金属循环经济产业园、襄城县煤焦化循环经济产业园建设，支持长葛市建设国家循环经济示范城市。

充分发挥政府作为"守夜人"、"搭台者"和"清障手"作用，强化服务意识，创优发展环境，全方位为转型发展加力助推。建立企业首席服务员制度，开展产销、银企、用工、产学研对接；坚持市级领导分包重点项目制度，及时协调解决问题。

盼群众所盼，出台《许昌市影响重大项目建设效能过错责任追究暂行办法》《许昌市懒政怠政为官不为行为问责暂行办法》，着力解决"不敢为、不会为、不想为"等问题，为企业和群众提供优质高效的政务服务。

急企业所急，全力破解融资难题。市区及所属各县（市）与中国政企合作基金公司、省豫资公司、邮储银行河南省分行签订投融资公司合作协议，解决企业的融资难融资贵问题，近几年先后谋划项目 557 个，总投资2092 亿元，到位资金 444 亿元，成功入选首批国家产融合作试点城市、首批全国 PPP 创新工作重点中小城市。

参考文献

董学彦：《转型发展的"许昌样本"》，《河南日报》2017 年 4 月 24 日。

董学彦、王烜：《打造高质量发展的"许昌样板"》，《河南日报》2018 年 11 月 22 日。

《2018 年许昌市政府工作报告》，http：//www.xuchang.gov.cn/。

B.18
漯河建设豫中南地区性中心城市研究

彭俊杰 *

摘　要： 豫中南地区作为传统农区，在中原城市群"一核多极"空间
　　　　 布局中是唯一缺乏中心城市辐射带动的发展板块，也是区域
　　　　 协调发展中存在明显弱势的板块。无论从经济联系、交通区
　　　　 位、主导产业、城市功能、历史文化等方面，漯河都具备建
　　　　 设地区性中心城市的基础和优势。当前及未来一个时期，建
　　　　 设豫中南地区性中心城市需要从强化顶层设计、提升承载能
　　　　 力、夯实产业支撑、加大开放力度、持续深化改革等多方面
　　　　 发力。

关键词： 豫中南　地区性中心城市　基本路径

　　地区性中心城市，相比国家中心城市、区域性中心城市而言，其规模不一定很大，但是在一定地域内居核心地位、发挥主导作用，具有较强的辐射力、影响力和控制力的中心城市，是所在地区的经济增长中心、交通运输中心、商贸物流中心、信息交流中心、科教文化中心、金融服务中心，它的发展将会对区域发展起到明显的带动作用。豫中南地区作为传统农区，在中原城市群"一核多极"空间布局中是唯一缺乏中心城市辐射带动的发展板块，也是区域协调发展中存在明显弱势的板块。漯河地处中原城市群沿京广发展主轴、东部承接产业转移示范区和南部高

　　* 彭俊杰，河南省社会科学院城市与环境研究所助理研究员。

效生态经济示范区交会处，区位居中、交通便利，曾是首批内陆经济特区，资源禀赋优良、比较优势突出，区域经济联系密切、产业辐射带动能力强，基本具备建设地区性中小城市的基础和优势。顺应区域发展规律，建设漯河豫中南地区性中心城市，有效破解区域城乡发展不平衡不充分的问题，辐射带动豫中南地区迈向高质量发展，为新时代中原更加出彩增添浓彩。

一 漯河建设豫中南地区性中心城市的重要意义

漯河加快建设豫中南地区性中心城市，对于优化区域发展总体布局、推动区域城乡协调发展、满足人民对美好生活需要，提升漯河发展水平和发展质量都具有重要战略意义。

（一）推动区域经济高质量发展的内在要求

党的十九大报告指出，我国经济已由高速增长阶段转向高质量发展阶段。豫中南地区作为传统农区，第一产业比重大，第二、第三产业比重小，食品工业优势突出。2016 年，豫中南七市食品工业实现增加值 1999 亿元，占全省比重为 51.2%，占七市工业增加值比重达到 21.2%。其中，漯河食品工业增加值达到 330 亿元，占豫中南七市比重为 16.5%，占全省比重为 8.5%。漯河食品工业从业人员 13 万人，近半数来自周边地市；每年从周边地市采购加工粮食 400 万吨，占豫中南七市粮食年产量的 12%。漯河食品工业已经具备辐射带动周边地市能力，成为区域性的主导产业。如何按照高质量发展的要求，抓住食品产业品牌提升的机遇，推动以健康为核心的食品产业转型，提高区域产业核心竞争力，是豫中南地区面临的关键问题。当前，漯河已经成为区域食品产业发展中心，构建了食品全产业服务链，初步形成食品产业生态优势，能够更加有效引导豫中南地区食品产业集聚发展，推动全省三个万亿级产业集聚布局规划的实现，带动区域整体经济的高质量发展。

（二）培育中原城市群新增长极的客观需要

2016 年 12 月，国务院正式批复《中原城市群发展规划》，提出把中原城市群打造成全国经济发展新增长极。加快中原城市群的发展，既需要国家中心城市来支撑，又需要根据城镇化布局打造形成若干地区性中心城市，形成"一核多极"的空间布局。郑州、洛阳、安阳、商丘等城市分别作为中原城市群的中心城市、副中心城市和豫北、豫东地区的中心城市，能够辐射带动河南中部、西部、北部、东部广大区域发展，但是在豫中南地区还缺乏区位居中、交通便利、产业密切联系、服务功能相对完善的中心城市。漯河位于郑州大都市区和武汉城市群的中间地带，地处中原城市群沿京广发展主轴、东部承接产业转移示范区和南部高效生态经济示范区交汇处，既是淮河生态经济带节点城市，又是中原城市群重要节点城市。漯河建设成为豫中南地区中心城市，不仅能够带动食品加工等传统农区优势产业的集群化发展，又能更好地连通"一带一路"和长江经济带，形成新的增长区域和开放空间。

（三）加快河南新型城镇化进程的现实选择

新型城镇化是现代化的必由之路，是解决发展不平衡、不协调、不可持续问题的重要路径。河南是全国第一人口大省和农业大省，虽然 2017 年常住人口城镇化率超过 50%，初步实现了由以乡村型社会为主体向以城镇型社会为主体的历史性转变，但是常住人口城镇化率仍然低于全国平均水平约 8 个百分点；同时，豫中南地区常住人口城镇化率仅为 43.88%，低于全省平均水平 6.3 个百分点，低于全国平均水平约 14 个百分点。城镇化发展滞后已经成为豫中南地区经济社会发展的最大症结所在。可以说，河南是"十三五"时期及未来一个时期全国新型城镇化重点区域，豫中南地区是重点区域中的重点。漯河和信阳、驻马店、周口等相邻区域，常住人口城镇化率都低于全省平均水平，都面临着协同推进新型城镇化和实现乡村振兴的历史任务。加快把漯河打造成为豫中南地区性中心城市，有利于更好地发挥漯河食品等主导产业对新型城镇化的推动作用，发挥漯河作为区域公共服务供给中心对农业转移人口的拉力作用，加快实现城乡融合协调发展，为全省推进新型城镇化、破解区域城乡发展的不平衡、不协调难题做出积极贡献。

（四）打造内陆对外开放门户的必由之路

2016 年，豫中南七市国土面积占全省比重达到 50%，人口占全省比重达到 47.7%，地区生产总值占全省比重达到 36.3%，但是外商和港澳台实际利用外资仅占全省比重为 22.8%，远远低于生产总值等指标所占比重，表明豫中南地区的开放程度，不仅落后于沿海地区，而且也落后于河南其他区域，迫切需要构筑一个双向开放平台，通过内外联动，打造高水平对外开放新格局。漯河是全省重要的综合交通枢纽、商贸物流中心，拥有肉类口岸、保税仓、豫南口岸物流中心、检验检疫机构等开放平台，以及电商产业园、跨境电商平台、网购物品集散分拨中心、国际木材交易市场等，配套基础设施完善。2016 年漯河外商和港澳台实际利用外资额达到 8.56 亿美元，居豫中南七市首位，具备打造内陆开放型经济高地的突出优势和潜力。加快把漯河建设成为豫中南地区性中心城市，有利于带动豫中南地区聚焦比较优势、拓宽开放通道、提升开放平台、创新开放体制，用开放发展来解决区域内外联动问题，优化全省对外开放总体布局。

（五）满足人民对美好生活需要的必然要求

中国特色社会主义进入新时代，我国社会主要矛盾已经转化为人民日益增长的美好生活需要和不平衡不充分的发展之间的矛盾。当前，河南经济社会发展面临的突出问题仍然是区域城乡之间不平衡、不充分、不协调的问题。这种不平衡、不充分、不协调在豫中南地区表现较为明显。从收入水平看，2016 年全省城乡居民人均可支配收入分别达到 27232.92 元和 11696.74元，同期豫中南七市城镇居民人均可支配收入均低于全省平均水平，农村居民人均可支配收入只有漯河和许昌两市高于全省平均水平；从社会事业发展看，豫中南七市医疗机构床位总数少，城市医疗卫生机构床位少，高水平公共卫生供给能力不足。这也迫切需要河南省委、省政府能够支持豫中南地区建设形成地区性中心城市，并以中心城市为支点，将郑州大都市区诸多国家战略规划平台的扩散效应持续放大辐射带动豫中南地区。漯河作为最易承接郑州大都市区辐射带动的城市，具有良好的区位优势和发展基础。支持漯河建设成为豫中南地区性中心城市，不仅能够带动区域食品、物流、研发、会展、检疫检测等产业的高质量发展，而且能够加强医疗卫生、健康养老、职业教育、社会保障等公共服务的高质量供给，满足人民对美好生活的需要。

（六）新时代漯河更加出彩的历史担当

漯河，曾是内陆经济特区。历史上的漯河，是出过浓彩的漯河。今天的漯河是走进新时代、站上新起点、完全有条件更加出彩的漯河。建设豫中南地区性中心城市，就是需要漯河要有更加出彩的历史担当。从产业上看，将引领豫中南地区食品等主导产业的转型升级，推动区域产业实现产业链、要素链融合发展和产业管理的科学有序；从物流上看，将引领豫中南地区以完善冷链物流体系为重点，带动特色物流产业集群的发展壮大，形成全省新的商贸物流中心；从开放上看，将加快建设成为河南自贸区协同发展区，引领豫中南地区融入"一带一路"，实现河南传统农区与全球市场的互联互通；从公共服务供给上看，将引领城镇提升服务功能，提高公共服务供给质量，满足人民过上美好生活的新期待；从文化创意上看，将建设中华汉字文化名城，推动中华优秀文化的传承创新，为扩大中华文化影响添浓彩。

二 漯河建设豫中南地区性中心城市的重要优势

漯河建设豫中南地区性中心城市，具有区域经济联系密切、交通区位优势突出、主导产业带动较强、城市功能相对完善、历史文化底蕴深厚等发展基础和优势条件，同时，与地区性中心城市的发展要求和责任担当相比，也面临着一些挑战。

（一）区域经济联系密切

地区性中心城市必须与周边区域具有较强的经济联系，能够发挥辐射带动作用，是区域发展增长极。近年来，漯河充分发挥交通、物流、食品、医疗、口岸、创新等方面的综合优势，不断加强与许昌、周口、驻马店、平顶山、信阳、南阳等豫中南地市的联系互动、融合发展，区域联系不断增强，形成了豫中南地区要素有序自由流动、主体功能约束有效、基本公共服务均等、资源环境可承载的协调发展新格局。漯河在豫中南地区良性互动的区域发展格局和区域增长极引领示范的地位和作用不断得到凸显和增强。

经济联系强度是综合反映城市经济对外联系强度和辐射带动能力的重要经济指标，主要通过构建城市引力模型与克鲁格曼指数计算得到。一般来说，区域经济联系量越大，城市的对外联系强度和辐射带动能力就越高。为评估豫中南地区各城市的经济联系强度状况，我们建立了城市引力模型进行了定量分析。从城市—区域经济联系强度计算结果来看（见表1、表2和图1），漯河的对外经济辐射力和带动力达5.54亿元/万人·平方公里，位居豫中南七市第一。

表1　2016年豫中南地区三次产业从业人员占比、人口、GDP、加权距离和克鲁格曼指数比较分析

地区	第一产业占比(%)	第二产业占比(%)	第三产业占比(%)	总人口(万人)	中心城区常住人口(万人)	市内GDP(亿元)	市域GDP(亿元)	加权距离(公里)	克罗格曼指数
漯河	40.9	30.93	28.17	263.50	135.00	647.63	1081.93	—	—
许昌	42.70	32.41	24.89	438.05	134.00	660.04	2377.71	52.00	0.0657
驻马店	39.34	31.32	29.34	698.54	86.00	332.31	1972.99	62.00	0.0312
周口	44.40	29.63	25.96	882.07	64.00	211.18	2263.86	61.00	0.0701
南阳	45.95	26.39	27.65	1006.87	189.00	716.65	3114.97	153.00	0.1011
信阳	43.56	24.76	31.68	644.36	155.00	536.15	2037.80	160.00	0.1233
平顶山	47.06	25.49	27.45	498.40	111.00	510.96	1825.14	77.00	0.1232

表2 2016年豫中南地区中心城区区域经济联系量

单位：亿元/万人·平方公里

地区	漯河	许昌	驻马店	周口	南阳	信阳	平顶山
漯　河	—	2.14	0.41	0.65	0.47	0.41	1.46
许　昌	2.14	—	0.37	0.27	0.46	0.30	1.95
驻马店	0.41	0.37	—	0.22	0.39	0.68	0.50
周　口	0.65	0.27	0.22	—	0.06	0.13	0.12
南　阳	0.47	0.46	0.39	0.06	—	0.30	0.18
信　阳	0.41	0.30	0.68	0.13	0.30	—	0.15
平顶山	1.46	1.94	0.50	0.12	0.18	0.15	—
合　计	5.54	5.48	2.57	1.45	1.86	1.97	4.36

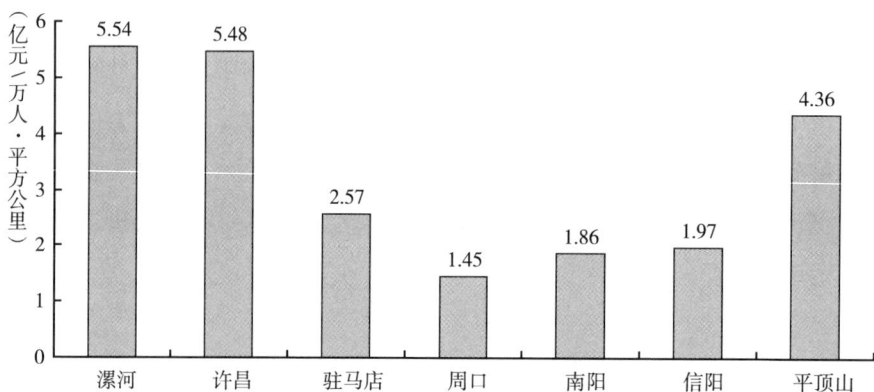

图1 2016年豫中南地区中心城区区域经济联系量

上述定量比较结果表明，漯河在豫中南地区与各城市之间的经济联系量最高，对外经济辐射力和带动力最强，可以有效集聚区域内外的创新资源和生产要素，是豫中南地区培育中心城市的首选。

（二）交通区位优势突出

漯河自古就有"水旱码头"之称，现在又是中原经济区中南部重要的立体交通枢纽，是国家二类交通枢纽城市和国家一类陆路口岸城市。漯河火车站是国家一级货运编组大站，在全省仅次于郑州，是豫中南地区性综合交通枢纽中心。目前水运即将通航，建设中的漯河港年货物吞吐量460万吨，是全省最大的水运码头，也是全省唯一的集装箱装卸码头。漯河铁路线十字交叉，京广铁路、京广高铁穿城而过、连南贯北，东有漯阜铁路接通津浦线，西有漯宝铁路连接焦枝线，京港澳、漯周、漯平高速公路形成"黄金十字架"，国省线公路干线纵横交织、四通八达。

从交通通达性指标计算结果来看（见表3和图2），与豫中南其他城市相比，漯河不仅区位条件好，而且交通通达性为七市最优。

表3　豫中南七市交通通达性对比

单位：公里

地区	许昌	漯河	周口	平顶山	驻马店	信阳	南阳
许昌	—	52	84	71	110	210	170
漯河	52	—	61	77	62	160	153
周口	84	61	—	140	95	175	215
平顶山	71	77	140	—	112	200	105
驻马店	110	62	95	112	—	97	145
信阳	210	160	175	200	97	—	170
南阳	170	153	215	105	145	170	—
合计	697	565	770	705	621	1012	958

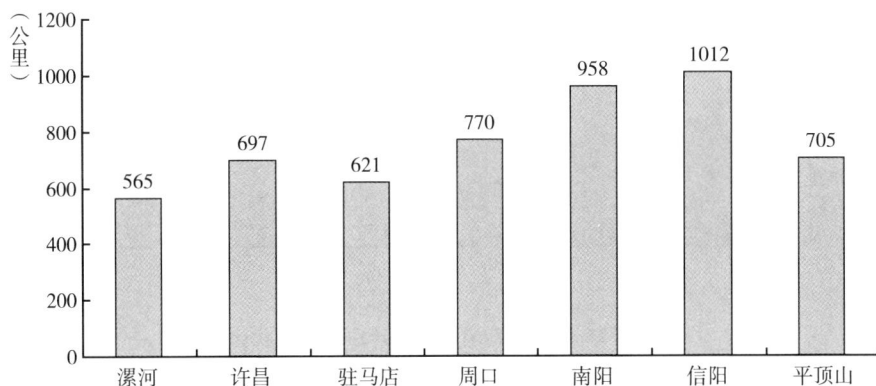

图2　豫中南地区交通通达性对比分析

（三）主导产业带动较强

多年来，漯河市紧紧围绕"打造中国食品名城"，积极推动食品工业高质量发展，培育出了亚洲最大的肉类加工企业、中国最大的食品企业双汇集团，全国最大的葡萄糖饮料生产企业乐天澳的利集团，南街村集团等一大批知名食品企业，吸引了美国杜邦、日本火腿、可口可乐、美国嘉吉、中粮集团等一大批国内外食品行业巨头前来投资落户，已形成了以肉类加工、粮食加工、饮料加工、果蔬加工、包装材料、食品机械六大产业链为核心，以分割肉、肉制品、面粉、罐头、饮料、奶制品、休闲食品、方便食品、调味品、果蔬制品等15个大类、50多个系列、上千个品种为主导产品的食品工业体系。在食品研发方面，建设有1个国家级研发中心、2个国家级肉制品监测中心，全国首家食品产业电商交易及综合服务平台，豫中南地区唯一检验检疫机构，成为全国食品安全信用体系和保证体系建设双试点市、全国首家农业标准化综合示范市，对周边地市的食品研发具有引领带动作用。可以说，漯河是豫中南地区食品产业的领头羊和全省食品产业集群的重要龙头（见图3）。

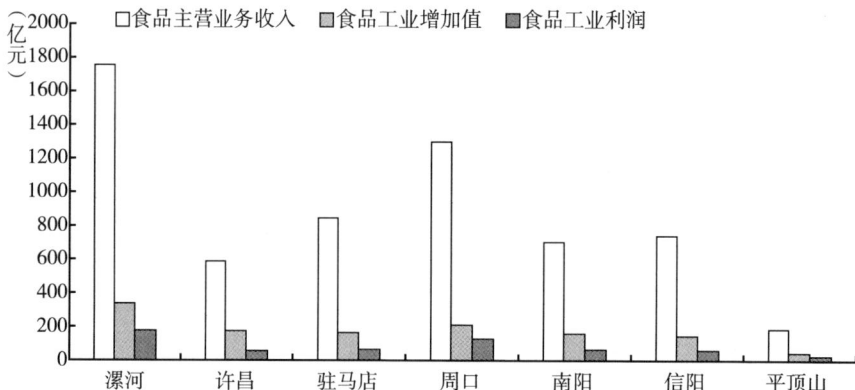

图3 2016年豫中南地区食品产业发展现状比较

区位熵是某一特定区域某种特定产业在该区域的发展水平和该产业全国平均水平的比值，对于衡量某一区域要素的空间分布情况，反映某一产业部

门的专业化程度，以及某一区域在更高层次区域的地位和作用等方面具有重
要价值。如果某一地区某一产业的熵值越高（国外一般将阈值设定为 1.5
或者 3），那么该地区的产业发展相对于全国或者全省总的产业集聚程度就
越高，专业化程度和带动效应就会越高，空间分布就会越集中。从全国和全
省分布情况来看，漯河食品产业的区位熵指数分别为 7.25 和 4.11，远远大
于产业集群的门槛阈值，不仅位居豫中南地区第一，而且在中部地区乃至全
国都位居前列，说明漯河的食品产业已经形成突出的产业集群优势，不仅在
豫中南地区具有产业领先优势，而且在全省乃至全国范围内拥有明显的比较
优势和较强的竞争力（见图 4、图 5）。

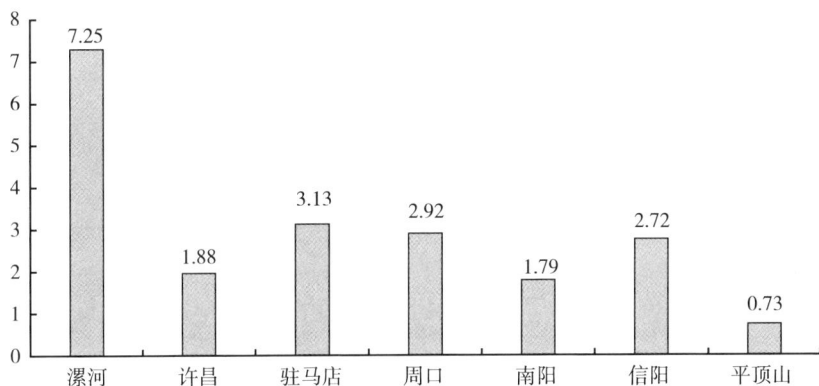

图 4　2016 年豫中南地区食品产业在全国的区位熵指数分析

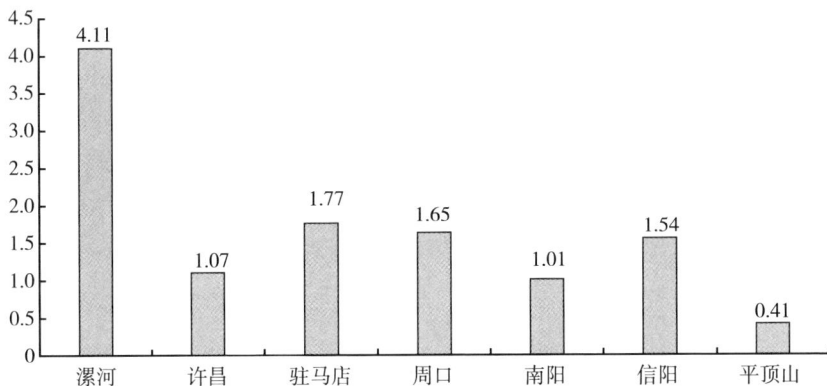

图 5　2016 年豫中南地区食品产业在全省的区位熵指数分析

从经济学的角度来看，食品工业总产值与农业总产值之比，是衡量一个国家和地区食品工业发展水平的标志。2016年，漯河市食品工业总产值与农业总产值之比为15.5∶1，而同期发达国家为3∶1，全国为0.3∶1，河南省为0.6∶1，并且同为"中国食品名城"的漳州市为3.6∶1，烟台市为4.2∶1，说明漯河市食品工业发展水平不但在豫中南地区、全省乃至全国遥遥领先，而且已经超过了发达国家平均水平（见图6）。

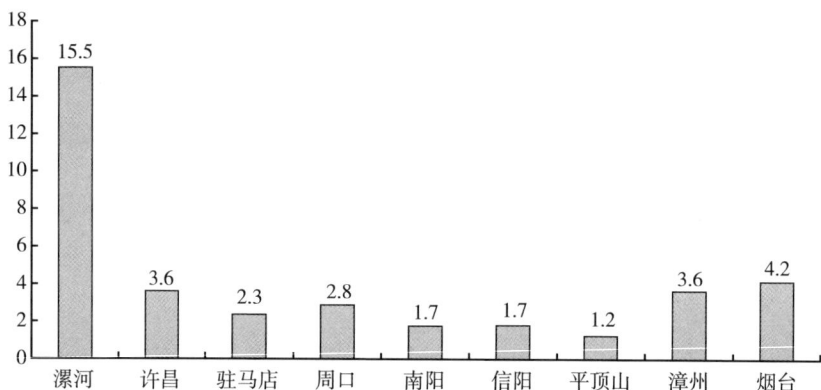

图6 2016年漯河食品工业发展水平与豫中南、漳州和烟台的比较

（四）城市功能相对完善

产城融合程度、创新驱动能力、开放带动能力、公共服务供给能力是城市功能完善、城市活力迸发、城市竞争力提升的重要标志。近年来，漯河市以提升城市创新能力为核心，以培养引进创新引领型企业、平台、人才、机构为重点，围绕产业链部署创新链，创新型漯河建设迈出坚实步伐，食品研发、检验检测、专利授权等主要创新指标在豫中南地区处于领先优势。在专利授权方面，2017年专利授权数达1270件，位居豫中南地区第一（见图7）。在开放带动方面，河南自贸区漯河协同发展示范区率先获批，2015～2017年连续三年实际利用外资位居豫中南地区第一（见图8）。在职业教育方面，有国家级重点中等职业学校5所，省职业教育特色建设院校7所，中

等职业教育在校生中市境外学生占比达到一半。在医疗健康方面，获批第四批公立医院改革国家联系试点城市、全国养老服务业综合改革试点城市，漯河市中心医院成为豫中南地区综合医院中唯一一家具备药物临床试验机构资格的医疗机构。首例试管婴儿的诞生，填补了漯河乃至豫中南地区生殖医学的空白。漯河积极对接河南省打造6大国家区域医疗中心的战略布局，优先打造生殖遗传中心、心血管治疗中心、医养结合中心等10大地区性中心，已形成了对豫中南地区的医疗服务辐射能力。

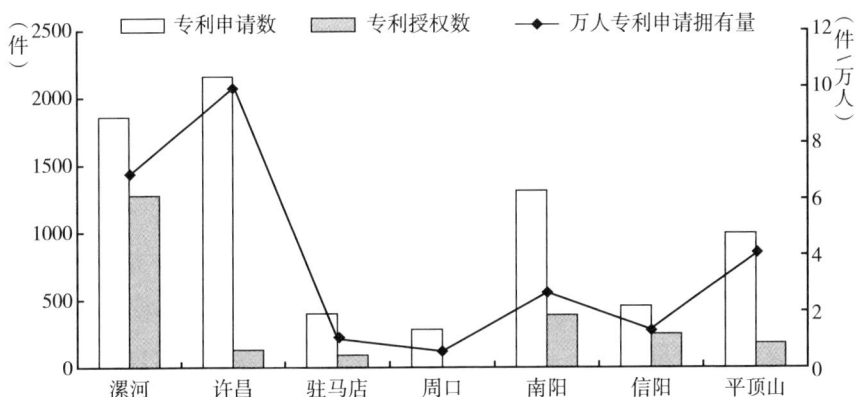

图7 2017年豫中南地区专利申请数、专利授权数与万人专利申请拥有量的比较分析

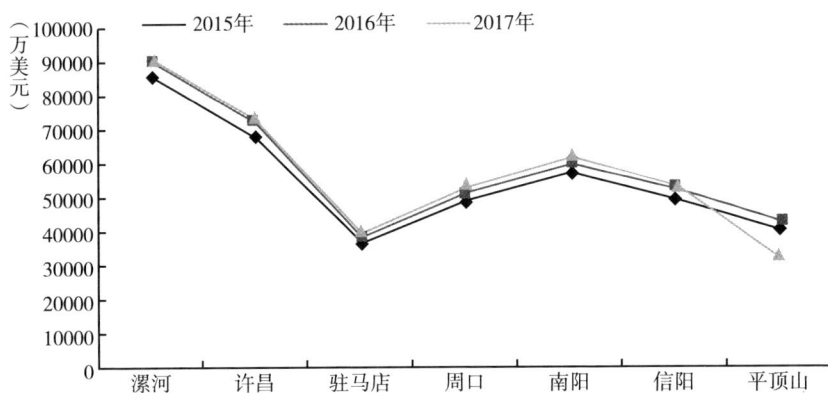

图8 2015～2017年豫中南地区实际利用外资的比较分析

（五）历史文化底蕴深厚

漯河是中华民族和华夏文明的重要发源地，历史悠久、文化灿烂，孕育形成了贾湖文化、汉字文化、古镇文化、红色文化。其中，贾湖文化构成了中华文化的灿烂源头，将世界造酒史向前推进了 3000 多年。作为中国新石器时代早期的重要遗址，其丰富的文化内涵为中国乃至世界音乐起源、稻作起源、酿酒起源、纺织起源、家畜养殖、鱼类养殖、甲骨契刻及原始宗教崇拜等领域的研究提供了珍贵资料，正式入选《中国历史》教科书。独特的汉字文化系统促进了中华文化的传承与传播，因"字圣"许慎和《说文解字》而闻名世界，被誉为首家"中国汉字文化名城"。20 世纪 80 年代出土于漯河舞阳贾湖遗址的裴李岗文化刻画符号，是世界已发现的最早文字雏形，将人类的文明史往前推至九千年前。早于赵州桥的"小商桥"是我国石拱桥的鼻祖。历史上的北舞渡古镇镇临沙河，西通汝洛，东下江淮，南连荆楚，北通郑下，商贾云集，是豫中南地区重要的商业集散地，形成了以"水旱码头"和"商业"为特色的古镇文化。漯河还拥有南街村、陈星聚纪念馆、受降台等丰富的红色文化资源。这些都将能够更好地传承弘扬华夏历史文明，建设中华民族共有精神家园，提升漯河乃至豫中南地区文化软实力，不断满足周边地区人民群众日益增长的精神文化需求。

三　漯河建设豫中南地区性中心城市的基本路径

随着区域经济一体化的理念逐渐深入人心，尤其是随着中原城市群规划的实施，豫中南地区的融合发展、联动发展已经成为大势所趋。建设豫中南地区性中心城市需要从强化顶层设计、提升承载能力、夯实产业支撑、加大开放力度、持续深化改革等多方面发力。

（一）强化规划引领

地区性中心城市建设是一项复杂的系统工程，涉及经济、政治、社会、文化、民生等方面。必须坚持规划引领，尽快启动"漯河市豫中南地区性中心城市发展规划"编制工作，明确漯河市建设豫中南地区性中心城市的总体思路。以全面建设豫中南地区性中心城市为目标，引领中国食品名城、中原生态水城、中华汉字文化名城建设，着力打造"六个中心"，即立足豫中南、辐射中原、面向全国的食品产业中心、现代物流中心、医疗服务中心、职业教育中心、体育赛事中心、汉字文化中心，不断提升漯河的城市吸引力、经济辐射力、区域影响力、创新带动力和文化软实力。通过规划编制及相关研究工作，进一步统一全市上下的思想认识，进一步厘清打造豫中南地区性中心城市的必要性、可行性和紧迫性，梳理漯河打造地区性中心城市的比较优势和瓶颈制约。

（二）提升承载能力

打造豫中南地区性中心城市，必须妥善解决千城一面、交通拥堵、公共配套不足和环境污染等一系列城市发展难题，努力提升城市可持续发展的能力。漯河市有必要借鉴省内外区域性中心城市在打造宜居宜业现代化城市方面的有益经验，科学设置城市增长的合理边界，统筹考虑生产生活生态的和谐统一，不断增强基础设施和公共服务设施建设，推进以大气、水系和城市增绿为核心的生态环境治理，保持旺盛的生机活力和持久的综合承载力。

（三）夯实产业支撑

漯河市必须抓住历史机遇，发展与豫中南地区性中心城市功能定位相吻合、与全球新兴产业发展协调、与外部环境变化向适应、与自身资源要素禀赋相匹配的现代化产业体系，加快提升综合经济实力。增强工业综合竞争力方面，加强供给侧结构性改革，深化工业强市战略，抢抓产业转移和新一轮产业变革机遇，一手抓主导产业壮大提升，一手抓新兴产业培育，着力打造"最具竞争力的中国食品名城"，加快工业向集群化、智能化、绿色化、服务化转型升级，全面提升产业层次和综合竞争力。深化服务发展攻坚方面，开展加快发展现代服务业行动，推动生产性服务业向专业化和价值链高端延伸，促进生活性服务业向精细化和品质化转变，突出新技术应用、新模式引进、新业态培育，促进服务业发展提速、规模做大、水平提升，着力打造区域性现代商贸物流中心。提高农业综合生产能力方面，加快转变农业发展方式，发展多种形式适度规模经营，以集约、高效、绿色、可持续为方向，提高农业质量效益和竞争力，推动粮经饲统筹、农林牧渔结合、种养加一体、三次产业融合发展，建设国家现代农业示范区。

（四）加大开放力度

积极融入国家和全省开放总布局，构建开放平台，优化开放环境，持续承接产业转移，拓展开放领域，发展更高层次的开放型经济，努力打造中原城市群内陆开放新高地。拓展开放新空间方面，把握国家、省开放发展战略机遇，深度推进"两对接、两融入、一平台"建设（对接"一带一路"建设，对接郑州航空港经济综合实验区建设；融入中原城市群一体化发展，融入长江淮河经济带建设；建设完善对外开放平台），秉持亲诚惠容，坚持共商共建共享原则，深入推进多领域合作，寻找开放新支点、共谋开放新路径、拓展开放新空间、共享开放新成果。提升对外开放水平方面，坚持对内开放和对外开放相促进、引进来与走出去相结合、扩大总量与提高质量相补充，全面提升开放型经济竞争力。

（五）持续深化改革

全面深化改革的目的是要发展生产力，推进经济和社会全面发展，提高人民的生活水平，满足人民日益提高的精神需求。注重从生产关系的层面消除大量制约生产力发展的障碍和桎梏，认真落实各项政策措施。加大简政放权、放管结合、优化服务改革，做到能放的就放、该管的管好、服务要更优，着力优化营商环境。加快投融资体制改革，通过深化改革，达到投资项目审批便利化、投融资方式多元化、政府投融资平台市场化的目的。深化国有企业改革，积极稳妥地推进好国有非工业企业改革。持续落实贯彻好监察体制改革，确保按期完成任务。推进食博会市场化改革，确保质量不断提升、影响力不断增强。全面完成城市管理和综合执法体制改革。完成盐业体制、农垦体制等改革任务，积极推进其他领域的改革。

参考文献

何龙斌、李强：《中心城市经济辐射机理与边缘地区接受辐射的实现条件》，《陕西理工大学学报》（社会科学版）2018 年第 5 期。

杨婷：《安徽省区域中心城市的经济辐射效应研究》，安徽财经大学硕士论文，2018。

王海江、苗长虹、乔旭宁：《中国公路交通联系的空间结构解析——兼论与贫困地区空间关系》，《经济地理》2018 年第 5 期。

周德才、谢尧、卢晓勇：《基于引力模型视角下的"昌九一体化"实证分析》，《现代城市研究》2015 年第 5 期。

韦瑞：《漯河市现代物流产业转型发展探究》，《价值工程》2018 年第 34 期。

B.19
信阳生态城市建设研究

张绍乐*

摘　要：　建设生态城市是顺应城市发展规律的必然选择，是加快生态
文明建设的迫切需要，是打造城市建设升级版的重大举措。
信阳市在生态城市建设方面采取的主要做法包括制度创新稳
步推进，保障能力显著增强；治理力度持续提升，生态环境
不断优化；融资体系更加健全，相关产业快速发展。在看到
信阳生态城市建设取得巨大成就、生态环境得到持续改善的
同时，我们也应该清醒地认识到信阳生态城市建设仍面临着
制度体系不够完善、生态意识尚需提高、生态环境压力增大、
资金投入有待加强等诸多困难和问题。因此，我们需要从创
新体制机制、推进绿色循环发展、构建生态文化体系、加强
环境综合治理等方面入手，采取有效措施，促进信阳生态城
市建设。

关键词：　生态城市　生态环境　体制机制　绿色发展

建设生态城市是顺应城市发展规律的必然选择，是加快生态文明建设的
迫切需要，是打造城市建设升级版的重大举措。近年来，信阳市在生态城市
建设方面取得了显著成效，获得了国家级生态示范市、中国十佳宜居城市、

---

* 张绍乐，河南省社会科学院区域经济研究中心研究实习员，航空经济发展河南省协同创新中
心研究人员。

中国最具幸福感城市、中国最具绿色竞争力城市、中国节能减排示范城市、中国最具生活品质城市、全国最佳环保示范城市和中国绿色经济十佳城市等荣誉称号。但是，生态城市建设过程中依然有诸多亟须解决的重大课题和重大难题。因此，我们应系统梳理信阳生态城市建设采取的主要做法，正确认识生态城市建设面临的困难和问题，采取有效措施，创新体制机制、推进绿色循环发展、构建生态文化体系、加强环境综合治理，从而促进信阳生态城市建设。

一 信阳生态城市建设的主要做法

信阳市在生态城市建设方面采取的主要做法包括制度创新稳步推进，保障能力显著增强；治理力度持续提升，生态环境不断优化；融资体系更加健全，相关产业快速发展。

（一）制度创新稳步推进，保障能力显著增强

近年来，信阳市高度重视生态城市建设，发布了《信阳市城市绿地系统规划》《信阳市绿色发展指标体系》《信阳市林业"十三五"发展规划》《信阳市创建国家森林城市实施方案》《信阳市国家森林城市建设总体规划（2018～2027年)》《生态文明建设考核目标体系》《生态文明建设目标考核实施办法》《信阳市淮河干支流生态廊道建设方案》《信阳市人民政府办公室关于淮河流域湿地保护修复的指导意见》《信阳市2019年创建国家森林城市实施意见》《信阳市人民政府关于建立健全河道采砂管理长效机制促进生态文明建设的指导意见》《信阳市人民政府办公室关于健全生态保护补偿机制的实施意见》等一系列规划和政策文件，在改善生态环境、促进生态文明建设、加强湿地保护、推进国家森林城市建设、加快生态廊道建设、健全生态保护补偿机制等方面提出了具体目标、重点任务、实施路径、对策措施等。其中，《信阳市创建国家森林城市实施方案》提出了创建国家森林城市的总体目标和森林覆盖率、城区绿化

覆盖率、城区人均公园绿地面积、水岸绿化率、郊区森林自然度等具体目标，以及创建国家森林城市的实施步骤、工作重点和保障措施等；《信阳市人民政府办公室关于健全生态保护补偿机制的实施意见》明确了建立健全生态保护补偿机制的基本思路、基本原则、主要目标、主要领域、重点任务和保障机制等。这些规划和政策文件为信阳市推进生态城市建设提供了规划蓝图和政策保障，成为信阳市推进生态城市建设的重要依据和指导性文件。

（二）治理力度持续加大，生态环境不断优化

信阳把良好的生态环境作为最宝贵的资源，严格遵循"既要金山银山，更要绿水青山"的发展理念，正确处理经济建设与生态环境保护之间的关系，治理力度持续加大，生态环境不断优化。主要体现在以下三方面：一是狠抓大气污染防治。突出问题导向，紧抓重点源头，积极建设洁净型煤生产仓储供应中心和配送网点，依法依规取缔燃煤茶浴锅炉、燃煤大灶、经营性小煤炉、黑加油站和"小散乱污"企业，取缔或整改民用散煤销售点，督促不达标餐饮服务场所进行整治，淘汰拆解黄标车。在建筑工地安装监控设备并联网，实行24小时全天候监控；为渣土运输车安装北斗定位系统，引入"蓝天卫士"电子监控站点和监控平台。建设县级空气监测站并全部与河南省中心平台联网，建设城市微型空气质量监测站，实时监测城市空气质量。二是狠抓水污染防治。不断加大饮用水源地环境保护工作力度，根据各个县（区）饮用水源的实际情况，科学合理地划分饮用水源保护区，加强对饮用水源保护区内各类建设活动的管理。综合运用经济、行政和法律手段，加大对违法排污企业的惩治和处罚力度。持续推进城乡环境综合整治，加大农村水环境保护工作力度和对面源污染的控制力度。加强环境保护执法队伍建设，完善环境监测设备，提高对水污染防治工作的监管水平。三是不断完善管理体制。构建市、县、乡、村四级网格化管理体系，划分末端网格，设置网格长、网格员、监督员、巡视员，进一步加强对生态环境保护的监督和管理。

（三）融资体系更加健全，相关产业快速发展

近年来，信阳市坚持政府统筹主导，完善投融资平台，拓宽融资渠道，引导社会资本参与林业生态建设、生态廊道建设、生态文明建设、生态城市建设等，从而促进相关产业快速发展。主要体现在以下两方面：一是多渠道筹措资金支持生态城市建设。信阳市按照"政府引导、市场运作、社会参与"的要求，在加大政府财政资金支持的同时，广泛吸引民间资本和社会资本参与生态城市建设，形成多渠道、多层次、多元化的投融资机制。例如，从国家和河南省的林业生态建设资金中划拨部分资金用于支持林业产业基地建设项目；从国家和河南省的造林补贴资金以及县级财政资金中划拨部分资金用于支持廊道绿化、村镇绿化和农田林网等生态公益性强的绿化工程项目；推荐林业、生态、绿化、环境治理等与生态城市建设有关的项目进入河南省财政厅 PPP 项目库。二是林业、生态旅游等相关产业得到快速发展。截至 2018 年 2 月底，信阳市的茶叶基地、苗木花卉基地、油茶基地、板栗基地和速生丰产林基地面积分别达 210 万亩、47 万亩、79.21 万亩、108 万亩和 220 万亩，省级林业产业化重点龙头企业数量达 42 家。生态旅游产业发展迅猛，南湾国家森林公园和黄柏山国家森林公园于 2015 年 9 月被评为首批"中国森林氧吧"，鸡公山、金刚台、南湾等自然保护区和森林公园成为信阳和周边地区居民休闲度假的后花园，据统计，信阳市年生态旅游人数超过 500 万人次，年旅游收入达到 30 亿元以上。

二 信阳生态城市建设存在的问题

在看到信阳生态城市建设取得巨大成就、生态环境得到持续改善的同时，我们也应该清醒地认识到信阳生态城市建设仍面临着制度体系不够完善、生态意识尚需提高、生态环境压力增大、资金投入有待加强等诸多困难和问题。

（一）制度体系不够完善

完善的体制机制是推进生态城市建设的制度保障。信阳市虽不断出台生态建设、林业建设、环境保护、水源地保护等与生态城市建设相关的实施方案、发展规划和政策措施，但相对于快速发展的经济和生态城市建设的实际需求来说，制度建设依然滞后，制度体系仍不健全。例如，尚未开展自然资源资产负债表的编制工作，没有全面掌握全市自然资源的形成、开发、配置、运用、储存、保护、综合利用和再生情况；缺乏完善的与生态城市建设相关的党政领导干部考核评价机制，相关指标尚未纳入党政领导干部工作职责范畴和政绩考核体系；生态城市建设的信息公开与监督机制尚不健全，群众和社会组织参与生态城市建设的渠道不够通畅；生态安全应急处理机制有待完善、处理能力有待提高；统计方法需要更新，需要建立健全与生态城市建设相关的指标统计数据库。

（二）生态意识尚需提高

生态意识是衡量一个地区社会文明程度的重要标准。随着各类经济活动对自然生态的过度索取，生态环境也遭到一定的破坏。这种生态环境破坏的本质是生态意识和环境保护意识的缺失。尽管信阳市在增强全民生态意识和环境保护意识方面采取了多种措施，公众的生态意识也有了一定提高，但总体来看，生态意识水平还需进一步提高。主要表现在以下三方面：一是普通民众生态责任意识有待提高。由于生态环境保护方面的法律法规尚不健全，生态责任机制尚不明确，导致部分民众认为生态环境保护与自己无关、生态责任意识不强。二是生态教育落后于经济社会发展。政府部门更加注重经济社会的发展，而忽视生态教育，且目前的生态教育方式单一，缺少丰富多样的实践教育方式。三是领导干部的生态意识也需要提高。个别领导干部单纯追求经济增长，没有真正意识到生态环境保护"党政同责""一岗双责"的分量和重要性。

（三）生态环境压力增大

加大生态环境保护力度是推进生态城市建设的重要手段。随着经济规模的迅速壮大和各个产业的快速发展，生态环境的综合承载力不断增大。具体来说，信阳市生态环境压力增大主要表现在以下几方面。一是污染减排压力依然较大。大气污染防治攻坚战的各项具体任务依然艰巨，尤其是重点区域和重点行业的防治任务更加繁重；水污染防治攻坚战进入攻坚期，淮河流域水环境综合整治、集中式饮用水源地规范化建设、城市黑臭水体整治、农村环境综合整治等四个方面的任务更加复杂；土壤污染防治工作需要加快推进。二是环保基础设施建设相对滞后。城区生活垃圾收集和处理设施缺口较大，处理方式相对单一；农村环保基础设施建设更加薄弱，生活垃圾收集率和污水处理率低。三是环保能力建设亟须提升。总量预算管理制度落实不到位，生态补偿、排污权有偿使用和交易等新机制需要进一步完善，环保领域的市场化、社会化改革需要快速推进，环境监测监管能力有待快速提升。

（四）资金投入有待加强

生态城市建设离不开资金支持和产业支持，充足的资金保障是推进生态城市建设的坚强后盾，相关产业的快速发展是推进生态城市建设的强力支撑。信阳市是经济欠发达地区，对于生态城市建设领域的资金投入严重不足，且缺乏长效性和可持续性。总体来看，信阳市生态城市建设领域资金投入不足主要表现在以下几方面。一是财政资金对生态城市建设领域的投入相对不足。相对于生态城市建设的目标和任务来说，目前河南省级财政和信阳市级财政对于生态城市建设各个领域的资金投入远远不能满足其实际需求。二是生态城市建设领域财政资金的支出结构有待优化。信阳市需要进一步统筹优化财政支出结构，合理分配在生态保护、污染防治、面源污染治理、水源地保护等方面的各级财政资金。三是生态城市建设领域的各类补助资金缺乏统一规划。目前信阳市针对生态城市建设的不同领域出台了一系列规划措施，但缺乏生态城市建设方面的总体规划和总体方案，各个领域的建设各自为政，导致重复建设、资源浪费。

三　促进信阳生态城市建设的对策建议

针对信阳生态城市建设存在的问题，建议从创新体制机制、推进绿色循环发展、构建生态文化体系、加强环境综合治理等方面入手，采取有效措施，促进信阳生态城市建设。

（一）继续创新体制机制，不断强化制度保障

信阳市在推进生态城市建设的过程中，需要积极创新体制机制，不断强化制度保障。一要细化各级领导干部绩效考评制度。根据生态城市建设的各项指标要求，制定科学合理的《信阳市生态城市建设领导干部考核办法》，明确各级领导干部在生态城市建设方面的工作范围和工作要求，在各级领导干部绩效考评体系中加大生态城市建设指标的比例。二要完善自然资源资产负债表。委托第三方咨询机构以及相关科研院所，开展自然资源情况调查，及时更新和完善信阳市自然资源资产负债表；每年组织编制并发布《信阳市年度自然资源资产情况公报》和《信阳市年度自然资源资产管理情况审计报告》。三要创新生态城市建设市场化投入机制。除努力争取国家和省级财政在生态领域的各项补助资金外，还应积极引导民间资本和社会资本向生态城市建设、生态环境保护各个领域加大资金投入力度，确保信阳市生态城市建设的顺利实施。四要健全生态环境安全监测预警机制。引入技术领先、设备先进的生态环境安全监测企业，实现对生态环境的全自动、全方位、全天候监测，同时构建完善的生态环境灾害预警系统。五要完善生态安全应急处置机制。调整和完善生态安全事件应对措施，构建生态安全事件快速响应机制，提高重大和突发生态安全事件处置能力。

（二）推进绿色循环发展，创新绿色发展方式

推进绿色循环发展需要在以下几方面进行努力。一要推进清洁生产，创

建绿色品牌。以创建清洁生产示范企业为基础，大力推进企业生态设计和绿色生产，实施绿色品牌战略和绿色营销策略。制定出台鼓励发展、限制发展和禁止发展的主要产业和项目指南，增强企业经济活动的环境成本意识，从源头减少工业废弃物的产生。二要大力发展绿色建筑。积极贯彻国家在绿色建筑领域的相关政策，开展星级绿色建筑创建工作，在工程建设项目前期文件审批中，加强对绿色建筑专项的审核力度；严格按照国家和省市相关标准与规范进行工程建设项目竣工验收，对不达标的建设项目，不得进行竣工验收备案。三要打造绿色社区，营造生态居住环境。在新型城镇化建设过程中，积极创建绿色社区，制定绿色社区建设标准，开展绿色社区评选活动，加大宣传力度，吸引全民参与创建绿色社区，努力打造一批示范居住区。四要推广绿色交通，鼓励绿色出行。认真开展公交线路调研工作，通过电话、网站、微博、微信等各种媒介听取广大市民的出行需求，及时调整和优化公交线路，方便群众出行。及时淘汰落后和不达标公交车辆，购置新能源公交车辆。合理规划自行车道，严禁私自占用自行车道，鼓励市民选择自行车出行。

（三）构建生态文化体系，贯彻绿色发展理念

构建生态文化体系能够提升信阳生态城市建设的软实力。一要树立生态文明理念，培养教育一代新人。营造全社会舆论氛围，提高全民生态文明素质。市县两级宣传部门要积极开展多种形式的生态文明教育宣传活动，调动社会各界力量，提高人民群众参与生态城市建设的积极性和主动性。同时要努力创建绿色学校，培养代代新人。二要融合中原传统文化，培育特色生态文化。深入挖掘中原生态文化历史资源，丰富信阳现代生态文化内涵，打造特色文化品牌，做好生态文化与历史文化、民族文化的有机融合，形成具有中原特色的生态文化。三要加强生态文明宣传，树立生态文明核心价值观。通过报纸、网络、微博等宣传媒介构建完善的生态城市建设宣传教育网络，开展多种形式的生态城市建设主题宣传活动，建设生态城市建设宣传展示基地，不断提高人民群众的生态意识，营造良好的生态城市建设氛围。四要鼓

励绿色消费。倡导和推广绿色消费，反对铺张浪费，提倡勤俭节约。鼓励人们选购绿色产品、节能环保产品，减少购买一次性产品。严格落实政府机关的节能、节水目标和实施办法，推行无纸化办公、视频会议等绿色办公方式，营造绿色办公环境。

（四）加强环境综合治理，持续改善生态环境

加强环境综合治理是信阳生态城市建设的重要内容。一要加强城市生活垃圾无害化处理。全面完成垃圾处理场渗滤液处理设施建设。建设焚烧飞灰、餐厨垃圾处理示范工程。建立完整的垃圾分类、收运体系，提高垃圾处理承载能力。尽快落实完善垃圾处理收费政策，有计划、有步骤提高生活垃圾处置收费标准。鼓励相关科研机构开展城市生活垃圾处理的技术研究，提高垃圾处理能力和综合利用水平。二要推进危险废物污染防治。全面落实危险废物全过程管理有关制度。建立全市范围危险废物处置网络，科学处置危险废物，有效控制危险废物填埋量。三要实施乡村清洁工程，全面控制农村面源污染。推广测土配方施肥，不断提高化肥利用率，把化肥对环境的污染降到最低限度；加强植保新技术、新药剂、新器械的引进和推广，采取补贴手段，加快促进无公害植保新技术新产品应用；推广畜禽生态养殖技术，实施规模化畜禽养殖场污染治理工程，提高禽养粪便综合利用率。四要推进农村"生态人居"工程建设。完善农村基础设施；实施村庄的危旧房连片拆除，安排集中居住；采取新造、补植、封育等措施，优化美化人居景观，提高生态效益和景观效果。推进生态环境工程建设。按照"户集、村收、镇运"垃圾集中处理的模式，加大农村生活垃圾整治力度。

参考文献

胡召华、杨甲华、陈涛：《耕地质量建设与管理存在的问题及对策浅析》，《湖南农业科学》2013 年第 17 期。

张修玉、植江瑜、汪中洋等；《生态文明建设规划的方法与思路》，《城乡规划》2018 年第 2 期。

辛宏斌：《锦州近岸海域环境现状及保护对策研究》，《再生资源与循环经济》2018 年第 2 期。

曾晓东：《立足于治着眼于防 以治促防综合治理》，《环境保护》2011 年第 7 期。

Abstract

The 19th National Congress of the Communist Party of China proposed that China's economy has shifted from a high-speed growth stage to a high-quality development stage, and is achieving high-quality development, which needs all aspects to support. Urbanization is the historical task of modernization construction and an important starting point for promoting the three major changes in quality, efficiency and power. To achieve high-quality economic development, it is inevitably required to support high-quality urbanization.

In 2018, Henan promoted the high-quality development of urbanization, focused on the implementation of the quality improvement project of the cities, accelerated the urbanization of the agricultural transfer population, comprehensively improved the construction level of the central plains urban agglomeration, continuously promoted the integration of urban and rural development, and continued to deepen the comprehensive reform of urbanization. However, compared with the development requirements of high-quality urbanization, there is still a certain gap. It is urgent to take the central plains urban agglomeration as the main carrier and take the construction of Zhengzhou national central city as the guide to continue to improve the city carrying capacity, improve the quality of urban human settlements, improve the quality of residents' civilization, improve the level of urbanization of agricultural transfer population, steadily promote the quality of urbanization development in the province, and achieve high-quality strategic goals of urbanization and high-quality economic development.

Annual Report on Urban Development of Henan Province (2019), with the theme on promoting the high-quality development of Henan's economy with high-quality urbanization, based on the full understanding of the high-quality development of urbanization, which has an important supporting role for the high-quality development of the economy. The report systematically and comprehensively discusses how to promote the high-quality development of Henan's economy with high-quality urbanization.

The general report of the Henan Urban Development Report (2019) is divided into two parts. The first part is "High-quality urbanization promotes the high-quality development of Henan economy", systematically discusses the development of new urbanization in Henan in 2018, and the environment and future development trends faced by the high-quality development of urbanization were analyzed and forecasted, and puts forward the key tasks and countermeasures for promoting the high-quality development of urbanization in Henan in 2019. The second part is the Henan Urbanization Quality Evaluation Report was carried out in 18 provincial cities and 10 provinces directly under the jurisdiction of Henan Province, which constructed a new urbanization quality evaluation index system according to the population, economic development, lifestyle change, spatial optimization, urban-rural integration and environmental livability. It is benchmarking to identify short-term constraints in the process of new urbanization in different regions, and providing reference for Henan to further improve the quality of urbanization. The comprehensive research reports, the county-level cities quality improvement Reports, and the urban development reportsmainly focus on the key issues and difficulties in promoting the high-quality development of Henan's economy with high-quality urbanization, and proposing ideas for promoting the high-quality development of urbanization from the the oretical and practical levels.

Keywords: Henan Province; Urbanization; High-quality Development

Contents

I   General Reports

B. 1   Promoting High-quality Economic Development in Henan

Province through High-quality Urbanization

Research Group of Henan Academy of Social Sciences / 001

Abstract: High-quality urbanization is the organic unity of high-quality economic system, high-quality infrastructure, high-quality public services, high-quality living environment, high-quality urban management and high-quality citizenization. In 2018, Henan accelerated the quality improvement project of 100 cities construction, accelerated the urbanization of agricultural transfer population, and comprehensively improve the quality of Zhongyuan Urban Agglomerations. Henan constantly improved the level of urban development, speeded up the integration of urban and rural development, deepened the reform of urbanization system, and continuously promoted the development of both quality and quantity of Henan's new urbanization. However, compared with the requirements of high-quality urbanization, there is still a certain gap. There is an urgent need to improve the quality of development of the Central Plains urban agglomeration, promote the construction of Zhengzhou's National Central City and implement the construction of Efforts should be made to improve the quality of projects and the supply of public services in urban and rural areas, steadily improve the level and quality of urbanization development in the whole province, and achieve the strategic goal of promoting high-quality economic development with high-quality urbanization development.

Keywords: High-quality; Urbanization; Economics; High-quality

B. 2　The Urbanization Quality Evaluation Report of Henan Province

　　（2018）　　*Research Group of Henan Academy of Social Sciences* / 039

Abstract: The high-quality promotion of new urbanization is an important foundation for the high-quality development of Henan's economy. Based on the connotation structure of new urbanization, the research report starts from the six dimensions of population transfer, economic development, lifestyle change, spatial optimization, urban-rural integration and environmental livability, and constructs a new urbanization quality evaluation index system, using the analytic hierarchy process and The combined evaluation model of CRITIC method evaluates and analyzes the quality of new urbanization in 18 provincial cities and 10 county areas directly under the jurisdiction of Henan Province in 2017; According to benchmark to find short-term constraints in the process of new urbanization in different regions, We provide accurate targets and focus points for further improving the quality of urbanization in various regions of Henan Province.

Keywords: Urbanization Quality; Six Dimensions; Henan Province

Ⅱ　Comprehensive Research Reports

B. 3　Study on the Evaluation of the Effect of Promoting the
　　　 Citizenization of Agricultural Transfer Population in Henan
　　　 Province　　　　　　　　　　　　　　　　 *Wang Xiaogang* / 067

Abstract: First, this article sorts out the connotation of citizenization of agricultural migrant population, then constructs the evaluation index system of citizenization of agricultural migrant population by AHP method, and assigns weights to each index variable. The degree of citizenization of agricultural migrant population in Henan province was evaluated scientifically. In 2017, the research results showed the citizenization degree of China's agricultural migrant population is 40.11%, and the overall citizenization degree is not high. Though further structural analysis of various indicators, it is found that material capital and human capital provide a strong guarantee for the citizenization of agricultural migrant population in the future, while psychological identity and social capital are the main obstacles for the smooth citizenization of agricultural migrant population in the future. Based on it, this paper proposes some policy suggestions to promote citizenization of agricultural migrant population, such as enhancing human capital of agricultural migrant population, eliminating employment discrimination, and improving self-identity of agricultural migrant population in urban life through formal education and skill training.

Keywords: Agricultural Migrant Population; Urbanization; Effect Evaluation; Henan Province

B. 4　Research on the Motive Mechanism of Henan City Construction for High-quality Development　　*Wang Xintao* / 088

Abstract: With the urbanization rate being more than 50 percent, Henan's new urbanization has entered a stage of development in which both quality and scale are equally important. The high-quality development of the city is not only an important content of the high-quality development of the new urbanization, but also an important support for the new urbanization and the high-quality development of the economy. Henan's construction of high-quality urban development dynamic mechanism should structure with market mechanism, government regulation, industrial development, ecological construction, comprehensive carrying capacity, orderly transfer of agricultural population and other aspects to promote high-quality urban development.

Keywords: Urban; High-quality Development; Dynamic Mechanism

B. 5   Research on the Improvement of Henan's Urban Competitiveness

Bo Chengyu / 098

Abstract: Urban competitiveness is centered on the economic function of the city, and it also involves social, cultural, environmental and other aspects. Henan's urban competitiveness is still good in terms of economic development status, but sustainable competitiveness and livable competitiveness are in a weak position. In the long run, the capacity for sustainable development is insufficient. The problem of ecological environment is particularly prominent. To enhance the competitiveness of Henan cities, it is necessary to build a service-oriented government, strengthen scientific and technological innovation, focus on expanding openness, strengthen resource conservation and environmental protection, optimize urban planning, construction and management, and promote the network construction of large, medium and small cities.

Keywords: Urban Competitiveness; Henan Province

B. 6   Study on the Improvement of Urban Grade in Henan Province

Li Jianhua / 107

Abstract: Urban grade is the sum of the external appearance and internal spiritual values of a city, and it is an important symbol of the level of urban development. Urban grade is not only the business card of a city, but also the brand of a city. In the process of new urbanization, improving urban grade is the need of high-quality development of a city, and also the need of satisfying people's yearning for a better life. For this reason, our city construction should base on its own characteristics, from the aspects of urban design, urban culture, urban space style, urban environment, civilized quality of citizens to shape the overall image of the city and enhance the city's taste.

Keywords: Henan Province; Urban Grade; City Image

B. 7　Study on the Optimization of Urban Social Structure in

　　　Henan Province　　　　　　　　*Yang Zhuang*, *Ma Jiehua* / 116

Abstract: In the 21st century, Henan's Urban economy developed rapidly, which had completed the industrial restructuring of the "3: 2: 1", and the urban social structure also transformed rapidly. The traditional social structure has been continuously disintegrated, and the new that is compatible with urban economic development has been continuously formed. New social classes emerged in the new social structure, such as new media industry, freelancers etc, and showed a new form in terms of occupational status, economic income, living conditions, and consumption characteristics. These new forms and the differences between these social classes are not only the result of the rapid development of the urban economy, but also the overall harmony of the social structure. Only a harmonious social structure can adapt to and promote the rapid development of the economy. So it is necessary for achieving coordinated development of society and economy to optimize the social structure of Henan's cities.

Keywords: Henan; Urban Social Structure; Social Structure Optimization

B. 8　Study on the Improvement of Urban Civilization Quality in

　　　Henan Province　　　　　　　　　　　　　*Tian Dan* / 127

Abstract: The quality of city civilization is the foundation of city spirit. Citizen's civilized quality is the core factor influencing urban civilization. Therefore, the improvement of citizen's quality is the key to cultivate the spirit of city and enhance the competitiveness of urban location. With the Henan Provincial Committee and the provincial government in promoting the construction of hundred cities in the province, the state of spiritual civilization, urban appearance and service level of the major cities have significantly improved. However, from the perspective of the whole province, there are still some restrictive factors affecting the improvement of the quality of urban civilization in Henan Province, such as the low awareness of public civilization, the need to improve the level of urban management, unbalanced regional development and so on. For this reason, while Henan Province is carrying out the project of improving the quality of the construction of hundred cities, it is necessary to vigorously carry forward excellent traditional culture, promote the improvement of citizens' quality, renew management concepts, strengthen urban fine management, increase investment, and promote the balanced development of the province's founding work, so as to fully promote the city's urban civilization quality to further enhance.

Keywords: Urban Civilization Construction; Citizen Civilization Quality; Construction of Hundred Cities

B. 9   Study on population optimization of urbanization in

Henan Province   *Si Jingyuan , Cui Xuehua* / 139

Abstract: This paper mainly analyzes the current situation, problems, and policy recommendations of the population in the process of urbanization in Henan. The study believes that the resident population of Henan's cities and towns has been steadily improving, the education situation has improved, and the population structure has a new trend. However, there are still several outstanding problems. The population is regionally differentiated, the population quality level is not high, and the population structure is unreasonable. So improve the level of urbanization in Henan to achieve population optimization, thereby strengthening regional development planning policies, adjusting population distribution, increasing urban education investment, optimizing urban education resources, improving population structure, and strengthening the development of senior citizens' capital.

Keywords: Population Optimization; Urbanization Level; Population Quality; Human Resource Optimization

B. 10　Research on the Optimization of Urban Business Environment
in Henan　　　　　　　　　　　　　　　*Yi Xueqin* / 149

Abstract: The business environment is an important foundation for a country or city to achieve high-quality economic development. Optimizing the business environment has become an important breakthrough for urban modern economic system and comprehensive competitiveness. In recent years, various cities in Henan have accelerated their transformation and development, so that they have promoted continuous optimization of the business environment and achieved certain results. However, in the process of optimizing the business environment, these cities still face problems such as incomplete administration of decentralization, low level of government service, low policy efficiency, heavy burden of operating costs, unsatisfactory urban environment, and lack of social atmosphere. In the future, these cities must promote reforms in the areas of "Simple administration" innovation, opening key barriers, optimizing system supply, conducting evaluations, accelerating urban construction, and fostering business culture, thereby promoting continuous optimization of the business environment.

Keywords: Business Environment; Urban Development; Henan

Ⅲ　Bai-cheng Quality Improvement Reports

B. 11　Research on Industrial Transformation and Development of
County-level Cities in Henan Province　　*An Xiaoming* / 163

Abstract: Generally speaking, agriculture plays an important role in the industrial development of county-level cities in Henan Province, and the industry develops in a clustered way. The non-public economy develops rapidly. But at the same time, the weakness of the industry is obvious, which urgently needs to be transformed and developed.

At present, Henan county-level cities are facing many difficulties in the industrial transformation and development. Among them, the most prominent problems are path-dependence of industrial development, financing difficulties and high risks, insufficient elements of scientific and technological innovation, and obstacles in institutional mechanisms. To speed up the industrial transformation and development of Henan county-level cities, we can start with breaking the dependence of industrial development path, speeding up the integration of production and city, improving the ability of independent innovation, and optimizing the business environment of the county.

Keywords: Henan; County-level City; Industrial Transformation

B. 12　Research on Urban Infrastructure at County in Henan Province

Wang Yuanliang / 174

Abstract: Infrastructure is an important basis for the normal operation and healthy development of cities, and it is related to the vital interests of the urban people. This paper analyses the main problems existing in the construction of county-level infrastructure in Henan Province, and puts forward transportation upgrading project, municipal upgrading project, energy upgrading project, environmental protection upgrading project, information upgrading project and public facilities upgrading project. It also puts forward some countermeasures and suggestions, such as strengthening organizational leadership, innovating management concepts, upgrading management level, improving land evaluation methods, using land policy, exploring new financing mode for infrastructure construction, and strengthening supervision and assessment.

Keywords: County; Infrastructure; Henan Province

B. 13　Promoting the Quality of Public Service in County Towns of Henan Province

Guo Zhiyuan / 181

Abstract: Promoting the quality of public services in county towns is the basic responsibility of the government, and also the key to ensuring and improving people's livelihood, building a well-off society in an all-round way and meeting people's new expectations for a better life. After more than 40 years of reform and opening up, the county towns in Henan have basically formed a public service system. However, after meeting the basic needs of the people, there are still practical problems such as single supplier, insufficient total quantity, low quality and unbalanced allocation. Under the background that socialism with Chinese characteristics has entered a new era, we should aim at meeting the needs of the people, adhere to the main line of structural reform on the supply side, constantly innovate the mode of supply and improve the quality of service.

Keywords: County Towns; Public Service Quality; Supply-side Structural Reform

B. 14　Study on ecological civilization construction of county-level cities in Henan Province

Han Peng / 191

Abstract: Pushing forward the construction of ecological civilization at the county-level city is the inevitable requirements for county level cities to promote high-quality development, as well as an important component for Henan coordinately promoting county-cities construction for quality raising and civilized cities. Starting with deep thinking for the construction of ecological civilization theory and the analysis of the significance of county cities' ecological civilization construction, an deep analysis for Henan Province to implement county-level ecological civilization construction with realism base, current situation, and main problems faced with. At last , it is proposed to take some countermeasures for relative department to make decision on county-level cities' ecological civilization construction, such as strengthening the coordination and integration, strengthening the innovation of science and technology, strengthening improving of the input mechanism, and rationalizing institutional mechanisms.

Keywords: Henan Province; County-level City; Ecological Civilization Construction

B. 15　Study on the Characteristic Shaping of County-Level City

Liu Yuyang / 203

Abstract: The characteristic shaping of county-level cities is a long-term systematic project, which can promote city development by creating the image of the city, enhancing the taste of the city, heightening the happiness of city residents, and improving the attraction of the city to talents and capital. The goal orientation of shaping county-level city characteristics should include two arrangements: one is the short-term and long-term goal orientation; the other is about the city composition, including the goal orientation of geography, economy, culture, environment and so on. The shaping of county-level city characteristics should follow the principles of adapting measures to local conditions, emphasizing the value of city functions, respecting nature and history, giving priority to ecology and overall harmony. In shaping the characteristics of county-level cities in China, we should take the planning as the first step, with specific and detailed performance appraisal; strengthen infrastructure construction and build a solid foundation for characteristics shaping; actively promote the strategy of Rural Revitalization and create rural city landscape; do a good job of gathering industry and population to enhance the development strength of the city; actively do the job of propaganda, encourage and guide the whole society to participate in the city characteristic shaping together.

Keywords: County-Level City; Characteristic Shaping; Goal Orientation; Ecology Priority

IV　Urban Development Reports

B. 16　Research on Promoting Primacy Ratio in Zhengzhou

Zuo Wen / 215

Abstract：Primacy ratio is one of the important criteria to measure the impact of the first city in a country or region, which reflects the characteristics of urban size and the driving force, influence and radiation of the primate city in the region. This paper deeply studies the changing trend and development status of the primacy of Zhengzhou city. Through the two-city index method and multi-city index method, it makes a comparative analysis of the population primacy ratio and economic primacy ratio of Zhengzhou and some cities, finds out the gap between Zhengzhou and other cities, and puts forward some countermeasures and suggestions to improve the primacy of Zhengzhou city.

Keywords：Primacy Ratio；Primate City；Zhengzhou

B. 17　Xuchang Promotes Optimization and Accelerates High-Quality Development Through Transition

Wang Jianguo / 228

Abstract：Since the Eighteenth National Congress of the Communist Party of China, Xuchang has been accelerating its industrial transformation and economic transformation with the new development concept as its guide, clarifying its transformation and development ideas, taking structural adjustment as its grasp, reform and opening-up as its driving force；Xuchang has been accelerating its social transformation and culture transformation with accelerating the urbanization process as the path, building beautiful Xuchang as the goal, effectively promotes high-quality development. Xuchang has become a model for learning in the whole province.

Keywords：Xuchang；Transformation Development；High-quality Development

B. 18   Study on the Construction of the Regional Central City in
        Luohe in Central-southern Henan Province   *Peng Junjie* / 236

Abstract: As a traditional agricultural area, the central-southern Henan is the only area lacking the radiation-driven development of central cities in the spatial layout of "one core and multi-pole" urban agglomeration in the Central Plains, and is also a vulnerable plate in the coordinated development of the region. There are advantages on the construction of the regional central city in Luohe from the aspects of economic links, traffic location, leading industries, urban functions and its history. At present and in the future, the construction of regional central city in central-southern Henan needs to strengthen top-level design, enhance carrying capacity, consolidate industrial support, increase openness and continue to deepen reform.

Keywords: Central-southern Henan Province; The Regional Central City; The Basic Path

B. 19   Research on Ecological City Construction in Xinyang
        Zhang Shaole / 252

Abstract: Ecological city construction is an inevitable choice to comply with the law of urban development, an urgent need to accelerate the construction of ecological civilization, and a major move to build an upgraded version of urban construction. The main methods of Xinyang ecological city construction include steady promotion of system innovation and significant enhancement of guarantee capacity; continuous improvement of governance and continuous optimization of ecological environment; the financing system is more sound and relevant industries are developing rapidly. While Xinyang ecological city construction has made great achievements and the ecological environment has been continuously improved, we should also clearly realize that Xinyang ecological city construction still faces many difficulties and problems, such as the imperfect system, the need to improve ecological awareness, the increasing pressure on the ecological environment, and the need to strengthen capital investment. Therefore, we need to take effective measures to promote Xinyang ecological city construction from the aspects of innovative systems and mechanisms, promoting green and circular development, building ecological and cultural systems, and strengthening comprehensive environmental governance.

Keywords: Ecological City; Ecological Environment; Institutional Mechanisms; Green Development

权威报告·一手数据·特色资源

皮书数据库
ANNUAL REPORT(YEARBOOK)
DATABASE

当代中国经济与社会发展高端智库平台

所获荣誉

- 2016年，入选"'十三五'国家重点电子出版物出版规划骨干工程"
- 2015年，荣获"搜索中国正能量 点赞2015""创新中国科技创新奖"
- 2013年，荣获"中国出版政府奖·网络出版物奖"提名奖
- 连续多年荣获中国数字出版博览会"数字出版·优秀品牌"奖

成为会员

通过网址www.pishu.com.cn访问皮书数据库网站或下载皮书数据库APP，进行手机号码验证或邮箱验证即可成为皮书数据库会员。

会员福利

- 已注册用户购书后可免费获赠100元皮书数据库充值卡。刮开充值卡涂层获取充值密码，登录并进入"会员中心"—"在线充值"—"充值卡充值"，充值成功即可购买和查看数据库内容。
- 会员福利最终解释权归社会科学文献出版社所有。

数据库服务热线：400-008-6695
数据库服务QQ：2475522410
数据库服务邮箱：database@ssap.cn
图书销售热线：010-59367070/7028
图书服务QQ：1265056568
图书服务邮箱：duzhe@ssap.cn

社会科学文献出版社 皮书系列
SOCIAL SCIENCES ACADEMIC PRESS (CHINA)
卡号：177143542815
密码：

S 基本子库
SUB DATABASE

中国社会发展数据库（下设12个子库）

全面整合国内外中国社会发展研究成果，汇聚独家统计数据、深度分析报告，涉及社会、人口、政治、教育、法律等12个领域，为了解中国社会发展动态、跟踪社会核心热点、分析社会发展趋势提供一站式资源搜索和数据分析与挖掘服务。

中国经济发展数据库（下设12个子库）

基于"皮书系列"中涉及中国经济发展的研究资料构建，内容涵盖宏观经济、农业经济、工业经济、产业经济等12个重点经济领域，为实时掌控经济运行态势、把握经济发展规律、洞察经济形势、进行经济决策提供参考和依据。

中国行业发展数据库（下设17个子库）

以中国国民经济行业分类为依据，覆盖金融业、旅游、医疗卫生、交通运输、能源矿产等100多个行业，跟踪分析国民经济相关行业市场运行状况和政策导向，汇集行业发展前沿资讯，为投资、从业及各种经济决策提供理论基础和实践指导。

中国区域发展数据库（下设6个子库）

对中国特定区域内的经济、社会、文化等领域现状与发展情况进行深度分析和预测，研究层级至县及县以下行政区，涉及地区、区域经济体、城市、农村等不同维度。为地方经济社会宏观态势研究、发展经验研究、案例分析提供数据服务。

中国文化传媒数据库（下设18个子库）

汇聚文化传媒领域专家观点、热点资讯，梳理国内外中国文化发展相关学术研究成果、一手统计数据，涵盖文化产业、新闻传播、电影娱乐、文学艺术、群众文化等18个重点研究领域。为文化传媒研究提供相关数据、研究报告和综合分析服务。

世界经济与国际关系数据库（下设6个子库）

立足"皮书系列"世界经济、国际关系相关学术资源，整合世界经济、国际政治、世界文化与科技、全球性问题、国际组织与国际法、区域研究6大领域研究成果，为世界经济与国际关系研究提供全方位数据分析，为决策和形势研判提供参考。

法律声明

"皮书系列"（含蓝皮书、绿皮书、黄皮书）之品牌由社会科学文献出版社最早使用并持续至今，现已被中国图书市场所熟知。"皮书系列"的相关商标已在中华人民共和国国家工商行政管理总局商标局注册，如 LOGO（ ）、皮书、Pishu、经济蓝皮书、社会蓝皮书等。"皮书系列"图书的注册商标专用权及封面设计、版式设计的著作权均为社会科学文献出版社所有。未经社会科学文献出版社书面授权许可，任何使用与"皮书系列"图书注册商标、封面设计、版式设计相同或者近似的文字、图形或其组合的行为均系侵权行为。

经作者授权，本书的专有出版权及信息网络传播权等为社会科学文献出版社享有。未经社会科学文献出版社书面授权许可，任何就本书内容的复制、发行或以数字形式进行网络传播的行为均系侵权行为。

社会科学文献出版社将通过法律途径追究上述侵权行为的法律责任，维护自身合法权益。

欢迎社会各界人士对侵犯社会科学文献出版社上述权利的侵权行为进行举报。电话：010-59367121，电子邮箱：fawubu@ssap.cn。

社会科学文献出版社

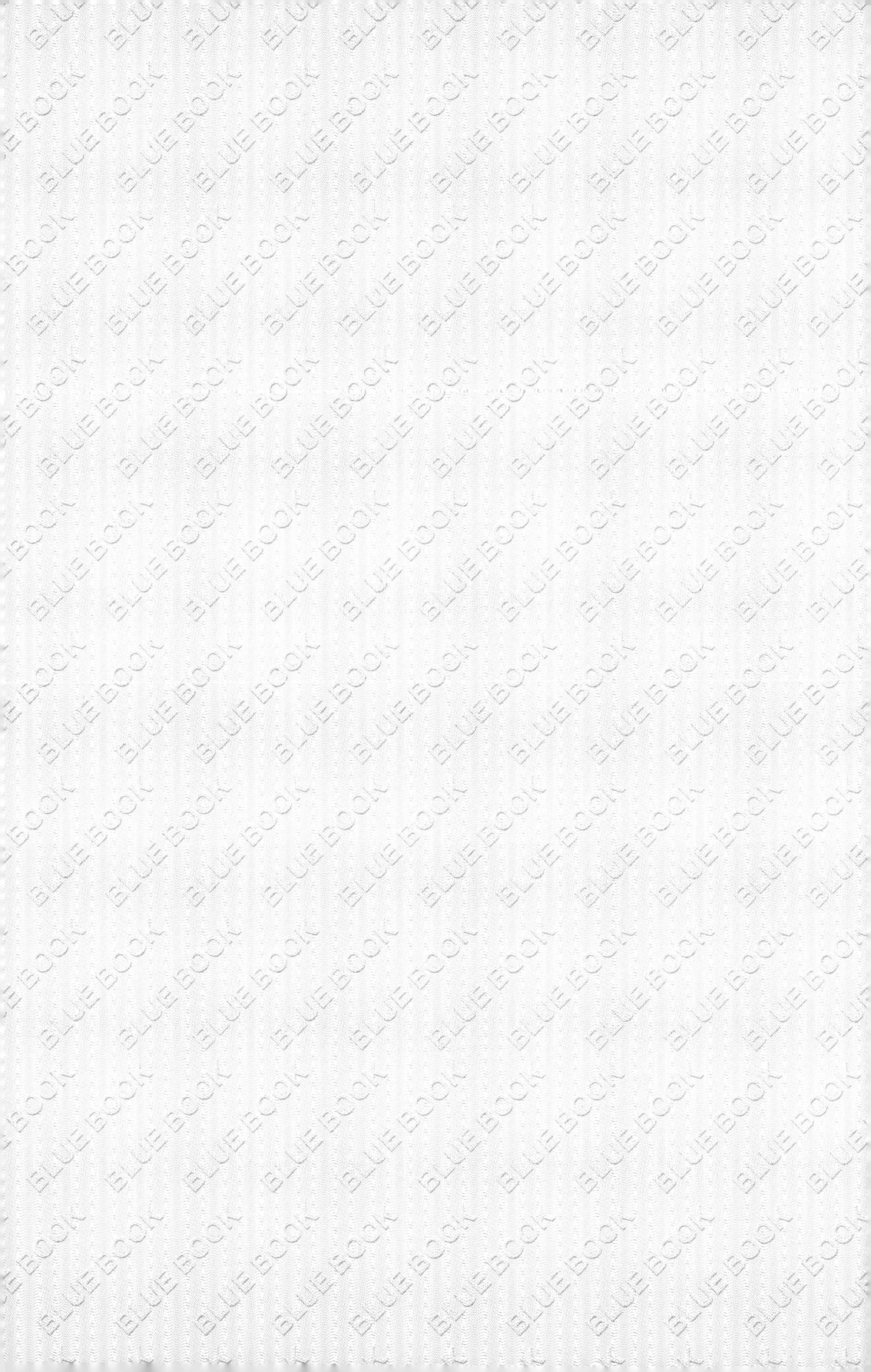